書香文雅

中华传统文化国粹
经典文库

名家导读版

弟子规·千家诗

[清]李毓秀◎著
[南宋]谢枋得◎编
[明]王相◎编
乔卉林◎导读

中国民族文化出版社
北京

图书在版编目（CIP）数据

弟子规·千家诗 /（清）李毓秀著；（南宋）谢枋得，
（明）王相编；乔卉林导读 . -- 北京：中国民族文化
出版社有限公司, 2024.12
（中华传统文化国粹经典文库：名家导读版）
ISBN 978-7-5122-1554-2

Ⅰ.① 弟…　Ⅱ.① 李…　② 谢…　③ 王…　④ 乔…　Ⅲ.
① 古汉语—启蒙读物 ② 古典诗歌—诗集—中国—儿童读物
Ⅳ.① H194.1 ② I222.72

中国国家版本馆 CIP 数据核字（2023）第 057064 号

弟子规·千家诗
DIZIGUI · QIAN JIA SHI

作　　者　［清］李毓秀　　［南宋］谢枋得　　［明］王　相
导 读 者　乔卉林
责任编辑　李路艳
责任校对　李文学
出 版 者　中国民族文化出版社　地址：北京市东城区和平里北街 14 号
　　　　　邮编：100013 联系电话：010-84250639 64211754（传真）
印　　装　三河市冠宏印刷装订有限公司
开　　本　710 mm×1000 mm　16 开
印　　张　25
字　　数　336 千
版　　次　2024 年 12 月第 1 版
印　　次　2024 年 12 月第 1 次印刷
标准书号　ISBN 978-7-5122-1554-2
定　　价　42.80 元

中华传统文化国粹经典文库

品文化经典　通古今智慧

总策划

李继勇

　　策划人、出版人、北京书香文雅图书文化有限公司董事长。专业从事图书策划、儿童文学、儿童阅读推广，国内文化交流等。已成功策划"儿童文学光荣榜"系列、"爱阅读课程化丛书"系列、"文学百年·名家散文典藏"系列、"科幻文学群星榜"系列、"绘本里的世界"系列、"童诗百年"系列等多种类型出版物。

总顾问

于润琦

　　中国现代文学馆研究员、中国作家协会会员。总主编《插图本百年中国文学史》（3卷），主编《清末民初小说书系》（10卷）、《海派作家作品精选》（16册），校、注古典小说《型世言》《金屋梦》《中国古典文学海外珍稀本文库》30余种，参与编选《明、清、民国时期珍稀老北京话历史文献整理与研究》（30册）、《中国现代文学百家》（116册），以及《北京的门礅》《老北京的门楼》北京民俗著述多种。

导读者

（按姓名音序排列）

◎**薄克礼**
文学博士，天津城建大学教授。攻文史，好四书。

◎**陈鹏程**
历史学博士，天津师范大学文学院副教授。

◎**陈世旭**
当代作家，曾任中国作家协会主席团委员、江西省文联主席兼作家协会主席。

◎**陈喜儒**
作家，著名翻译家，曾任中国作家协会外联部副主任、中国外国文学学会日本文学研究分会会长。

◎**冯蒸**
首都师范大学文学院教授，博士生导师，北京国际汉字研究会理事、副会长。

◎**官铎**
管子思想理论和应用资深研究学者。

◎**关四平**
哈尔滨师范大学文学院教授，博士生导师。主要从事中国古代小说及戏曲等研究。

◎**韩小蕙**
著名作家，中国作家协会会员，中国散文学会副会长，南开大学文学院兼职教授。

◎**侯忠义**
北京大学教授，曾任北京大学图书馆古籍整理研究室主任。主要从事先秦两汉文学史、文言小说研究。

◎**李海涛**
天津师范大学历史文化学院教授，天津市孙子兵法研究会荣誉会长。

◎**李瑞兰**
天津师范大学历史文化学院教授，曾任中国先秦史学会理事。

◎**李树果**
资深《易经》研究者，中国散文诗学会理事，《中华时报》记者。

◎**李硕儒**
作家，著名编剧。合著长篇历史小说《大风歌》获重庆市"五个一工程"奖。

◎**廉玉麟**
天津中医药大学第一附属医院主任医师，教授。

◎**林海清**
天津师范大学国际教育交流学院副教授，天津市红楼梦研究会副秘书长兼理事，中国三国演义学会、中国水浒学会会员。

◎林 骅
天津师范大学文学院教授，曾任古典文献研究所所长，天津市红楼梦研究会顾问。

◎马文大
首都图书馆研究馆员、北京地方文献中心主任，北京史研究会副会长。

◎孟昭连
南开大学文学院中国语言文学系教授，中国东方文化研究会理事。

◎宁稼雨
南开大学英才教授、博士生导师，2017年度国家社科基金重大项目"全汉魏晋南北朝小说辑校笺证"首席专家。

◎宁宗一
南开大学学术委员会委员、中国武侠文学学会名誉会长、中国儒林外史学会副会长。

◎牛 倩
天津大学国际教育学院副教授，硕士研究生导师。

◎欧阳健
福建师范大学文学院教授，曾任《明清小说研究》杂志主编。

◎潘务正
安徽师范大学文学院教授，教育部人文社会科学重点研究基地安徽师范大学中国诗学研究中心副主任，中国韵文学会赋学专业委员会（中国辞赋学会）副会长。

◎乔卉林
中国城乡金融报社记者。其作品曾多次获得奖项。

◎尚学峰
又名尚学锋。文学博士，北京师范大学文学院教授。

◎邵永海
北京大学中文系教授。主要从事汉语史方面的教学和研究工作。

◎石定果
北京语言大学人文学院教授，汉语言文字学博士。著有《说文会意字研究》等多部作品。

◎石 厉
原名武砺旺。著名诗人，文艺理论家。《诗刊》编委，《中华辞赋》杂志总编辑，中华诗词学会副会长。

◎石 麟
湖北师范大学文学院教授。中国水浒学会会长。

◎孙立仁
曾任《中国老年报》社长，发表多篇小说、诗歌、散文、报告文学等。当代篆刻家。

◎孙钦善
北京大学中文系教授，全国高等院校古籍整理研究工作委员会委员，中华炎黄文化研究会理事。

◎田秉锷
江苏省文艺评论家协会顾问，徐州市孔子学会顾问，江苏师范大学客座教授。

◎王建新
中国历史文献研究会理事，中原传媒集团出版部副主任。

◎王 蒙
著名作家、学者，文化部原部长。茅盾文学奖获得者，多年来致力于传统文化研究。2019年获"人民艺术家"国家荣誉称号。

◎王晓华
民国史专家，中国第二历史档案馆研究馆员。中央广播电视总台、北京电视台、湖北卫视等多个栏目主讲嘉宾。

◎吴 波
湖南农业大学教授、党委委员、副校长，中国儒林外史学会会长，湖南省古代文学学会副会长。

◎武道房
安徽师范大学中国诗学研究中心教授。

◎徐 刚
诗人，作家。曾获鲁迅文学奖、郭沫若散文奖、中国报告文学终身成就奖等。

◎俞 前
中国作家协会会员，苏州市吴江区南社研究会会长，苏州南社文化研究院副院长。

◎查洪德
文学博士，南开大学中国语言文学系教授，博士生导师。内蒙古元代文学学会会长。主要从事元明清文学与文献研究。

◎张秋升
曲阜师范大学历史文化学院教授，主要研究儒家史学理论。

◎张世林
新世界出版社编审，著有《大师的侧影》等著述。

◎张弦生
中州古籍出版社编审、副总编辑。

◎郑铁生
天津外国语大学教授，原中国三国演义学会常务副会长兼秘书长，曾任中国红楼梦学会学术委员会委员、北京曹雪芹学会副会长。

◎周传家
北京联合大学应用文理学院教授，中国昆剧古琴研究会副会长，中国戏剧文学学会顾问，中国戏曲学会常务理事。

◎卓 然
原名王坤元，笔名卓然。作家，诗人。著有中短篇小说集《我记忆中的河》、散文集《天下黄河》等作品。

《弟子规》

《弟子规》原名《训蒙文》，为清朝学者李毓秀所作。李毓秀是山西绛州（今新绛县）人，康熙年间的秀才，在家乡以教童子为业。《弟子规》就是他在教书过程中编成的。其内容以《论语·学而》第六章为纲编撰而成。它属于道德教育著作，清代的一些地方政府曾把《弟子规》列为私塾、义学的必读书。

《弟子规》全文分为五部分，除总叙外，还包括"入则孝，出则悌""谨而信""泛爱众而亲仁""行有余力，则以学文"四部分，分而述之。全文三百六十句，一千零八十字，内容阐释了"弟子"在家、在外、待人接物、为人处世、求学等方面所应具备的一些礼仪与规范，如生活起居、衣服鞋帽、行为仪止、道德品行、处世之道等。重点则是道德，如第五部分"行有余力，则以学文"：

读书法，有三到。心眼口，信皆要。方读此，勿慕彼。此未终，彼勿起。宽为限，紧用功。工夫到，滞塞通。心有疑，随札记。就人问，求确义。房室清，墙壁净，几案洁，笔砚正。

这些内容归纳了朱熹读书六法和《童蒙须知》中的一些说法，并没有多少新意。它之所以流行起来，是因为清代在童子读书期间强化道德教育的需要。《弟子规》教导的是一种"礼"，是"尊重"。年龄小的孩子处于"记忆力强，理解力弱"的阶段，不必过度强调"理解"，更多的是埋下"善根"，这些词句会随着孩子的成长慢慢发酵，融入到他们的自觉行为中。一千零八十个字的《弟子规》中就有四十多个"勿"，其中很多对于孩子养成良好的习惯大有好处。诸如"见未真，勿轻言；知未的，勿轻传。事非宜，勿轻诺。苟轻诺，进退错"等，对人处理问题的态度有很高的指导价值。当然，不可否认《弟子规》也含有传统文化中的糟粕。因此，最关键的是教育者、宣传者、出版者如何引导学生"取其精华，去其糟粕"，搞懂为什么学，学什么和怎么学。这当然不仅是如何学习一部《弟子规》的问题，对于所有传统文化都有一个引导的问题，不能盲目地今天这个"热"，明天那个"热"。

《千家诗》

一、《千家诗》的成书与流传

《千家诗》在清代的小说笔记中多有记载，它是普及诗学文化知识的热门蒙学读物，也是世俗生活娱乐的重要内容。曹雪芹在《红楼梦》中描写贾母、薛姨妈等人在酒宴上行酒令，"薛姨妈便掷了一下，却是四个么。鸳鸯道：'这是有名的，叫作"商山四部"。有年纪的喝一杯。'于是贾母、李婶娘、邢王两夫人都该喝。贾母举酒要喝，鸳鸯道：'这是姨太太掷的，还该姨太太说个曲牌名儿，下家儿接一句《千家诗》。说不出的罚一杯。'薛姨妈道：'你又来算计我了，我那里说得上来？'贾母道：'不说到底寂寞，还是说一句的好。下家儿就是我了，若说不出来，我陪姨太太喝一盅就是了。'薛姨妈便道：'我说个"临老入花丛"。'贾母点点头儿，道：'将谓偷闲学少年。'"贾府从丫鬟到女主人都熟稔《千家诗》，行酒令时能脱口而出，贾母所说的"将谓偷闲学少年"，就是《千家诗》首篇宋代程颢《春日偶成》中的诗句。吴敬梓《儒林外史》叙说：鲁小姐"家里虽有几本甚么《千家诗》，《解学士诗》，东坡、小妹诗话之类，倒把与伴读的侍女采苹、双红们看；闲暇也教他们念几句诗，以为笑话。"清代梁章钜、梁恭辰编著《巧对录》卷八：梁章钜"喜课幼孙属对，以为消遣。时佳孙十二岁，侍孙甫九岁。……又值听雨夜坐，以'清明时节雨纷纷'命对，两孙俱有窘状。其母杨氏诮之曰：'此《千家诗》中语，何不即以《千家诗》集句对云"歌管楼台声细细"乎？'余为之辗然。"这类记述说明《千家诗》已成为蒙学的必读书了，几乎尽人皆知。

《千家诗》从南宋至清代数百年间，经历了一个形成、发展和成熟的过程，衍生出了众多的版本。据不完全统计，自宋元以来，包括注释本在内的《千家诗》版本多达二百四十余种，主要版本有三种，标志着该书阶段性的演进。

　　宋元时期《千家诗》的全称为《分门纂类唐宋时贤千家诗选》，相传为南宋刘克庄所编，因此，如清代曹寅重刻本径称《后村千家诗》。刘克庄，字潜夫，号后村，福建莆田人。淳祐元年（1241）进士，任秘书少监兼中书舍人，有直名，累官至龙图阁学士，致仕而终。谥文定。有《后村集》《后村诗话》《后村别调》，入选《四库全书》并刊行于世。以刘克庄为名的《千家诗》内容浩繁，分类烦琐，风格不一，不适合儿童阅读，以至流传不广。宋元代《千家诗》经历了逐次增补的过程，原因在于：一是社会上蒙童识字读书的需求，促进了书坊间的商业竞争，使之大量翻刻的同时，不得不改变体例，增加注释、手绘图像，增补新诗，重新编辑，以利于课读训蒙；二是《千家诗》类书籍体例编纂极利于翻检，且分门别类越齐全实用性越强。

　　宋代谢枋得、明代王相大幅删削《千家诗》，以《增补重订千家诗注解》面世，共集诗二百二十三首。其最大的贡献是对刘克庄本全面剪裁，进行了简化、浓缩、概括、精选等工作，使之总体上选诗短小，适合儿童阅读，易于普及。谢、王本《千家诗》很快流行开来。清代的著名诗人郑珍对谢、王本《千家诗》在当时的作用和社会影响给予很高的评价："盖未有脍炙如此本者。"但谢、王本《千家诗》缺点也很明显。比如选诗未考虑与儿童心理发育是否适应，如唐玄宗与杨贵妃在沉香亭赏牡丹，李白应召作《清平调词》，咏牡丹兼咏杨贵妃之艳丽妖娆。再如注释粗陋，存在诸多谬说，所以被黎恂称为"俗本《千家诗》"。

　　清道光年间黎恂选注《千家诗》。黎恂，字雪楼。贵州遵义人。幼年从父受业，嘉庆十五年（1810）中举人，嘉庆十九年（1814）中进士，先后官浙江、云南。道光元年（1821），他从浙江带回古籍图书数十篋，藏于黎氏"锄经堂"。在家乡沙滩禹门寺做学问，授子弟，一生研治宋学和史学，工诗和古文，学养富厚，著作有《蛉石斋诗钞》《四书纂义》《农谈》等十余种。培养了郑子尹、莫友芝、黎庶昌等一批文化精英，这些精英崛起于清代后期的中国文坛，创造了享誉中华的"沙滩文化"。黎恂发现谢、王本《千家诗》存在的问题很多，于是集刘克庄本，谢、王本之长，尽量选辑高雅、清新、适合儿童读的诗，又在选材、注释、编辑等方面精益求精，使这本流传数百年的《千家诗》从此定型为一本优秀的蒙书。黎恂是郑珍的舅舅、岳父和老师，当郑珍读到黎恂那本手抄本的《千家诗》选注时，认为很有价值，可以作为通用读本，于是与黎恂之子商议，于清咸丰二年（1852）刊刻发行。

　　此外，晚清时期还出现了许多增补重订合刊本《千家诗》，如《钟伯敬订补千家诗图注》、游光鼎选编的《增刻千家诗选》、宗廷辅的《重编千家诗读本》。总之，《千家诗》以其简明易懂，易于成诵，内容丰富而广为流传，在文化启蒙方面发挥了重要的作用。当代流行版本的《千家诗》，采用了《黎恂千家诗注》所选的诗，内容上增加了五绝、五律，注释已改为白话，有的删去了作者简介和诗的背景资料，虽已与黎恂注释的版本相去甚远，又嬗变成了新的俗本，但仍不失具有普及古典诗歌的作用。

《千家诗》无论是在元代的次第增补，在明代编辑的多元化，还是在清代的增补、重订、重选的学术化倾向，都与当时的社会需求和选本的功用密切相关，是特定时代的产物。这本蒙书从形成、发展到成熟，有刘克庄、谢枋得、王相、黎恂等名噪一时的学者，也有书商、下层文人之流，他们或姓氏显赫，或佚名隐没，但都将精力、才气、辛劳倾注在《千家诗》的选辑及注解过程中，共同构建了《千家诗》庞大的编注群。他们着眼于启蒙儿童，选注蒙书，遍读古诗，从中筛选一首首诗，为子子孙孙熟悉中华诗词，对文化启蒙教育做出了永不磨灭的贡献，其影响极为深远。

二、《千家诗》编注与启蒙特点

诗入蒙学，始于唐代科举，以诗取士，推动了以诗教为内容的蒙学的发展，也催生了诸多诗学教材。其中尤以《千家诗》为最，以至明清时期《千家诗》的版本多达二百四十余种，而蒙学诗教教材的编选刊印之繁复，又与明清时期众多的官刻、坊刻及私刻竞相出版蒙学教材有关，使得童蒙教材大行于世。《老残游记》描述："方圆二三百里，学堂里用的《三》《百》《千》《千》，都是在小号里贩得去的，一年要销上万本。"

《千家诗》是仿照类书体例编辑的诗歌选集，类似工具书，前二十卷全以"物"为中心，共分为时令、节候、气候、昼夜、百花、竹林、天文、地理、宫室、器用、音乐、禽兽、昆虫、人品十四个门类，每一门类下又以唐贤、宋贤、时贤排序。这种类书式的编排体例，最大的优势是便于按题材翻检。因此，对时人来说，无论是应景创作还是日常应用，都可以在《千家诗》中按图索骥，各取所需，实用化的倾向非常明显。与元刊本《千家诗》相比，明代各种版本的《千家诗》有许多不同之处。从选录数量上看，明代的《千家诗》对以往版本进行了大幅删削，诗歌数量由近两千首削减为一百余首，十取其一。在编排上不再像刘克庄本那样很具体地分类，大体上按春、夏、秋、冬四季的顺序来安排诗篇，基本保持了刘克庄本的原貌。此选本只从学诗的方面来选诗，没有什么思想体系，也没有培养儿童德育的教化目的，纯粹为学诗而选诗。

19世纪以后，民间书坊将谢枋得的七言选本与王相的五言选本合刊，影响日益扩大，合刊本遂成为今天所称的通行本《千家诗》。清代《千家诗》经历了增补、重订，产生了黎恂选注的《千家诗》。黎恂自幼读谢、王本《千家诗》。他致仕回乡后发愤读书，学问功力日渐深厚，平常读书时，找到诗应注之出处，"随手录载四旁，以授儿辈诵读，暇辄与之讲贯，儿子日长大，此册阁置箧笥多年矣"。直到晚年，才将旧笺注本"覆取而雠校，增辑各条，重录以教诸孙，定为家塾课本"。这是《千家诗》定型的标志。最值得庆幸的是，黎恂在道光三十年（1850）完成的那本"重录以教诸孙"的手稿本历尽一百七十余年沧桑，居然保存完好，成为《千家诗》的一件原始凭证，具有很高的学术、文物和艺术价值。

《千家诗》的蒙学特点有：

《千家诗》选诗数量适中，篇幅短小，循序渐进。《义务教育语文课程标准》要求一至六年级学生背诵古今优秀诗文一百六十篇，七至九年级学生背诵八十篇，合计二百四十篇，在数量上与《千家诗》所选基本持平，而且《千家诗》中有多篇入选中小学语文教材。

《千家诗》的编排与生活联系紧密。每卷按照春、夏、秋、冬的季节顺序来编排，所读即所见，易于理解，便于学以致用，不仅顺应、满足了儿童的兴趣需要，加以导引还能唤起新的理趣和情致。清代蘅塘退士在《唐诗三百首·序》中说："世俗儿童就学，即授《千家诗》，取其易于成诵，故流传不废。"

《千家诗》名句云集，广为传诵，像"春眠不觉晓，处处闻啼鸟""欲穷千里目，更上一层楼""举头望明月，低头思故乡""海日生残夜，江春入旧年""海内存知己，天涯若比邻""千门万户曈曈日，总把新桃换旧符""春色满园关不住，一枝红杏出墙来"等名句，脍炙人口。其通俗易懂，音韵流畅，朗朗上口，易于背诵，情趣盎然，具有浓郁的自然诗教特色，能够使儿童在学习、诵读过程中，积淀文学基础，陶冶性情，开启心智，提高审美品位。可见，《千家诗》在文学启蒙教育上具有深远意义。

三、《千家诗》的文化教育与文学启蒙作用

《千家诗》流传久远，其魅力何在？儒家自诞生以来就强调教化，而《千家诗》好就好在没有人为的教化内容。《千家诗》入选诗歌最多的诗人是杜甫，达二十五首。但是，杜甫在颠沛流离中心系家国，满怀爱国热忱的

作品，特别是为人所推崇的《春望》《蜀相》《登高》《江南逢李龟年》等忧国伤时的律诗绝句都没有入选。白居易那些著名的讽喻诗，虽然通俗到了妇孺皆懂的程度，但也没有入选。因为这些诗超越了单纯的政治教化。相反，那些在闲情逸致中透露出自然美、人性美等内在情感特质的小诗，那些流露出朴素情怀、个体生命体验的小诗，却成为《千家诗》的主流，而这恰恰是文学生命力之所在。具体表现为：

第一，中国古代传统文化的休闲，从生活中来，又在生活中享受，伴随朴素的理想，追求真挚的情感欲求，是身与心的惬意和舒适，是生命的自由和享乐。在闲暇时光、民俗节日、游山逛水中追求情致和愉悦，这是人之常情，是人性的需求、生命的自觉。古代人们在劳作之余，在自然节气和民俗社团中尽情享受休闲的快乐，喜欢踏青和郊游，留下很多沁人肺腑的小诗。如唐代王驾《社日》："鹅湖山下稻粱肥，豚栅鸡栖对掩扉。桑柘影斜春社散，家家扶得醉人归。"一派农村祥和、富足、宁静、喜庆的氛围，春社享乐，陶然醉归。宋代朱熹《春日》："胜日寻芳泗水滨，无边光景一时新。等闲识得东风面，万紫千红总是春。"闲适是一种快乐，走近自然，才能融入自然，才能发现自然美。春光点染了万紫千红的大自然，生机勃发。唐代韩愈《初春小雨》："天街小雨润如酥，草色遥看近却无。最是一年春好处，绝胜烟柳满皇都。"诗人用敏锐的眼光捕捉初春难得的景色"草色遥看近却无"，形象逼真，十分生动。最早见于《千家诗》的杜牧的《清明》："清明时节雨纷纷，路上行人欲断魂。借问酒家何处有？牧童遥指杏花村。"这首绝句像乡间童谣，清新自然，雨丝纷纷，冒雨趱行，心境凄迷，但浅显中蕴含深情，感伤中生出希望，"杏花村"在望。还有杜甫的《绝句》、叶绍翁的《游园不值》、韦应物的《滁州西涧》等，这类题材的诗歌的价值就在于，它揭示了一个社会越进步越文明，就越来越多地出现各种各样的节假日和休闲方式，而人们愈是追求这种生活方式，就会愈来愈喜欢富有闲适情调的小诗。

第二，《千家诗》展现诗歌审美与儿童心理的结合，撞击出的生气与灵机就叫"趣"，即童趣、情趣与理趣。这是人之天性，是最质朴、最纯真、最可爱的人性美。正如李贽所说："夫童心者，绝假纯真，最初一念之本心也。若失却童心，便失却真心……童子者，人之初也；童心者，心之初也。夫心之初，曷可失也？"在《千家诗》中有不少充满童趣的诗，如宋代曾几的《三衢道中》："梅子黄时日日晴，小溪泛尽却山行。绿阴不减来时路，添得黄鹂四五声。"这首诗字里行间浸透着作者愉悦的好心情，不乏童趣。

令人心烦的梅雨季节过去了，天天晴朗，使人高兴。坐小船到溪水尽头，踏上山行小路，绿荫遮阳，清爽宜人。返程时依旧绿荫夹道，静谧的山路偶尔传来几声黄鹂的鸣叫，让人心生喜悦。作者恰似山乡少年，即使几声鸟鸣也能唤起极大的乐趣。因为童心天性亲近自然，自由自在，物我交融。此时此刻，把山路、绿荫、鸟鸣捕捉入诗，自然生态盎然扑面。再如杜甫的《漫兴》（其七）"笋根雉子无人见，沙上凫雏傍母眠"，司马光的《客中初夏》"更无柳絮因风起，惟有葵花向日倾"，杨万里的《初夏睡起》"日长睡起无情思，闲看儿童捉柳花"，范成大的《四时田园杂兴》（其三十一）"童孙未解供耕织，也傍桑阴学种瓜"，雷震的《村晚》"牧童归去横牛背，短笛无腔信口吹"。还有今天仍广为传诵的孟浩然的《春晓》："春眠不觉晓，处处闻啼鸟。夜来风雨声，花落知多少。"这些诗都是神来之笔，信手拈来，自然成趣。将自然怀揽入胸，从而导引儿童在潜移默化中孕育情感生命，知人情，明哲理；引领读者步入非胜景却胜似胜景之地，在人们心中呼唤和亲近大自然，激发人们对真实、自然情感的崇尚。

第三，从自然万物中孕育人文情怀，于"润物细无声"中起到了文学情感启蒙的作用，特色就在于自然诗教。热爱花卉，热爱春天，热爱生活，像一道情感的热流贯注在《千家诗》之中。诗的题材中含花卉、春天的就有几十首。无论赏花的情羡，还是惜花的情殇，其实都是借花开花落表达对生命价值和意义的思考。赏花与咏春是相连的，春天是万物生长、勃发、生命力最强的时节，激发了诗人们对生命价值和意义的追问。杨巨源的《城东早春》："诗家清景在新春，绿柳才黄半未匀。若待上林花似锦，出门俱是看花人。"诗人抓住了第一批嫩芽吐春景象，揭示了春天潜藏的信息，以及人们对"花似锦""新春"的向往、追捧和挚爱。再如张栻的《立春偶成》"春到人间草木知"，韩翃的《寒食》"春城无处不飞花"，僧志南的《绝句》"沾衣欲湿杏花雨"，韦应物的《滁州西涧》"春潮带雨晚来急"，韩愈的《晚春》"百般红紫斗芳菲"等，都是对花、对春的咏叹，感悟青春，追捧生命。自然诗教在唐诗与宋诗中思维是一致的，但表达方式不同。唐诗多以意象见长，即通过具体的诗歌意象来感染人、作用于人的审美功能，而后产生哲理。宋诗多将感性升华到理性，以理趣见胜。如唐代王湾的《次北固山下》："客路青山外，行舟绿水前。潮平两岸阔，风正一帆悬。海日生残夜，江春入旧年。乡书何处达，归雁洛阳边。"全诗都是形象描绘，没有一句议论，但"海日生残夜，江春入旧年"所昭示的哲理很鲜明，"海日""江春"代表新生事物，"残夜""旧年"代表过往事物，时序在交替，更催人思乡之情，引出"乡书""归雁"。宋诗则不然，例如，朱熹的《观书有感》："半亩方塘一鉴开，天光云影共徘徊。问渠那得清如许，为有源头活水来。"在写景的基础上直接引发议论。如果没有源头活水不断涌流，哪会有方塘清如明镜？如若为一池死水，又哪会有"天光云影共徘徊"？显然这首诗告诉我们拥有新知识、新思维、新视野的"源头"，才能具有生命力、创造力和原动力。

五四运动涤荡旧文化，但《千家诗》却呈潜流之势，虽不风扬却暗中涌动，人们仍旧读它，喜欢它，特别是儿童和少年。那些凝聚着中华五千年文化之精华的小诗以其智慧之光，时时闪烁。

童趣表现出对人文色彩和自然真情的审美追求。儿童需要童趣，也需要培养文学的情趣与理趣。《千家诗》在选编上宗唐本宋，情理兼容。所谓情趣，是指"情以物迁，辞以情发"；所谓理趣，是指"格物致知，只是穷理"，循理得趣。以韩愈的《初春小雨》为例：同写早春的烟柳，韩愈抓住了第一抹草色，描写出貌似丑陋的美。审美方式在这里已经有了不同，而后两句尤为突出。韩愈在春雨中体验到润如乳酪、腻似凝脂的美感，草色若有若无的妙境，发出了"最是一年春好处"的由衷赞叹，将我们引向了美好春光的恋慕中，是一种情趣。而杨巨源的《城东早春》从"诗家"的眼光来写，又寓有理趣，即诗人必须感觉敏锐，努力发现新的角度，写出新的境界，不人云亦云。

《千家诗》锤炼着现代人的德操，浸润着现代人的心性。正是《千家诗》这束旧体诗词中的绚丽花朵，冶心性，揭哲理，启智慧，昭人生，为中华民族在化育人才过程中添入了一匙丰盈的乳汁，为锻造民族凝聚力起了不可替代的作用。众所周知，民族凝聚力主要来源于民族文化，来源于民族文化的认同，而旧体诗词正是这种文化的结晶。"富贵不淫贫贱乐，男儿到此是豪雄"真实地道出了中国人的气节。正是这种气节，才有了屈原的"路漫漫其修远兮，吾将上下而求索"的献身精神，才有了文天祥"人生自古谁无死，留取丹心照汗青"的千古绝唱。

为诗者，爱国是一个永恒的主题，其间不乏气吞山河之语，也有细雨无声之言，而《千家诗》以春、夏、秋、冬为序，多为后者之功。翻开《千家诗》，信手拈来，稍加赏析，可见一斑。此写物是虚，实则明理。

诗教则是识字教育的专属实践应用。从识字到诗教也是蒙学的重要过程。以诗开蒙启智，品味诗词歌赋之美，感受圣贤思想与智慧，为幸福人生夯定人文基础，更能以此培育强烈的民族自豪感。

乔卉林

目录

弟子规

　　《弟子规》是由教育家李毓秀所著，李毓秀（1647—1729），字子潜，号采三，清初著名学者、教育家。李毓秀年轻时离开家乡山东潍县（今山东潍坊）去了山西，在山西教书育人。李毓秀不仅有出色的教育才能，他的治学报国思想也为世人所称道。他为教育事业奉献了一生，并将自己多年的教育经验总结为《弟子规》一书。

　　此书在清代作为蒙学教材使用。它受到孔子对其弟子生活规范谆谆教导的启发，保留了《论语》中"弟子入则孝，出则弟，谨而信，泛爱众而亲仁，行有余力，则以学文"的精神内核。《弟子规》三字成一句，两句为一韵，语言简洁，对仗工整，读起来朗朗上口，只言片语之间蕴含着深刻的道理，发人深思。在历史长河中经过数百年的冲刷洗涤，《弟子规》中的一些内容也许不再适用于如今的现实情况，对此，我们应该保持"扬弃"地态度，有选择性地学习适合现代社会的、符合孩子成长规律的部分。

总 叙

〔题解〕

  总叙部分是对《弟子规》内容的简单提示和概括，对整本书的内容进行了总结归纳。总叙指出了本书的核心内容，这些内容都值得读者细细品读。《弟子规》主要是受《论语·学而》"弟子入则孝，出则弟，谨而信，泛爱众而亲仁，行有余力，则以学文"的精神启发，它的核心思想是教导人如何做到孝顺守礼，这种思想在总叙中得到了一定的体现。

弟子规①，圣人训。首孝悌②，次谨信③。

泛爱众④，而亲仁⑤。有余力，则学文⑥。

【字词注解】•——

  ①弟子：指为人子女、从事知识学习的学生，泛指所有爱学习的人。规：模范。

  ②首：最重要的。孝悌：孝顺父母，敬爱兄长。

  ③谨信：小心谨慎，诚实守信。

  ④泛爱众：博爱众人。泛，广泛。

  ⑤亲仁：亲近有仁爱之心的人。仁，仁慈宽厚之心，爱人爱物的基本

道德。

⑥学文：研究学问。

——●【精彩解说】

《弟子规》记录的是先贤孔子对弟子的教导。最重要的是要孝顺父母，尊敬兄长。其次，我们平时在说话做事时要小心谨慎，与人交往要讲究信用。

要平等、博爱地和别人相处，亲近那些懂得关爱别人的宽厚之人，学习他们的优点。做好这些以后，如果我们还有多余的心力，就应当认真地去学习知识。

——●【鉴赏】

所谓弟子规，就是为人子女、学生所应该遵守的行为规范，通俗地讲，就是身为后辈、学生与师长相处时所要遵守的规矩。

本篇是教导我们为人处世要讲究"孝"与"悌"，而"孝"与"悌"这两方面的内容并没有主要和次要之分。"谨"告诉我们处世要韬光养晦、谦虚低调、懂得收敛克制，不可以招摇过市，不要过度炫耀自己。"信"则是教导我们在与人相处时，语言上夸张荒谬、前后矛盾、轻言妄言都是不信的表现。"爱众"的意思是心存善意和关爱，对众人宽厚包容。"亲仁"之说，从小的方面来说，它是个人提高品行修养的策略；从国家层面上来说，"亲仁"也是君主治理国家的巧妙策略。最后一项"有余力，则学文"，"文"的内容包罗万象，浅层的内容是读书认字，更深层次的内容是行文撰字，再深入下去，对文学、哲理、处世方法等深入地探讨也是学文。

故事链接

韩愈的父亲在韩愈三岁的时候就去世了，韩愈的哥哥韩会将韩愈抚养成人。韩会去世后，韩愈就跟着嫂子郑氏去了河阳。韩愈性格温厚纯良，非常懂得关爱身边的人，看到嫂子一个人抚养自己和侄子非常艰难，他就经常帮助嫂子分担家务。韩愈做官后仍然不忘嫂子的养育之恩，对待嫂子更加恭敬孝顺，对待他的侄子也是关爱有加。

尽 孝

〔题解〕

俗话说，"百善孝为先"。作为中华民族的传统美德，孝是我们人生中的必修课。孝是指孝顺父母，对待父母要恭顺尊敬，心里时刻记着父母的养育之恩，事事以父母为先。尽孝表现在：在家要尽心侍候父母，随时听候父母的差遣；出门应告知父母；父母生病要悉心照顾；父母犯错时不可以斥责埋怨父母，要尊敬温顺地指出。孝是我们做人的根本。

 原文

父母呼①，应②勿缓；父母命③，行勿懒④。

——•【字词注解】

①呼：呼唤，叫。

②应：回答。

③命：命令，吩咐。

④懒：懒惰，拖沓。

——•【精彩解说】

父母呼唤时要马上回答，不能拖沓应付，不能过很久以后才有反应。父母吩咐的事情，要立刻行动起来，不可以偷懒应付。

【鉴赏】●——

当今社会不少父母都溺爱孩子，不懂得正确的教育方法，这样的教育方式很容易让孩子养成不好的习惯。家长对孩子有求必应，满足孩子的一切要求。而孩子对父母的态度则截然相反，很多孩子把父母的付出当作是理所当然。为人子女，对自己的父母一定要常怀尊敬孝顺之心，遵守孝道的孩子长大后在人际交往中会更有优势，更加懂得如何在社会中发挥自己的优势，以一颗谦虚恭顺的心成就自己的人生。

故事链接

孟子的母亲是一位知书达理、聪明贤淑、蕙质兰心的大家闺秀。孟子的父亲在孟子很小的时候就去世了，供养家庭和教育孩子的重担落在了孟母一个人的身上。孟母靠织布供养家庭，她节衣缩食地供孟子上学，对于孟子的教育一刻都不敢松懈。

有一天，孟子从学塾放学回家，母亲向他询问最近的学习情况。孟子心不在焉地应付道："马马虎虎，跟以往差不多。"

孟母听后，脸色陡然沉下来，拿了一把剪刀剪断了当天织的布。见母亲伤心不已，连连啜泣，孟子吓坏了，赶忙询问母亲原因。孟母哭着说道："你可知我含辛茹苦地织布为的是什么？"

"为了我们的生活。"孟子小声地回道。

"除了生活呢？"

孟子想了一会儿，惭愧地说道："为了供养孩儿读书。"

孟母停止哭泣，严肃地对他说："既然你知道我们的生活过得这么苦，我依旧供你去读书，你对待学习却是草草应付。如果你对待学习不能坚持不懈，读书读到一半就轻视怠慢，这和我织布织到一半就剪断有何区别呢？"

孟子看到母亲因自己不认真读书而伤心欲绝地剪掉了刚织好的布，内心受到极大的触动。他跪在母亲面前惭愧地大哭起来，发誓今后要努力学习，再也不偷懒。

在孟母的悉心教导下，孟子成为一代贤人。

原文

父母教①，须敬听②；父母责，须顺承③。

——●【字词注解】

①教：教导，训诲。

②敬听：恭敬地聆听。

③顺承：顺从地接受。

——●【精彩解说】

父母的教诲，一定要认真聆听；父母的责备，一定要虚心顺从地接受。

——●【鉴赏】

在父母教导自己的时候，做子女的一定要恭敬地听取，而且必须长期这样做。孔子所说的"色难"，就是说子女在与父母、长辈相处时，永远保持和颜悦色是很难的。可是，如果做子女的能够深刻地领会父母恩情的话，那么子女自然就能怀着感恩的心去面对父母的训诫了。

故事链接

汉代，有一个孝子名叫韩伯愈，生性孝顺。他的母亲对他的管教也非常严厉。有时韩伯愈淘气做了错事惹得母亲发火，母亲就会很严厉地用手杖打他。可是，韩伯愈从不辩解，只是低头躬着身任母亲责罚，即使很痛也不会哭。等母亲气消了之后，韩伯愈就会向母亲认错谢罪。后来，母亲年纪大了，体弱多病，当他再做错事被母亲责罚时，他却大声地哭了起来。母亲很奇怪，不解地问："以前可没见你哭过，是不是打得太疼了？"韩伯愈忙说："不是，以前母亲责罚孩儿时，虽然很疼，但说明母亲身体健康。现在却一点儿也不疼，则表示母亲身体衰弱，所以才情不自禁地哭出声。"母亲听后，长叹一声，没有再说什么。

 原文

冬则温，夏则凊^①，晨则省^②，昏则定^③。

【字词注解】

①凊（qìng）：凉。

②省：看望、问候。

③昏：黄昏。定：安定，此处指整理床铺。

【精彩解说】

冬天要为父母温席，让父母睡得暖和；夏天应该把床铺扇凉了让父母睡；早晨起床要先问候父母，向父母请安；晚上要替父母铺好被褥，使父母放心。

【鉴赏】

子女不仅要在言语上顺从父母，在日常生活中也应孝敬父母。冬寒夏暑，最易生病，应特别注意父母的衣食住行，照顾好父母的日常生活。由于生活节奏的加快，工作时间的限制，子女们整日忙于工作和生活，和父母在一起的时间少了，照顾父母的时间也少了，晨省昏定只有在影视作品中才能看到，所以不能要求子女时时都围着父母转。但是为人子女应该孝敬父母这一基本精神，还是应该得到继承和发扬。

故事链接

姬姓家族被视作道德的标杆。周武王和周公都是周文王的儿子。因此，孔子就曾赞扬过周武王和周公孝顺，而这兄弟俩的孝行又是从父亲周文王那里秉承下来的。文王出身于大贵族之家，大贵族家的生活比平民优越得多，父母的生活自有仆人打理，文王倒是不用亲力亲为。即便如此，文王还是每天天一亮就穿戴整齐，来到父亲的卧室门口，向仆人打听父亲的状况。如此一日三次，从不间断。如果得到父亲状态很好的答复，文王就十分高兴。如果得到父亲状态不是很好的答复，文王就会忧心忡忡。

原文

出必①告，反必面②，居有常③，业无变④。

——●【字词注解】

①必：一定。

②反：同"返"，返回。面：面见。

③居：居住，指日常起居的礼节。常：有规律，不善变。

④业：从事的事业、职业。无：不要。

——●【精彩解说】

外出时一定要跟父母说一声，回家后也要向父母报告，让父母安心。生活起居要有规律，做事不要任意改变。

——●【鉴赏】

从孝道的观点来看，"出告反面"不仅能够体现孩了对父母的尊重，而且还能使孩子和父母之间的关系融洽，增进彼此之间的感情。"居常业变"，也体现了对父母的孝顺，生活起居要有规律。职业经常变化，也会让父母担心。当然，在现今这样一个充满竞争的社会里，这些观点就显得有点儿多余了。

故事链接

董永是一个孝子，他每次出门必定及时探看父母自己要去的地方，还有回来的时间。等到回家后也会及时探看父母。后来父亲病亡，没钱葬父，他就决定"卖身葬父"，被人们看成至孝的典范。

原文

事虽小，勿擅①为，苟②擅为，子道亏③。

【字词注解】•——

①擅：擅自主张，任性而为。

②苟：如果。

③子道：为人子之道。道，道理，法则。亏：亏损，欠缺。

【精彩解说】•——

再小的事情也要向父母禀告，不能擅自做主，如果自作主张，为人子女的本分就有所欠缺。

【鉴赏】•——

这里的重点不是告诉孩子不要做某一类事，而是重在一个"擅"字。换句话说，即使不算很坏的事，自作主张也是不对的。当今社会倡导张扬个性。听命于父母，或是依附于他人，会被人们视为没有主见，缺少独立性，甚至被人嘲笑。时代的发展决定了传统的孝道必定要随着时代的变化而变化，否则很难被人们认同和接受。

故事链接

勿以恶小而为之，勿以善小而不为。这是刘备训子的名言。三国时期，刘备临终时对儿子刘禅很不放心，所以除了把他托付给丞相诸葛亮外，还给刘禅写了一封信来教诲他。信中说："勿以恶小而为之，勿以善小而不为。惟贤惟德，能服于人。"意思是说：不要认为是一件很小的坏事就可以胡作非为，更不能认为是一件很小的好事就不去做。只有品德高尚，大家才会信服你。

原文

物虽小，勿私藏①，苟私藏，亲心伤。

●【字词注解】

①私藏：私自藏起，占为己有。

●【精彩解说】

东西虽小却不能自己私藏，如果私藏，会让父母伤心。

●【鉴赏】

在古人的观念里，私藏和不孝的关系可以这样理解：子女是父母的私有财产，家庭是凝聚的、统一的，私藏被看作家庭分裂的征兆。但是，在现代社会，财产都有着明确的所有权，父母的就是父母的，子女的就是子女的，界限分明。除非赠予或授权，否则，财产都是不能私自动用的。

故事链接

南北朝时期有个孝子叫陶季直，他的祖父是广州刺史陶愍祖，他的父亲是中散大夫陶景仁。陶季直小时候很聪明，祖父非常喜欢他。有一天，祖父把一些银子放在桌子上，让孙子们各拿一份，大家都拿了，唯独陶季直一动不动。祖父问他为什么不拿，他说："祖父赏赐东西，应该先给父亲和伯伯，轮不到我们做孙子的，所以我不能拿。"祖父听后，简直不敢相信一个小孩子能说出这么深刻的话。一年后，母亲去世了，小季直十分伤心。母亲生前曾在外面染有衣物，母亲去世后，家人想办法把这些衣物拿了回来。小季直天天抱着这些衣物痛哭流涕，周围的人看了都跟着伤感。长大后，他勤奋攻读，先后做过县令、太守和太中大夫。他为官清廉，为百姓着想，去世时家徒四壁，什么财产都没有。

原文

亲所好^①，力为具^②；亲所恶^③，谨为去^④。

【字词注解】●——

①亲：父母亲。好：喜欢。

②力：尽力。具：准备。

③恶：讨厌。

④谨：严肃恭敬的态度。去：去除。

【精彩解说】●——

父母喜欢的东西，应尽力为父母准备；父母所厌恶的事物，应严肃恭敬地去除。

【鉴赏】●——

在传统的孝道中，子女要以父母的喜好为喜好，要千方百计地让父母满意。如古代"王祥卧冰求鲤"的故事被人广为传颂。但是，在现代社会，任何人都没有强求别人以自己的爱好为爱好的权力。尊重个性特点、尊重个人爱好、尊重不同习惯，是社会进步的表现。

故事链接

王祥在很小的时候就失去了母亲。继母朱氏对他不但不慈爱，还经常虐待他，并且在他父亲面前搬弄是非。王祥的继母特别喜欢吃鲤鱼。有一年冬天，天气很冷，冰冻三尺，王祥为了能得到鲤鱼，赤身卧在冰上。他冻得浑身通红，但仍在冰上祈祷，希望得到一条鲤鱼。正是由于他的虔诚，他身体右边的冰突然开裂。王祥喜出望外，正准备跳入河中捉鱼时，忽然从冰缝中跳出两条活蹦乱跳的鲤鱼。王祥很高兴，就带着两条鲤鱼回家奉给了继母。

原文

身有伤，贻^①亲忧；德有伤，贻亲羞。

—•【字词注解】

①贻：遗留，留给。

—•【精彩解说】

身体受了伤，会使父母担心；自己的品德有了缺陷，就会让父母蒙羞。

—•【鉴赏】

身体发肤，受之父母。保护好自己的身体，也是孝敬父母的体现。此外，不做恶事或任何不合情理的事，以免令父母蒙羞，也是间接地孝顺父母。父母在养育我们时，为了使我们拥有一个健康的身体，接受良好的教育，历尽辛劳。我们不但要爱惜自己的身体，更要爱惜自己的名声，不能因为品德有亏而令父母蒙羞。

故事链接

晋代有个以孝闻名的文学家叫范宣。虽然家境贫寒，但范宣十分好学，精通儒家经典，也恪守礼法道德。在他小的时候，有一天，他正在菜园里干活，不小心把手指头弄伤了，不禁难过得哭了起来。有人问他："你哭什么？是不是伤口太疼了？"范宣说："我不是因为手指疼痛才哭，而是因为伤了父母赐给我的身体，就等于伤了父母的心，所以我才伤心痛哭啊！"由此可见，范宣是多么至情至孝。

原文

> 亲爱我，孝何难①？亲恶我，孝方贤②。

【字词注解】●──

①何难：有何困难？何，什么。

②贤：贤良，品德高尚。

【精彩解说】●──

当父母喜爱我们时，要孝顺他们有什么困难的呢？当父母不喜欢我们时，我们还能做到孝顺父母，就难能可贵了。

【鉴赏】●──

人与人的感情是互相催化的。正常家庭中的父母与子女都怀着与生俱来的挚爱，单方面去强调"孝"会显得有点多余。但有些家庭中，父母与子女关系并不融洽，甚至有着比较深刻的冲突。这时候，从做子女的一方来说，能认清自己的位置，理性地以孝道处理，那就能体现其道德水准了。

故事链接

有个叫闵子骞的人，从小就失去了母亲，跟继母生活在一起。继母偏心，给闵子骞做棉衣的时候用芦花代替棉花，自己的亲生儿子穿的则是真正的棉衣。闵子骞冷得受不了，缩在角落里直打哆嗦。父亲不知情，以为他是偷懒耍滑，屡次数落他不见效，就拿起鞭子抽了他一顿。这一抽，闵子骞衣服里面的芦花散出来飞得到处都是，父亲这才明白是怎么回事。他认为后妻偏心，不配做一个母亲，要赶她走。闵子骞恳求父亲："母亲在，最多我一个孩子受点冻，要是母亲走了，三个孩子怕是都要受冻了。"父亲这才原谅了后妻。此后，继母再也不虐待闵子骞了，全家人也过上了和睦的生活。

 原文

> 亲有过，谏使更^①，怡吾色^②，柔吾声。

—•【字词注解】

①谏：劝告。更：更改。

②怡：温和愉悦。吾：我。色：脸色。

—•【精彩解说】

父母有过错，我们应该及时规劝父母改正，但是劝导他们时态度要好，要保持温和的脸色与柔和的声音。

—•【鉴赏】

孝敬父母不是逆来顺受，当父母有过错时，要敢于劝告父母。我们在规劝父母时应该注意态度与方法，一定要注意自己的语气。不要因为父母做错了事情，就不分时间、地点地当面指出，令其改过。要知道当你这样做的时候，会惹父母生气。

故事链接

古时候，有个少年叫孙元觉，从小就很懂事，对父母也很孝顺，但他的父亲却很不孝顺。当孙元觉的爷爷年老体弱多病时，他的父亲就用一个竹筐把病弱的爷爷装起来，打算扔到荒野，不再照料爷爷。孙元觉跪着大哭并恳求父亲不要那样做，可是父亲根本不听他的话，还骗他说："人老了不死会变成妖怪的，爷爷老了不死也会变成妖怪的。"他只好随同父亲来到荒野，父亲放下爷爷就要离开。这时，孙元觉对父亲说："咱们把爷爷扔了，然后把筐子拿回去吧！"父亲不解，孙元觉说："等到父亲老了，如果不死，我也用竹筐装好父亲，把父亲扔到荒野。"他的父亲听了之后很吃惊，最终改变了主意，把爷爷背回了家。

 原文

> 谏不入①，悦②复谏，号泣随③，挞④无怨。

【字词注解】

①不入：不接受。

②悦：愉快。

③号泣：哭泣。号，大哭哀号。泣，低声啜泣。随：跟随，伴随。

④挞：打。

【精彩解说】

如果父母不听我们的规劝，寻找合适的机会等他们心情愉悦的时候再劝说。如果父母还是不接受，我们要痛哭流涕地恳求父母，即使挨打也不能埋怨父母。

【鉴赏】

当我们与父母相处时，有时会在无意中发现父母的过错与缺点，在这种情况下，子女要尽到为人子女的责任，使父母改过。如果反复劝谏，父母还是无动于衷，没有改过之意，甚至因生气动手打了你，你也要坚持，或者换一种方式进行劝谏。当然，除非遇到特别不明事理的父母，否则因为劝谏父母而被打的情况是不会出现的。

故事链接

在一次战役中，李渊做出一个决定，他想趁敌人不备的时候，连夜攻打一座城池。李世民觉得父亲的计策不可行，于是他马上把自己的想法告知父亲，可父亲认为自己的计策可行，没有听取他的建议。李世民没有灰心，连劝三次，父亲还是一意孤行。眼看全军就要拔营了，李世民就在父亲的帐篷外号啕大哭。李渊听到后，出营帐问其原因，李世民诚心地说："孩儿本打算阻止父亲做出错误的军事行动，可父亲却不采纳，因此，感觉很伤心，就大哭起来了。"李渊听后就取消了这次行动。

原文

> 亲有疾①，药先尝②，昼夜侍③，不离床。

—• 【字词注解】

①疾：疾病。

②尝：用嘴试味道。

③昼夜：从早到晚。昼，白天。侍：侍奉。

—• 【精彩解说】

父母生病时，子女应当尽心尽力地照顾，煎好的药子女要先尝一尝。当父母病情严重时，应该昼夜服侍他们，不能离开病床前。

—• 【鉴赏】

每个人都逃脱不了生老病死。在古代，长辈生病了，侍奉他们吃药前自己先尝一下，以免太烫。现如今，虽然很多时候不用我们尝药，但还是要细心地伺候长辈。

故事链接

汉文帝刘恒是汉高祖的第三个儿子。汉文帝非常孝顺，他虽然每天要处理很多公务，但是从来没有忘记到母亲的房间问候。

有一次，汉文帝的母亲生病了，一直没有好转，他就不分日夜地尽心照顾母亲，把侍奉母亲当成一件大事来做。汉文帝服侍母亲总是很殷勤，看护得精心周到。母亲生病期间，他在夜间睡觉的时候，眼睛没有闭合过，衣带没有解开过，没有睡过一个安稳觉。对于母亲的汤药，他必定亲自尝尝，试试会不会太烫或太苦，然后才放心地端给母亲服用。常言道：久病无孝子。汉文帝侍奉母亲，却从不懈怠，母亲病了足足三年才好，他也服侍了三年。汉文帝的孝行感动了百官及百姓，成就了一段千古流传的佳话。

丧三年，常悲咽①，居处②变，酒肉绝③。

【字词注解】

①悲咽：悲伤哽咽。咽，声音堵塞。
②居处：生活起居的规律、方式。
③绝：阻绝、断绝。

【精彩解说】

父母去世，要守孝三年，要经常感怀父母的养育之恩。守孝期间生活方式也要简朴，不能喝酒，也不能吃肉。

【鉴赏】

如今，我们反思子女对待父母的态度，莫不心生惭愧，因为父母为了儿女健康成长耗尽了一生的心血。作为儿女，当父母去世之后，虽然不用效仿古人那样在父母坟前守孝三年，但我们在内心应常常感怀父母的恩德，一世不要忘怀。

故事链接

三国时有个叫顾悌的孝子，十五岁就当上了郡里的小吏，后又晋升为偏将军。他因为性情刚毅、言事切直，招致同事妒忌而辞官回乡。当时他的父亲还在其他县任县令。顾悌每次接到父亲的家信，都要先洗浴并整理衣帽，摆放好桌子，放置好家信，才跪下来恭敬地阅读，读完后再叩拜一次书信。后来他的父亲去世了，顾悌哀恸欲绝。丧事结束后，他把父亲的遗像悬挂在墙壁上，下设神座，供奉果品，早晚跪拜追思，从不间断。

丧尽礼①，祭尽诚②，事③死者，如事生。

【字词注解】

①尽礼：遵守礼节。尽，尽力。
②祭：祭拜。尽诚：心意真诚。
③事：侍奉。

【精彩解说】

办理父母的丧事要依照礼仪，祭拜时要竭尽自己的诚心。对待已经去世的父母，要如同生前一样恭敬。

【鉴赏】

中国古代十分重视葬礼，而重视丧葬的根本目的是教化在世的人，以此来培养人们的道德品性和反哺报恩的观念。但是，不论古代还是现代，生前不孝顺父母，待父母去世后大事铺张以博孝顺之名的大有人在。真正的孝顺应该是孝敬和奉养，让父母能够安享晚年。

故事链接

孔子的母亲去世之后，按照周礼，孔子只要守孝两年就可以了。可两年过后，孔子内心还是十分悲伤。一天，孔子对弟子子贡说："我的心还是很悲痛，刚刚我为母亲作了一首哀乐，你来听听吧！"孔子在弹奏过程中，子贡情不自禁地流下了眼泪，并感慨地说："这是老师内心思母之情的最好体现啊！"

行 悌

〔题解〕

　　悌是指兄弟之间的关系，就是在生活中要尊敬兄长。本节说的是家中的兄弟应该怎么相处，以及如何尊重长辈。这些规范教育我们要谦恭有礼，尊敬他人。兄长要爱护弟弟，弟弟应该尊敬兄长，语言上要忍让，情绪上要克制，要看轻财物，珍重感情，这样家人之间才能减少冲突而和谐共处，父母心中就快乐。兄弟姐妹不仅要和睦相处，还要敬重长辈，见到长辈要谦恭有礼，这样才能使家庭和睦。

原文

> 兄道友①，弟道恭②，兄弟睦③，孝在中。

──●【字词注解】

　　①兄道：为兄之道。道，道理、法则。友：友爱。

　　②恭：恭敬。

　　③睦：和睦。

──●【精彩解说】

　　做哥哥的要关心爱护弟弟，做弟弟的要尊敬爱戴哥哥，兄弟两个人相处得和谐融洽了，孝道自然而然地就体现在其中了。

古人认为，在家庭中扮演的角色不同，对人的要求便不同，古人说的父慈子孝，兄友弟恭，就是这个道理。友就是友爱，恭就是恭敬。年龄大小的排序决定了他们各自所应有的态度，若都能按照这样的要求去做，家庭自然就能和睦，这也是孝道的组成部分之一。"悌"作为文明的一个符号，虽然能被人们认同接受，人们也能感受"悌"强大的精神力量，但是现在"悌"已经与人们谦恭的处世原则融为一体，人们不能再特别地对待它。

故事链接

有名为田真、田广、田庆的兄弟三人，本来共同生活在一个大家庭中，后来想分家各自独立生活。别的家产都商议分割好了，唯独院子里一棵枝繁叶茂的大紫荆花不好处置。三人商量到半夜，终于决定还是用最笨的办法处理，以示公平：把紫荆一分为三，一人一份。事情都办完了，兄弟三人分头去睡觉。天亮后，兄弟三人各自起床准备开始新的生活了，却发现那棵紫荆一夜之间已经完全枯死了！这样的离奇事件让田真想得很深刻，他对弟弟们说："这棵紫荆本是同根生出，现在要分开了，便憔悴枯萎，何况是人呢，我们兄弟要分家，岂不是做人做得尚不如草木吗？"兄弟们都被感动了，于是决定不再分家，那株紫荆也很快恢复了生机。

原文

财物轻①，怨何生②？言语忍，忿自泯③。

①轻：看淡，看轻。

②何生：从何而生。何，哪里。生，产生。

③忿：愤怒。泯：消除。

——【精彩解说】

兄弟之间如果把钱财外物看得轻一点，那怨恨隔阂又能从什么地方产生呢？言谈间都互相宽容忍让，那一些让人愤怒和不开心的事也自然而然地就消失不见了。

——【鉴赏】

教育子女心存善念，从善待近亲做起，不要把钱财看得太重。虽说我们需要用金钱来购买生活所需的物品，但金钱也不是万能的，亲情、友情、爱情等是无法用金钱来衡量的。金钱只要够用就可以了，知足者常乐。兄弟姐妹间，若从小接受了好的"孝悌"教育，往往就会把金钱看淡，把亲情看得更重。现在，许多子女面对父母遗留下来的财产，谁都想多得到一些，往往争得天翻地覆，甚至对簿公堂。如果父母知道会有这样的结果，或许他们就不愿留下财产了。因此，孩子应该从小就树立一种正确的金钱观，金钱并不一定带来幸福感。

故事链接

在元世祖至元年间，有一个叫朱显的人，他的祖父多年卧病在床，感觉自己不久将离开人世，所以在弥留之际，将家产按份分好，并立下字据，交代了自己的后事。然而，在元英宗至治年间，朱显的兄长也去世了。留下几个年幼的孩子，无人照顾。他看到侄儿孤苦无依，心里很难过，就和弟弟朱耀商量，决定不分家，还是生活在一起，全心全意地照顾侄子们，把他们当自己的亲生孩子一样对待，让他们健康成长。随后，兄弟二人一同来到祖父的坟前，把祖父留下来的分产遗书焚毁掉。从此之后，这一家继续其乐融融地共同生活在一起，互相关怀照顾。

原文

或①饮食，或坐走，长②者先，幼者后。

①或：或者。

②长：长辈。

日常生活中的饮食、休息、出行都应该注意恭顺谦让，把年长的人排在前面，把年幼的人排在后面。

这句话讲的不仅是兄弟之间的关系，还涉及长幼尊卑的规矩。只要有尊者在场，入座、行走、吃饭、饮酒等一切事情，都要尊敬年长者。无论是古代还是现代，"长者先，幼者后"都是年轻人应该遵守的基本礼仪。

故事链接

孔融小时候聪明好学，才思敏捷，被人们称为神童。孔融四岁时就能背诵许多诗词，并且还懂得礼节，非常招人喜爱。

一天，父亲买了一些梨子，叫孔融分梨，孔融挑了个最小的梨子，其余梨子按照长幼顺序分给兄弟们。父亲问他："别人都分到大的梨子，你自己却分到小的，为什么呢？"孔融说："我年纪小，应该吃小的梨，大梨该给年长者。"父亲听后十分高兴。孔融让梨的故事，很快传遍了汉朝。小孔融也成了许多父母教育子女的好榜样。

原文

长呼①人，即②代叫，人不在，己即到。

——●【字词注解】

①呼：叫。

②即：立即，立刻。

——●【精彩解说】

长辈有事呼叫人时，要替长辈去传唤，如果那人不在，自己应当主动帮忙。

——●【鉴赏】

长辈在有事的情况下，才会呼唤他人过来，而不是没有缘由就随便呼唤。我们作为晚辈，在听到长辈的呼唤时可以代为找人。假如长辈要找的人不在的话，我们则要回去禀明长辈，然后询问自己是否可以帮忙去做。这才是有头有尾地完成一件事的做法，对长辈、对自己也是一种负责任的态度。有时，人们会认为这只是小事，做与不做无关痛痒，不会影响自己的发展，殊不知，大事都是由小事构成的，大道德也是从细微处体现的。

故事链接

有一次，范仲淹让儿子范纯仁把五百斗麦子从京城运往江苏老家。结果，范纯仁在途中刚好遇到了他父亲的故友。他父亲的故友就把自己的家庭状况告诉了范纯仁。这位友人由于家里十分贫穷，父母去世了，没有钱安葬父母，还有女儿没有出嫁，生活比较窘困。范纯仁听后，立刻就把五百斗麦子全部卖掉，把卖麦子的钱全部拿给了长辈，但钱还不够。人们常说："帮人要帮到底，送佛要送上西天。"于是范纯仁把运麦子的船也卖了，钱才凑够。处理完父亲好友的事情，范纯仁马上赶回京城见父亲，刚到家就向父亲报告说，他在途中遇到了父亲的故友。当说到他把五百斗麦子卖掉去帮助父亲故交，钱还是不够时，范仲淹立马打断儿子的话说："那你就把船也卖了！"结果范纯仁说："父亲，我确实把船卖了才凑够钱。"听后，范仲淹脸上露出了喜悦之色。

称①尊长，勿呼名，对尊长，勿见②能。

【字词注解】●——

①称：称呼。
②见：通"现"。

【精彩解说】●——

称呼尊者和长辈，不可以直呼其名，在尊者和长辈面前，要谦虚有礼，不可以炫耀自己的才能。

【鉴赏】●——

现今社会，人际关系复杂，如果一味地按古人的方法来行事，是行不通的。总之时至今日，大抵一人一名，一般来说，在姓氏后面加"先生""老师"或官职就可以了。至于"勿见能"，对孩子来说，要采取灵活的方式来对待，孩子毕竟天性纯真，适当的表现能激发孩子的创造力，但是不要鼓励孩子轻佻的，甚至带有攻击性的自我表现的行为。

故事链接

　　北宋著名的文学家、史学家曾巩有傲气，曾任职中书舍人。御史中丞徐禧，字德占，比曾巩年辈略晚。一次，两人相遇，徐禧主动过来向曾巩施礼问候，曾巩这时只要随便应付一句"德占不必客气"之类的场面话就行了，可他偏装作不认识，故意问了句："你是谁啊？"徐禧只好按常规回答："禧姓徐。"曾巩大大咧咧地说："你就是徐禧啊！"徐禧再也压不住火，当面和他吵了起来，后来还专门在别的事上找曾巩的碴儿以示报复。在这件事中，曾巩的态度固然很傲慢，但当面直呼其名才是对徐禧最大的攻击。

原文

　　路遇长，疾趋揖①，长无言，退恭立②。

【字词注解】

　　①疾：快速。趋：快步上前。揖：拱手行礼。
　　②恭立：恭敬地站好。立，站立。

【精彩解说】

　　路上遇见长辈，要赶快走上前去拱手行礼，长辈没有说话时，要退后并恭敬地站立在一旁。

【鉴赏】

　　"趋"和"疾趋"是我国古代两种不同的礼仪。在古代，行趋礼能体现一个人的修养。即使现代社会，我国流传了几千年的揖礼已经被问候、点头微笑、轻微鞠躬或者握手所替代了，人们还是会在见面、问候时，注入自己心中的真挚情感，让与你交谈的人感受到你的热情，增强对你的好感和信任。如果故意视而不见，或到跟前问候时还大摇大摆的，就会被对方视为不礼貌、缺乏修养，进而引起他人的反感。"见人先作揖，礼多人不怪"这一俗语说的就是这个道理。

 故事链接

子路是孔子的学生，学识渊博。

有一天，孔子走过庭院，要到门外去。恰好子路在庭院里读书，他看到老师，立刻放下手中的书，对老师行鞠躬礼。凑巧的是，那时满院樱花绽放。孔子刚走进院子，注意力就集中在了樱花上，没有看到子路。过了半天，孔子才看到子路。那时，子路的身体已经酸麻得失去了知觉。孔子称赞他说："子路真是一个懂礼貌的好学生啊！"

原文

骑下马，乘下车，过犹①待，百步余。

长者立，幼勿坐，长者坐，命②乃坐。

【字词注解】

①犹：仍然，还。

②命：命令。

【精彩解说】

不论是骑在马上还是坐在车上，只要在路上遇见长辈就要下马或下车问候，等到长者走过百余步后，自己才能离开。

和长辈在一起的时候，长辈站立时自己就不可以坐下，只有等长辈坐定后，长辈让坐了才能坐下。

【鉴赏】

在日常生活中，养成恭敬地对待长者、老师和领导的习惯，锻炼出沉稳、干练的做事风格，是做人做事成功的前提。我们只有融入社会这个大家庭中，才会体现出价值。如何与人和睦相处，并获得施展自我才华的机会以服务大众，是每个人一生都要学习的课程。这门课程，学习得愈早就愈明晰，将来的际遇也就愈多。因此，孩子的启蒙教育，应以"孝悌"为先，培养他们对父母、对师长的恭敬之心。孩子长大步入社会，自然就会是个有礼貌的人，这是成功展开人际关系的第一步。

故事链接

汉惠帝刘盈是汉高祖刘邦的儿子，被立为太子。刘邦不喜欢刘盈，所以总想废掉他的太子之位。当时有四位德高望重的老人，刘邦想让他们入朝为官，但这四位老人却嫌刘邦放荡不羁，害怕受他的侮辱，刘邦多次相邀都被拒绝了。刘盈前去拜访他们，尊他们为长辈，这四位老人被刘盈的行为感动，就答应跟随在他的身边。有一次，刘盈上朝，这四位老人在后边陪着他，刘邦见状大吃一惊，他请不到的人竟让儿子请来了，从此刘邦打消了废太子的念头。

 原文

尊长前，声要低，低不闻①，却非宜②。

【字词注解】

①闻：听到。

②却：也。宜：适当。

【精彩解说】●——

在尊长面前，说话的声音要低，但是说话的声音低到让人听不清楚，也是不恰当的。

【鉴赏】●——

很多人在和老师、长辈或者领导交谈时，要么夸夸其谈，要么唯唯诺诺，这些都是不礼貌的表现。交谈、应答时，除了要有恭敬心之外，谈吐也要大方得体，音调应高低适中，音色也要柔和圆润。尤其是在与长辈交谈时，由于长辈的年纪大，身体机能衰退，听觉会有所减弱，所以作为晚辈，在讲话时音调要适中，这也是一种言语上的礼貌。在与老师或领导交谈时，调整好心态，做到不卑不亢，从容应对，才能取得良好的沟通效果。

故事链接

曾子原名叫曾参，是春秋时期一个道德修养很高的人，也是孔子的得意弟子。

一次，曾子在孔子身边侍坐，孔子问他："以前的圣贤之王以至高无上的德行、深奥的理论来教导天下之人，使人们能和睦相处，君王和臣子之间也没有不满，你知道这是为什么吗？"

曾子听了，明白老师要指点他一些高深的道理，立刻从座席上站了起来，快步走到席子外面，恭恭敬敬地说："我不知道，还请老师教我。"他一直站在旁边听孔子讲解。"避席"是一种非常礼貌的行为，表示对老师的尊重。在这里，曾子表现得非常从容，不卑不亢，既表达了自己的学习态度，又显示出了对老师的尊重。

 原文

进必趋①，退必迟②，问起对③，视④勿移。

──●【字词注解】

①趋：快步走上前。

②迟：缓慢。

③起对：站起来回答。起，起立。对，对答，答话。

④视：看，注视。

──●【精彩解说】

有事去找长辈，一定要快步向前，退回时，要慢慢地走开。长辈问话的时候，眼睛不要东张西望。

──●【鉴赏】

文中的"趋"是说走路时要小步快速地行进。在以前，长辈对晚辈讲话，如果晚辈没有及时走近聆听，这样会给长辈一种对他不恭敬的感觉。而"迟"也是同样的道理。如果长辈在对你讲完话后，你马上离开，会使长辈觉得这个晚辈很没有礼貌，缺乏礼仪修养。长辈问话，要站起来，用柔和的目光凝视，不能心不在焉，或者紧张、惶恐不安。这些要求对于现今的年轻人拜见长辈或者求职时，都很有帮助。

故事链接

有一次孔鲤看见父亲孔子立于庭院中，急忙迈着小步恭敬地走过去。孔子叫住孔鲤，问他学过《诗经》没有，孔鲤说没有。因为当时诸侯国间的主宾应答以及上层社会中人与人的交谈都要运用《诗经》中的诗句，如果不学习《诗经》则没有办法与这些人交谈。于是，孔鲤就慢慢退下去学习《诗经》。过了不久，孔鲤又被孔子叫住，问学习过《礼》没有，孔鲤还是说没有。孔子教育孔鲤说，如果不学习《礼》是很难立身处世的。于是，孔鲤又慢慢退下去专心学《礼》。

原文

事诸父①，如事父；事诸兄②，如事兄。

【字词注解】●——

①诸父：父亲的兄弟，父之兄称伯父，父之弟称叔父。诸父广义上是指父亲的同辈。诸，诸位，许多。

②诸兄：堂兄、表兄。

【精彩解说】●——

对待自己的叔伯，就像侍奉自己的父亲一样；对待同族兄长，要像对待自己的亲兄长一样。

【鉴赏】●——

在一个大家族里面，对待长辈要尊敬。家庭以和睦为本，和睦以谦让为源。现代社会不是大家庭聚居的生活方式了，亲属往往不住在一起，甚至天各一方。但在现实中，一些平素关系密切的朋友会组成过去通家之好的交往模式，双方的后人也会形成密切、良好的关系。在这种情况之下，我们就可以按照《弟子规》中的孝悌之义来立身行事。

故事链接

秦朝末年，秦二世对人民的压迫日益加重，农民起义风起云涌，最终导致了秦朝的覆灭。刘邦和项羽的起义军在灭秦时起到了很大的作用。秦朝灭亡后，他们分别被封为"汉王"和"楚王"，从此开始了争夺天下的战争。在楚汉相争时，项羽大军节节败退。项羽没有办法，便派人抓来了刘邦的父亲和妻子。他将刘邦的父亲押上城头，支上了一块很高的大案板，把刘邦的父亲放在上面，对着对面（当时项羽驻军东广武城，刘邦驻军西广武城）的刘邦说："马上退兵，不然的话我就将你的父亲烹了。"
刘邦回答他说："我和你原先同在怀王手下当将军，就像兄弟一样。我的
父亲也就是你的父亲，你要是打算烹你的父亲的话，请分给我一杯羹。"
而项羽担心的是他这样做会失掉人心，因此没有杀掉刘邦的父亲，后来还
释放了刘邦的父亲。

谨 言

〔题解〕

  本节主要讲的是做人要谨言慎行，保持良好的生活习惯和严谨的态度，不能放荡不羁，不修边幅。首先要注意自己的卫生，保持良好的卫生习惯，这样才能赢得别人的好感。再者做事要严谨，如穿衣要整洁，饮食要适量，饮酒不可过多。在行为上也要做到严谨，要坐有坐相，站有站相。此外，遇事不可慌张，不要凑热闹，处事要心细胆大，不可莽撞。是非之地不可接近，否则容易引祸上身。

> 朝①起早，夜眠迟，老易至，惜此时。

【字词注解】

①朝：早上。

【精彩解说】

  早上起得很早，晚上迟迟不休息，就会很容易变老，所以要珍惜现在所拥有的美好时光。

●【鉴赏】

我们都知道"一年之计在于春，一日之计在于晨"。经过一夜的充足睡眠，早上起来可谓精力充沛、思维活跃，正是做事的最佳时间，因此一定要把握住早晨的时光。古人很重视光阴的流逝，也很重视对子女的教育，教育他们要早起把握光阴，及时学习。陶渊明的《杂诗》中说："盛年不重来，一日难再晨。及时当勉励，岁月不待人。"人生短短数十载，若是把今生虚度，等到黄粱梦醒时，才发觉自己白在世上走一遭，那时追悔已晚。时光难得，人生短暂，因此，今生既有幸为人，就该好好珍惜有限的时光，努力做一番事业，才不枉来人世一回！若是日日纸醉金迷，碌碌无为，与草木禽兽又有何不同？！

故事链接

在晋代，有一名将名叫祖逖，字士稚。他与刘琨自幼结为好友，年轻时他们就胸怀大志，且二人一同出任司州主簿。他俩白天在一起工作，晚上同寝。当时西晋皇族互相倾轧，争权夺利，其他少数民族趁机滋事作乱，虎视中原。祖逖与刘琨立志报效国家，心中时时担忧国家的命运。一日半夜时分，祖逖听到鸡鸣，踢醒刘琨，说："你听到鸡叫没有？"刘琨说："听到了，半夜鸡叫是令人厌恶的声音！"然而祖逖却说："这不是令人厌恶的声音，是催促我们赶紧起床练剑。"于是，二人穿好衣服，来到院中，拔剑起舞，直到天亮才收剑。后来，祖逖担任了司马睿的军咨祭酒。在晋怀帝被匈奴俘虏以后，他主动请缨，率领自己的私家军队渡江北上，最终凭借自己的能力收复了黄河以南的诸多州县。

原文

晨必盥①，兼漱口，便溺③回，辄净手④。

●【字词注解】

①盥：洗脸洗手。

②兼：同时，一起。

③便溺：指上厕所。

④辄：立即。净手：洗手。

早晨起床以后一定要洗脸，同时还要漱口，每次上完厕所后，要立即洗干净手。

这句话讲的是人要养成良好的生活习惯。无论用古人的心理还是今人的心理理解，这一条都是容易被接受的。不过在古人看来，个人的整洁是一种礼仪。从自我要求来说，尽量想办法让自己干净一些是必要的，而从待人来说，则能宽容就宽容一点儿。要想理解规矩的内涵，必须学会换位思考，如果能在实践规矩的时候多加思考，举一反三，就会在为人处世上有很多心得。

故事链接

宋朝著名的书画家米芾有洁癖，他平时洗手不用盆，而是用一个银壶倒水洗，洗完了也不用毛巾擦，而是自然晾干。他的衣服或用过的东西一旦被人碰过，需要洗了又洗，擦了又擦，实在不放心的，索性扔掉。不过也有人说，说他的洁癖是假装的，因为和他一起做官的人看他平时翻阅完公文是不洗手的，而有人拜访他时，接了张名片他便忙不迭转身洗手去了。米芾是不是真有洁癖恐怕难以考证了，但这却能说明像清洁卫生这样的个人小节，其实也是有着很丰富的社会心理基础的：你爱干净，总以清洁的外表待人接物，便受人欢迎，因为人家觉得受到了你的尊重。但是，如果你太爱干净了，这便转为一种攻击性的暗示，那样别人心里就别扭了。所以，从自我要求来说，尽量想办法让自己干净一些是必要的，而从待人来说，则能宽容就宽容一点儿。

原文

> 冠必正①，纽必结②，袜与履③，俱紧切④。

● 【字词注解】

①冠：帽子。正：端正。

②纽：扣子。结：扣好。

③履：鞋子。

④俱：都。紧切：紧贴合适。

● 【精彩解说】

帽子必须要戴得端正，衣襟上的扣子必须要扣好，袜子与鞋子一定要合适跟脚。

● 【鉴赏】

一个人的穿戴往往体现出这个人的身份地位，展现出来的是他的修养和气质。一个人的穿戴是整洁、得体还是脏污、丑陋，不是一件小事。它不仅关系自身的形象，甚至还会影响个人的前途。

故事链接

孔子的弟子子路，生性勇猛质朴，心地刚强直率，喜好武力，头戴雄鸡式样的帽子，身佩猳豚长剑。子路冒犯孔子，可孔子对他仍旧以礼相待，逐渐引导子路，为他正衣冠，并示他君子之道。经过孔子多年的训诫，子路这块顽石终于成为一块美玉，在人群中脱颖而出，大放光彩。后来子路在卫国的内乱中被围攻致死，在战乱中，子路的帽带被打断，致使帽子歪斜。临死前，子路仍牢记老师的训诲，挣扎着把帽子重新戴正，因为君子至死都要衣冠端正。

原文

置冠服，有定位，勿乱顿①，致污秽②。

【字词注解】

①乱顿：随意摆放。
②致：导致。污秽：肮脏。

【精彩解说】

暂时不穿的衣服和鞋子要有一个特定的位置，不要把它们随便乱丢，这样会把它们弄脏。

【鉴赏】

从大处着眼，从小处着手，养成良好的生活习惯，是成功的一半。生活中的点滴，往往可以折射出一个人真正的修养和品德。只有从小就养成爱干净、整洁的生活习惯，且拥有一颗恭敬、谨慎之心，一个人在通往成功的道路上才会更顺利。

故事链接

有一次齐桓公喝醉了酒，找不到自己的帽子，感觉这是一件极其耻辱的事，于是，三天没有上朝。管仲知道此事后，对齐桓公说："这不能成为一国之君的耻辱，您为什么不能利用自己的好政策，来洗刷当时的耻辱呢？"齐桓公明白了管仲的意思，于是开仓放粮，赈济贫苦百姓，并核查罪案，把罪轻之人都释放了，减轻罪重之人的刑罚。过了三天，百姓都歌颂齐桓公说："国君啊，您难道就不能再丢一次帽子吗？"

原文

衣贵①洁，不贵华②，上循分③，下称家④。

【字词注解】

①贵：注重，重视。

②华：高贵华丽。

③上：先，前面。循分：符合自己的身份。循，遵守，符合。分，身份。

④下：后。称家：与家庭的地位条件相称。称，相称。家，家境。

【精彩解说】

穿衣服重要的是干净整洁，而不是名贵华丽，穿着打扮首先必须与自己的身份相称符，然后还要与自己家的经济状况相符。

【鉴赏】

在古代，衣着有等级之分，可从样式和颜色上区分。个人所穿衣服要与身份地位相符，否则有可能触犯刑律，招来杀身之祸。当今社会，人各有所好，所以衣着打扮最能反映出一个人的教养。对于孩子来说，穿着打扮首先要干净整齐，因为整洁最能反映人的精神面貌。

故事链接

王安石，字介甫，号半山，被封为荆国公，抚州临川（今江西抚州）人，北宋杰出的政治家、思想家、文学家，官至宰相，主张改革变法。王安石是"唐宋八大家"之一，有《王文公文集》《临川先生文集》等存世。诗作《元日》《梅花》等最为著名。据说，他有一个很大的缺点，就是不太讲究卫生，极少洗澡，整天脏兮兮的。有一天，皇帝召见王安石和几位大臣商议国家大事。谈话时，一只虱子从王安石的衣领里爬到了他的脸上。皇帝看见后偷偷地笑了，可王安石却一点儿也不知道。后来这件事成了朝中大臣们的笑料。

原文

对饮食，勿拣择①，食适②可，勿过则③。

【字词注解】•——

①拣择：挑食。

②适：相合，适当。

③过则：超过标准，过量。过，超过。则，准则。

【精彩解说】•——

吃东西的时候，不要挑剔选择食物，吃东西适合自己的食量就可以了，不要过度饮食。

【鉴赏】•——

随着时代的进步，人们对饮食的追求越来越高，越来越注重合理膳食，追求精细的食物。往往就是这些过于精细的食物，使人生出一些"文明病"。因此，在饮食中要少吃那些过度加工和加工太精细的食品，而五谷杂粮本身就是最好的食物，要做到"食适可，勿过则"。

故事链接

唐代文学家郑浣一直以勤俭朴素自居。在他出任河南尹的时候，一天，他堂兄弟的孙子来找他。这个孙子在家务农，没有见过世面，也不懂礼节，穿的衣服也很破旧。郑浣的儿子和仆人都嘲笑他粗俗，只有郑浣可怜他。一家人在一起吃饭，吃的东西中有蒸饼，可这个孙子却将饼皮剥掉，只吃里面的馅，当时郑浣很生气，说道："饼皮与馅有什么区别吗？它们都是用来充饥的食物，你怎么只吃馅却把皮扔掉呢？你怎么会有这种轻浮狡诈的坏毛病，并且如此奢侈浪费？你应该保持淳朴的风俗习惯，我可怜你在家乡务农，穿着破旧的衣服，可是你一点儿都不懂种庄稼的辛劳。没想到你轻浮的行为都快超过那些纨绔子弟了。假如这样长久下去，你就会变成一个贪图富贵之人，有失做人的本质。"说完后，郑浣捡起扔掉的饼皮，并吃下去，随后就离开了。第二天，郑浣就将这个孙子送回了家乡。

原文

年方少①，勿饮酒，饮酒醉，最为丑②。

——●【字词注解】

①少：年幼的，年轻的。

②丑：喝醉酒丑态百出。

——●【精彩解说】

小小年纪，不应该喝酒，喝醉酒之后，丑态百出。

——●【鉴赏】

关于饮酒，古代有着明确的规定，如什么人可以饮酒，可以饮多少。未成年人是不能饮酒的，因为醉酒的人容易行为失控，加上年轻气盛，容易意气用事，惹是生非。

故事链接

张飞脾气暴躁，好饮酒，酒醉后，脾气更大，帐上帐下，只要士兵有过失就鞭打他们，以至于多有士兵被鞭打致死的。

有一天，张飞下令，军中限三日内置办白旗白甲，三军挂孝伐吴。

次日，帐下范疆、张达两员末将入帐告诉张飞："白旗白甲，一时无可措置，须宽限才可以。"

张飞大怒，喝道："我急着想报仇，恨不得明日便到逆贼之境，你们怎么敢违抗我作为将帅的命令？！"

张飞就让武士把二人绑在树上，在每人背上鞭打五十下，打得二人满口流血。

打完之后，张飞用手指着二人说："明天一定要全部准备完备！如果违了期限，就杀你们两个人示众！"

二人回到营中商议，范疆说："今日受了刑责，让我们怎么能够筹办？这个人性暴如火，如果明天置办不齐，你我都会被杀啊！"张达说："如若他杀我，不如我杀他！"范疆说："只是没有办法走近他。"张达说："如果我们两个不应当死，那么他就醉在床上；如果应当死，那么他就不醉好了。"二人商议停当。

张飞这天夜里又喝得大醉，卧在帐中。范、张二人探知消息，初更时分，各怀利刃密入帐中，把张飞杀了，当夜拿着张飞的首级逃到东吴去了。

步从容①，立端正，揖深圆②，拜③恭敬。

【字词注解】

①步：走路。从容：心情舒缓、不慌不忙的样子。

②揖：拱手礼。双手抱拳，弯腰行礼。深圆：指弯腰鞠躬的姿势到位。

③拜：低头行拱手礼，或跪下磕头行跪拜礼。

【精彩解说】

走起路来要从容，站立要端正，作揖的时候，身体弯腰鞠躬的姿势要到位，跪拜时要恭敬。

—•【鉴赏】

我们经常会听到长辈在教育晚辈时说，人坐要有坐相，站要有站相，走路也要有走路的样子。

步伐从容稳健，站立端正，是对自身的尊重，也是对他人的尊重。作揖行礼标准，也就是对自己和他人的尊敬。

故事链接

嵇绍是魏晋之际"竹林七贤"之一嵇康的儿子。西晋建立后，嵇绍被朝廷征召到京都洛阳做官。有人见了他后，对"竹林七贤"之一的王戎说："我昨天在集市来来往往的人群中，见到了嵇绍，看见他气质风度不凡，就像是一只鹤站在鸡群当中一样。"王戎说，嵇绍确实是一位品格高尚、气宇非凡的青年才俊。一次，几位大臣聚集在一起讨论国事，有一人提议，请嵇绍为众人弹奏一曲，展示一下他的音乐才华。可嵇绍拒绝了，他说，作为朝廷的重臣，应该想着怎样报效祖国，而不是享乐。

原文

勿践阈①，勿跛倚②，勿箕踞③，勿摇髀④。

—•【字词注解】

①践阈：踩门槛。践，踩踏。阈，门下的横木。

②跛倚：身体歪斜，站立不正。跛，脚有残疾而走路姿势不正。倚，偏斜。

③箕踞：张开两腿而坐，形如畚箕，是一种不守礼节或态度傲慢的坐法。箕，簸箕，又称畚箕、畚斗，用来扬去米糠或盛垃圾、尘土的竹器，呈U字形，谷物容易进入。踞，伸开腿坐，两腿如八字形。

④摇髀：摇晃大腿。髀，大腿。

【精彩解说】●──

不要随便踩门槛，站立时不要歪曲倾斜，坐时双腿要规矩，不要张开双腿，也不要摇晃大腿。

【鉴赏】●──

在与人交往的时候一定要注意，肢体语言会传达出特定的信息。虽然不能说哪种肢体语言是绝对不可采用的，但我们必须了解其相应的含义，并由此注意自己所处的环境、所面对的对象是否适合做出这样的动作。因此，对孩子来说，他们尚不能一下子接受这些肢体语言的含义，直接为他们做一些简单的示范，告诉他们哪些动作是不可以做的，也不失为一种有益的指导。

故事链接

张九龄是唐中宗景龙初年进士，唐玄宗开元年间历任中书侍郎、同中书门下平章事、中书令、兼修国史，他是唐朝有名的贤相。他的五言古诗，以素练质朴的语言，寄托深远的希望，为扫除唐初所沿袭的六朝绮靡的诗风做出了很大的贡献。张九龄不仅是著名的诗人，也是一位优秀的政治家。他容貌清秀，衣帽整洁，不管是走路还是说话都显得与众不同。所以，在朝廷的大小会议上，他总是很显眼，连皇帝都对他的举止赞叹不已。

 原文

缓揭①帘，勿有声，宽转弯，勿触棱②。

【字词注解】●──

①揭：掀起来。
②触：碰上。棱：此处指墙角，本意是指物体的直角。

──●【精彩解说】

掀帘子手要轻，不要发出声响，走路转弯要留有余地，以免自己触到家具等物品的棱角而伤了身体。

──●【鉴赏】

古代的房屋往往不是用门而是用一道帘间隔开的，所以古人教育自己的子女在掀帘子的时候，要轻轻地，不可以很大声，不可以猛地一拨，后面如果刚好有人走进去，就有可能碰到后面的人。这也是在进一步说明，我们在日常生活中，时时都要谨慎，要多为他人着想。做事情，动作要细腻，不可以很粗鲁。细腻的动作就从揭帘做起。并不是只有揭帘子需要这样做，其实还包括很多事情，譬如说搬物品、整理家务等细小的事情，我们都不要很大声。如果很大声，动作幅度很大，则表示一个人的行为非常粗鄙、野蛮，不用心、不专心。所以，此处只是借助揭帘这个细节，说明做任何事，都要想想他人的立场，思考之后再做。

故事链接

汉朝有一个叫苏嘉的人，他是苏武的哥哥。他从小做事就非常莽撞和马虎，常常惹出乱子，有时甚至把自己弄伤。

为此，父亲经常教训他说："你平时做事要养成有条不紊、井然有序的好习惯，这样才能把事情做好，而且还不会招致祸患。如果经常莽撞出错，不注重细节，将来定会铸成大错，这样会毁了你一生。"

苏嘉听了，一副不以为然的样子。

长大以后，苏嘉做了专门负责给皇帝驾车的车夫。

一次皇帝外出，苏嘉驾着车从长安到郊外的行宫。皇帝正准备下车时，苏嘉一不小心把车辕撞到了门前的柱子上，车辕撞断了，皇帝被吓了一跳，盛怒之下的皇帝下令将苏嘉处死。就这样因为一时的疏忽，苏嘉葬送了自己的性命，真是可惜呀。

原文

> 执虚器①，如执盈②；入虚室，如有人。

【字词注解】————

①执：拿。虚：空的。器：用具的总称，如仪器、武器、器具、器皿等。

②盈：充满。

【精彩解说】————

手里拿着空的器皿，要像拿着盛满物品的器具一样谨慎；进入没有人的房间后，行为举止不能随便，要做到有人没人一个样。

【鉴赏】————

古人的逻辑是，如果拿个碗都能做到空的、满的一样对待，那么其他更重要的事情也绝不会使奸耍滑了。这样推理是否合理姑且不论，古时候人们评价人品的高下，经常要用到"慎独"的概念，意思是在独处的时候也能小心约束自己的行为。

故事链接

北宋有个名臣叫张方平，他吃饭的时候从来都穿正装。三伏天，有一次他和女婿一起吃饭，对女婿说："天太热，你把外衣脱了吧。"女婿看丈人还是穿得严严实实，就不敢贸然脱衣。张方平说："我出身贫寒，能有今天的富贵，全是君王所赐，所以，哪怕是吃顿饭也要穿着朝服以示敬意。你现在是吃我的饭，完全没有关系。"

原文

> 事勿忙①，忙多错，勿畏②难，勿轻略③。

──●【字词注解】

①忙：本意是事情很多，此处作急促解。

②畏：害怕。

③轻：瞧不起，轻视。略：疏忽。

──●【精彩解说】

做事小心谨慎，不要匆匆忙忙，因为匆忙容易出差错，遇到困难的事情不要害怕，但也不要轻率。

──●【鉴赏】

古人时常告诫我们：欲速则不达。我们在做一件事时，往往只追求速度，却忽略了它的质量，导致没有达到预期的效果，或者根本没有完成。因此，我们做任何事时，假使预先有一个翔实的计划，如何去一步一步地实施都有一个框架，对于每个时间段进行什么都有安排。如此，谋定而后动，即使计划赶不上变化，中间有突发事件，也不至于慌了手脚，忙中出错。

故事链接

《列子·汤问》中记载着这样一则典故：

飞卫是古代的一位神射手。有一个叫纪昌的人，很想学习射箭，于是就向飞卫请教射箭的技巧。飞卫告诉他说："你应该先学习注视目标不眨眼，然后才能学习射箭。"于是，纪昌回到家中，仰面躺在妻子的织布机下面，睁大眼睛注视着梭子穿来穿去。这样的动作，纪昌练习了两年。之后，即使有人用锥子刺他的眼睛，他都不眨一下。他把自己训练的成绩告诉了飞卫。可飞卫却说："这样还是不行，你还得锻炼眼力才行。你要能够把一个很小的东西看得很大，把一个细微的东西看得很清楚，到那个时候，你再来找我。"

纪昌回家后，便将一根牛尾毛拴上一只虱子挂在窗口，每天都面向窗口目不转睛地望着虮子。这样过了一百天，纪昌就把虮子渐渐地看得大了起来。三年后，纪昌已经可以把虮子看得像车轮一样大了，再看稍大一点的东西，则如小山一样大。于是，纪昌就用燕山出产的牛角做成弓，用北方出产的蓬竹做成的箭杆射那只吊在窗前的虮子，箭穿虮子的中心，而吊着的牛尾毛却完好无损。这样，纪昌就把自己的成绩告诉了飞卫。飞卫高兴地说："你已经掌握了射箭的妙处，经过你艰苦的学习，终于成功了。"

 原文

> 斗闹场①，绝勿近；邪僻事②，绝勿问。

【字词注解】●——

①斗：相争。闹：争吵惹事。场：空地或人多聚集的地方。
②邪：指不正当的思想或行为。僻：偏邪的或不常见的。

【精彩解说】●——

看见有人吵闹、斗殴，千万不要靠近，以免伤及自己；遇到邪恶之事，不要因为好奇而去问，应该尽量远离。

【鉴赏】●——

"近朱者赤，近墨者黑"，是人们熟知的道理。怕孩子沾染不好的习气，当然要告诫孩子什么地方不可去、什么事情不可做。不过，究竟什么是"不好"，在不同的时代是有不同的定义的。古代的读书人，大抵以圣贤书为根本，所以教育孩子的时候，即便是算术、医术、书画一类实用的技艺都很不提倡，更不要说那些市井生活中的种种游戏或传闻了。

故事链接

孟子很小的时候，他和母亲住在墓地旁。耳濡目染，孟子就常常和邻居的小孩一起学着大人跪拜、哭号的样子，玩起办理丧事的游戏。孟子的母亲看到后，皱起眉头："不行。我不能让我的孩子住在这里了。"于是，她就带着自己的孩子搬到了集市，住在一个靠近杀猪宰羊的地方。在那里，孟子又和邻居的小孩学起商人做生意和屠宰猪羊的事。孟子的母亲知道了，又皱皱眉头："这个地方也不适合我的孩子居住！"于是，他们又一次搬家了，搬到了文庙附近。每月初一，官员到文庙行礼跪拜，互相以礼相待，孟子见了之后都学习并记住了。孟子的母亲这才满意，说："这才是我家儿子应该住的地方啊！"

原文

将入门①，问孰存②；将上堂③，声必扬④。

—●【字词注解】

①入门：进门。入，进。

②孰存：谁在里面。孰，谁。存，在。

③上堂：进入大厅。上，登上。堂，正房，大厅。

④扬：提高声音。

—●【精彩解说】

将要进门时，先问有谁在里面；将要进入厅堂时，先提高声音，好让里面的人知道有人来了。

—●【鉴赏】

到别人家，如果里面有人，他们通常不知道有外人进入，所以要打个招呼，以免贸然相遇发生尴尬；厅堂一般是有人相聚的地方，他们在说什么、做什么，不一定希望被人听到、看到，所以也要打个招呼，否则有偷听、偷窥的嫌疑。

故事链接

　　春秋战国时期，有个名叫重耳的晋国贵族流亡到了齐国，并娶了国君的宗室之女齐姜，过上了安逸的生活。重耳是一个历经磨难的人，他本来是晋献公的儿子，可是因为家族内部的政治斗争，一直颠沛流离，在齐国，他终于找到了家的感觉。但是，跟随他一起流亡的属下并不希望他就此变成一个失去理想、耽于享受的贵族。他们在一片桑树林里开了个会，一致决定把重耳设法弄回去，进而主持国政。但是他们在进树林之前没有注意里面是否有人，他们所说的话都被树上的一个采桑女听了去，而这个采桑女正是齐姜的手下。采桑女将消息汇报给了主人，不过她的主人齐姜是一个极富政治头脑的女人，她不但不希望重耳和她厮守一辈子过小日子，反而决定和他的手下合力挟持重耳逃出齐国。当然，在做这件事之前必定要先杀掉这个采桑女，因为她知道秘密，只有杀了她才无法再把秘密说给别人听，才能安心地实施计划。最后，重耳被灌醉后重新被送上了流亡的征途。又经过了很多波折后，重耳才成为一代霸主。

原文

> 人问谁？对以名，吾与我，不分明[①]。

【字词注解】

①分明：清楚，明白。

【精彩解说】

　　有人问自己是谁的时候，告诉别人名字，不要回答"吾"或"我"，这样别人弄不清你是谁。

【鉴赏】

　　自称的时候应该用名以示尊重。但是，在古代，人的身份有尊卑之分，在不同的情形下如何处置又是需要技巧的。古代自称通常称自己的名，别人则通称字或号，而不直呼其名，因此，拜访他人时要持一名帖，写上名、字、号、官衔等，方便他人通报，还要主动说出自己是谁，为什么事而来。这是基本的礼仪。

故事链接

康熙年间，有一个很有名的人叫徐潮，他曾任户部尚书，辞官以后在老家杭州居住。一次，他在外面散步，附近嬉闹的孩子远远指着他说："徐潮来了！"徐潮便上前问孩子们："你们怎么知道我是徐潮啊？"孩子们回答说："曾经听见有人这么称呼你，所以才知道的。"徐潮笑道："这个潮字是我的名，你们还不能这么直接地称呼我。我字青来，以后你们再遇到我，叫我青来就好！"徐潮是一个有修养的长者，他对这件事情的处置就非常得体。

原文

用人物①，须明求，倘②不问，即为偷。

---●【字词注解】

①用人物：借用别人的物品。用，使用，借用。
②倘：如果。

---●【精彩解说】

借用他人物品时，要先说明，没有得到别人允许就用，那是偷盗的行为。

---●【鉴赏】

在古代，人们对于偷窃、盗用是十分痛恨的，个人一旦有类似的行为，将被视为道德品行上的污点。当今社会中常常出现青年人因为心理扭

曲而引发的恶性案件。从事理上说，恶性的结果不是一朝一夕形成的，在相当长的时间中，心理问题会以各种各样的形式表现出来，其中也不乏不以获取财物为目的的偷窃，只是没有被及时发现，或只是在发现后简单处罚了事，没有进一步追究根源。所以，"用人物，须明求"的规矩仍然需要提倡。

故事链接

许衡曾经在大热天走路，非常口渴。路旁有一棵梨树，很多人都争着摘树上的梨子吃，只有许衡一个人端正地坐在树下。

有人问他："为什么不摘梨子吃？"许衡说："不是自己的梨子，怎么可以随便拿来吃呢？"那人说："现在世道这么乱，这棵梨树没有主人。"许衡回答说："梨树没有主人，我的心难道也没有主人吗？"

原文

借人物，及时①还；人借物，有勿悭②。

【字词注解】●—

①及时：迅速而不耽搁时间。
②悭：吝啬。

【精彩解说】●—

借别人的东西，要及时归还；别人向自己借用东西，有就借给，不要吝啬。

【鉴赏】●—

借了别人的东西要及时归还，这样以后有急用时再借东西就不难了，俗话说："好借好还，再借不难。"书和玩具这类东西的"用"不是一时半刻的事，而且很可能和主人的使用有冲突，需要互相配合，才能有最佳的使用策略。一本书，你看的时候我做其他事，等你不看了我再看。这实际上是两个人的合作，在时间上统筹安排，这时候的"及时还"就体现为良好的合作精神，以及做事的艺术性。借了别人东西记得还，不要让人追着讨，要不然下次人家很可能会找借口不借给你。

故事链接

明朝著名的文学家宋濂从小就勤奋好学。

一天，浦江县的藏书家张齐轴正在书房看书，忽报有一位十四五岁的少年求见。

张齐轴叫人把这位少年带进书房。只见他穿着朴素，因为天空下着雨，他带的又是一把破雨伞，身上被雨淋出了好几处湿斑。那少年就是宋濂，他是来向张齐轴借《史记》的。

张齐轴担心他把这本珍贵的书弄得破旧，便委婉地说道："书是有，但刚被一个朋友借走了，真对不起。"

宋濂一向诚实，他相信人家也是诚实的，就问道："不知什么时候还您呢？"

"那可不一定，早则三个月，迟则半年。"张齐轴淡淡地说。

"那好，学生过三个月再来看看。"

宋濂没有明白张齐轴这些不着边际的话背后的含义，抱着希望，辞别了藏书家。

三个月后的一天，天空下着雪，宋濂再次登门拜访。

他因衣服单薄，冻得瑟瑟发抖，当他站到张齐轴跟前时，半天才叫出了"张先生"三个字。张齐轴客气地让宋濂在旁边坐下，并叫家人献了茶，着实嘉奖了他几句。

可是当宋濂提起借《史记》时，他又做了巧妙的回答："那位朋友尚未归还，你过三个月再来吧。"但他觉得这样回答有些过意不去，就转而说道："这样吧，我这里有本《乐府诗集》，你先拿去看看。"

宋濂虽然没有借到要借的书，但得了《乐府诗集》，高兴得向张齐轴一连鞠了几个躬。

又过了三个月，宋濂第三次登张门。

这天，烈日似火烧，宋濂汗流浃背，气喘吁吁。

当时张齐轴正在书房看书，见宋濂这个样子，很是吃惊。当他接过宋濂奉还的书时，却发现完好无损，甚至连汗水也未沾上一点儿。原来，宋濂是用油纸把书包好的。

张齐轴觉得宋濂不但诚实好学，很有志气，而且还十分爱护书籍，就笑着说："你来得正好，朋友刚归还那本书，你拿去看吧！"说罢，他从书架上抽出《史记》。张齐轴还和悦地对宋濂说："不要紧，你只管看。如果需要其他书，只要我有，你尽管来拿好了。"

从此，宋濂发愤苦读，掌握了大量知识。他一生著作极多，被誉为"开国文臣之首"，明朝开国元勋刘伯温称赞他"当今文章第一"。

守 信

〔题解〕

　　信，是做人的根本。信，是古人所提倡和追求的，是古人认为的一种最为重要的品质，甚至重于生命。信是良好人际关系的纽带，人们通过这条纽带交流、交往、合作，使人类社会和谐发展。如果没有了信，人与人之间就没有了信任，彼此间都用怀疑的目光来审视对方，不断地试探对方的诚意，或采用欺诈的手法来算计对方，人们哪里还会有合作可言？哪里会有和睦相处之说呢？诚信应该从说话和行动上表现出来，人不可无信。首先说话要注意守信，说出的话就要做到，做不到就不要说。说话还要条理清楚，吐字清晰，以免让人误会，害人害己。在做事时，要遵守承诺，犯了错误要敢于承认，并及时改正。

原文

　　凡出言①，信②为先，诈与妄③，奚可焉④！

——●【字词注解】

　　①出言：说出的话。言，话语，所说的话。

　　②信：诚实，信用。

　　③诈：欺骗。妄：胡说，乱讲，不合情理。

④奚：为何，为什么。表示疑问的语气。焉：语气词，置句末表示疑问，相当于"呢"。

【精彩解说】●──

开口说话，诚信为先，答应他人的事情，一定要做到。至于欺骗别人和不合情理的话，都是违背"信"字的，怎么能说呢？！

【鉴赏】●──

"信"字是一个会意字，是由左边的"亻"和右边的"言"组成的。意思就是一个人为人处世必须守信，要言而有信，这样，人与人之间才能以诚相待。人生活在群体中，与人相处，得到别人的信任十分重要。中国古代圣贤曾以仁、义、礼、智、信为五常，并将其作为人们在日常生活中奉行的行为准则。孔子也说："人而无信，不知其可也。大车无輗，小车无軏，其何以行之哉！"这句话是说人不讲信用，什么都办不成，好比大车上没有輗，小车上没有軏，那车怎么能行走呢？这也说明了孔子对"信"的重视。只有人人讲信用，建立起人与人之间的互信，社会才能正常地运行发展。

故事链接

春秋时期的延陵季子——季札，是吴国国君的公子。一次，季札出使晋国时经过徐国，前去拜会徐君。徐君刚见到季札时，就被他腰间一把闪着光的佩剑深深地吸引了。季札的这柄剑铸造得很有气魄，典雅而又不失庄重，只有像延陵季子这等有气质之人才可佩带。因此，徐君虽喜欢但不好意思表达出来，只是不住地朝它观望。季札虽心知肚明，但因为有出使晋国的重任，就没有把宝剑献给徐君，但是他内心已暗暗想道：等出使完晋国，返回时，一定把这把佩剑赠送给徐君。季札在晋国完成了出使任务返回时，徐君却已经死在楚国。于是，季札解下宝剑送给继位的新徐君。随从人员阻止他说："这是吴国的宝物，不是用来做赠礼的。"而季札说："我不是送给他的。前些日子我经过这里，徐君观赏我的宝剑，嘴上没有说什么，但是他的神色透露出想要这把宝剑。我因为有出使晋国的重任，就没有赠送给他。其实，在我心里早已想送给他了。如今他死了，就不再把宝剑给他，这是欺骗我自己的良心。因为爱惜宝剑就使自己的良心虚伪，诚信的人是不能这样的。"继位的新徐君说："先君没有留下遗命，我不敢接受宝剑。"于是，季札把宝剑挂在徐君墓前的树上就走了。后来，徐国人赞美季札，歌颂他："延陵季子兮不忘故，脱千金之剑兮带丘墓。"

 原文

话说多，不如少，惟①其是，勿佞巧②。

──●【字词注解】

①惟：希望，祈望。

②佞巧：花言巧语骗人。佞，巧言善辩，谄媚。巧，狡诈，虚伪。

──●【精彩解说】

话少说为好，因为话多常常是惹祸的缘由，说话要实事求是，不要用花言巧语骗人。

──●【鉴赏】

很多时候，一句话往往多加一个字，性质就变了，就像互联网上的那些信息，很多人都说互联网上面谣言多，但很多人又都参与了造谣或传谣活动。总的来说，不切实际的言语坚决不说。

故事链接

　　春秋战国时期，韩国的国君韩昭侯平时说话一向不注意，常常在无意间把一些机密泄露给后宫的妃子和宦官。因为他的大意，很多计划大臣们都不能实施，所以大臣们很伤脑筋，却不好直言上疏韩昭侯。一天，一个叫堂溪公的聪明人，自告奋勇地对韩昭侯说："如果这里有一把玉做的酒壶，价值千金，不过没有底，它能盛水吗？"韩昭侯说："这还用说，当然不能了。"堂溪公又说："一只瓦罐，很不值钱，但它不漏，你看它能盛酒吗？"韩昭侯说："当然可以。"堂溪公接着说："一只瓦罐，虽然不值什么钱，但是可用来盛酒；而一把玉做的酒壶，尽管十分贵重，却因无底，连水都不能装。作为一国之君，经常泄露国家机密，那就像没有底的玉器，即便再有才华，也没有什么用。"韩昭侯听后恍然大悟，连连点头："你说得很对，你说得很对啊！"此后，不论什么时候，韩昭侯都小心保密，慎之又慎，连晚上睡觉都是独自一人，因为他生怕自己晚上说梦话把计划和策略泄露给别人。

　　刻薄语，秽①污词，市井气②，切戒之。

【字词注解】

①秽：肮脏的，不干净的。

②市井气：指欺诈蒙骗，粗俗的世俗习气。

【精彩解说】

不要说尖酸刻薄、粗俗的脏话，那是市井小民的习气，千万要戒除。

—●【鉴赏】

这里说到的两种不好的语言，一种是关乎品行的，一种是关乎个人形象的。"刻薄语"大体是指一些冷酷无情的话。"秽污词"就是脏话、粗口，有一定教养或社会地位的人都应该避免使用刻薄语和秽污词。对于孩子来说，出于好奇而学着说粗话、脏话，那是一定要及时制止的。这些教养只有从小培养才能够真正见效。

故事链接

曹操领兵出征，军粮不足，只得命粮官暂时削减定量加以维持，结果导致军心浮动。于是，曹操招来粮官，说："只好借你的脑袋一用了。"接着曹操就杀了粮官，并昭示全军，说粮官克扣军粮，现已伏法。这才是典型的"刻薄语"。

 原文

见未①真，勿轻②言；知未的③，勿轻传。

—●【字词注解】

①未：没有。

②轻：轻易，随便。

③的：的确，真实。

—●【精彩解说】

没有看到事情的真相的时候，不要轻易发表自己的看法；听到并不确切的消息，也不要轻易到处传播。

—●【鉴赏】

人们往往会被流言迷惑，失去了判断是非的能力，成为流言的傀儡。

所谓"谣言止于智者"，圣贤们碰到流言蜚语，绝对不会跟着传播。因为智者的心在道上，对于那些流言蜚语，通通能够置之不理。所以，我们也要远离流言，向圣贤们学习，一定要坚持以"眼见为实，耳听为虚"的原则面对谣言。

故事链接

魏国和赵国订立了友好盟约。为了使盟约更有效，两国决定互用人质作保。因此，魏王就把太子送到赵国的都城邯郸去当人质。为了太子的安全，魏王派大臣庞恭陪同太子前往，但庞恭却担心魏王不会一直相信自己。于是临行之前，他向魏王提出了一个问题。他说："如果有一个人说在熙熙攘攘的大街上看见一只老虎，大王相信不相信？"魏王回答道："当然不信，老虎怎么会跑到大街上来？"庞恭接着问："如果有两个人一起对大王说大街上来了一只老虎，那大王相信不相信呢？"魏王回答说："如果有两个人都这么说，我就有些半信半疑了。"庞恭又说："如果有三个人一起对大王说大街上来了一只老虎，大王相信不相信？"魏王回答道："既然这么多人都说看见了老虎，肯定确有其事，所以我不能不信。"听到魏王这样回答，庞恭深有感触地说："果不出我所料，事实上，人虎相怕各占几分。具体而言，人怕虎还是虎怕人，这要根据具体的力量而论。一只老虎是绝不会跑到闹市之中的，这是尽人皆知的事情。只是因三人说有虎，即肯定有虎。邯郸离魏国的都城大梁比王宫离闹市远得多，而且背后议论我的人可能还不止三个。"魏王听懂了庞恭的意思，就点点头说，庞恭的心思他知道了，让庞恭只管放心去。庞恭陪同魏王的儿子到了邯郸。但不幸的是，庞恭走后不久，果然很多人对魏王说起了庞恭的坏话，而且，就像听到三个人说大街上有虎就相信有虎那样，魏王确实相信了那些人的话。于是，当庞恭从邯郸回到魏国时，魏王再也不愿接见他了。

原文

事非宜①，勿轻诺②，苟③轻诺，进退错。

—●【字词注解】

①非宜：不适当。非，不。宜，适宜。

②诺：答应。

③苟：如果。

—●【精彩解说】

不合义理的事情，就不要答应别人，如果轻易答应了别人的请求，自己又做不到的话，就会让自己陷入两难的境地。

—●【鉴赏】

一诺千金是备受推崇的优良品德，自古流传的大量故事都是在说人为了履行承诺而历尽千辛万苦，打动、教化了无数人。在今天，这些故事同样生动感人。然而，当言出必践成为无可置疑的处事规则的时候，慎重承诺就成为一个不得不关注的问题，因为一旦承诺了做不到、不能做的事，那么接下来的处境就麻烦了。

故事链接

明朝中期，在京任都察院右佥都御史的王守仁被派到江西协助巡抚孙燧剿匪。可是，当时江西最大的"匪"是身为宁王的朱宸濠——一个权势通天又素怀反志的皇亲。这一点，孙、王二人都很清楚，但他们身为政府官员，既不能先下手制住这个王爷，也不能与之沆瀣一气、共同谋反，所以，他们只能小心提防。

一天，朱宸濠突然请他们二人吃饭。席间一番寒暄过后，朱宸濠说："皇上不理国事，国家前景堪忧啊！"宁王的亲信李士实附和道："世上难道就没有汤、武吗？"商汤、周武是推翻旧政、建立新王朝的著名人物，这话的意思已经再明白不过了。王守仁平静地回答道："汤、武再世也需要伊、吕啊。"伊尹和吕望分别是商汤、周武手下的肱股之臣，王守仁是在委婉地奉劝朱宸濠：你造反恐怕没人帮你。朱宸濠却听到了合作的希望，进一步试探道："汤武再世，必定有伊吕！"

王守仁仍旧平静地回答："有了伊吕，还有伯夷、叔齐呢！"伯夷、叔齐是商朝遗老，曾经阻拦武王伐纣，最终饿死在首阳山以示不做周朝的臣子。王守仁话中有骨，严词拒绝了朱宸濠的收买，宴会的气氛也由此变得紧张。这时，孙燧起身感谢宁王款待，二人告辞，但这一场交锋已经使他们二人明确地站在了宁王的对立面上。后来，宁王真的反叛了，孙燧殉难，王守仁则以他过人的军事才能成了平定叛乱的主要功臣。

原文

凡道字①，重且舒②，勿急疾③，勿模糊④。

【字词注解】

①道字：说话。道，说。

②重：慎重、稳重。舒：缓慢、从容。

③急疾：急速。疾，急忙。

④模糊：不清楚。

【精彩解说】

同别人说话时，语气要庄重从容，不要说得太快，也不要说得含混不清。

——•【鉴赏】

在与别人交谈时，吐字要清楚有力，缓缓道来，要讲得很舒畅、放松。讲话不可以太急，每个字都要说得清清楚楚，并且要择重要的内容先说，切忌废话连篇，这样也可使别人听得清楚明白，避免让人误解意思而造成不必要的误会。

 故事链接

晋朝有个人叫裴楷，他最出色的才能体现在谈吐上。他嗓音洪亮，发音清晰，语气抑扬顿挫，说起话来像奏乐一般。皇帝和大臣们都十分赏识他的这一才华，经常让他当众宣读各种奏件。很多时候，裴楷都能把枯燥乏味的律令、诏书、奏章、文告念得声情并茂。最终，在场的人都忘记了疲倦，忘记了自己正在开御前会议，每个人都看着裴楷，好像在欣赏文艺演出一般。

原文

> 彼说长，此说短①，不关己，莫闲管②。

——•【字词注解】

①彼说长，此说短：指说人是非。彼，那个。此，这个。长，长处、优点。短，短处、缺点。

②闲管：管闲事。

——•【精彩解说】

遇见别人谈论是非，议论他人的优点和缺点，只要事情与自己无关，就不要管这些闲事。

【鉴赏】●——

这句话告诫我们，面对他人的议论，要学会保持中立，不参与无关紧要的讨论。只有有自己的立场，才能避免被无谓的纷争困扰。

故事链接

唐伯虎是明朝著名的画家和文学家。他年少时就展现出极高的绘画天赋，但也因此有些自负。有一次，他听到一些人在争论不同画家的风格长短，有人夸赞某位画家的笔法细腻，有人则批评另一位画家的构图不佳。唐伯虎本想参与进去发表自己的意见，但转念一想，这些争论与自己提高绘画技艺并无太大关系。于是他默默回到自己的画室，继续潜心钻研绘画，不再理会那些无关的长短之论。他专注于自己的艺术追求，践行了"彼说长，此说短，不关己，莫闲管"的原则。

见人善①，即思齐②，纵去③远，以渐跻④。
见人恶⑤，即内省⑥，有则改⑦，无加警⑧。

【字词注解】●——

①善：好。好人或好事曰善，此处作优点、长处解。

②思齐：考虑并向其看齐。

③去：相差。

④以：使，令。跻：赶上，与领先者齐平。

⑤恶：坏。善的相反面，泛指不善良的事或人。

⑥省（xǐng）：检查自己的思想和行为。

⑦改：改善。

⑧加：加倍。警：警惕。

——•【精彩解说】

发现别人的优点后，要主动向别人学习，即使和别人相差较远，也应该努力，争取赶上别人。

看见别人不好的地方，首先要做的就是反省自己，如果自己有同样的缺点，就赶快改正，如果没有就引以为戒。

——•【鉴赏】

现实生活中，不论是同学还是朋友，都可以作为我们的镜子。人的优点与缺点在镜中会表露无遗。聪明的人会从镜子中看到自己的不足，然后改正。当今社会上那些成功的人，很多都是通过不断努力，不断地弥补自己的不足才取得成功的。如果关注点总在别人的缺点、过失上，就无法看到他人身上的优点。

故事链接

隋朝著名画家展子虔擅长画人物、鞍马、车舆、宫苑、楼阁、翎毛、历史故事，尤其擅长画北方奇伟壮丽的山水，能在不大的画面上描绘出视野开阔的自然景物，给人以咫尺千里之感，被称为"唐画之祖"。时间一长，展子虔就飘然自得，认为自己是最好的画家。

当时，画家董伯仁和展子虔齐名，但展子虔认为他的画根本不能和自己的画相提并论，一直瞧不起他。其实董伯仁除了画人物、鞍马之外，尤其擅长画江南山水。他笔下的亭台楼宇精细别致；山水树木秀丽柔美，形神兼备，别具一格。他听说展子虔狂妄自大，瞧不起人，很不以为意地说："展子虔不过画些北方的秃山恶水，没有什么新奇之处，我还从来没有看到他画过一幅江南的美景呢！"

展子虔听到这句话十分生气，说了很多侮辱董伯仁的话，当他晚上睡觉时，还在想着如何报复董伯仁。可是，想着想着，展子虔又觉得他说的好像有点儿道理。于是取出董伯仁的画，仔细端详起来，并和自己的画放在一起，进行比较，渐渐发现自己的画的确是雄健有余而潇洒滋润不足。展子虔这才心平气和，主动去见董伯仁，表示要向他学习，董伯仁深受感动，也表示要向展子虔学习。从此，见贤思齐的两位画家，都择善而从，以对方的优势作为自己学习的榜样，经常往来，一起切磋画艺，互相取长补短，并成了挚友，两人的绘画技艺都有了提高。

原文

惟德学①，惟才艺②，不如人，当自励③。

【字词注解】

①惟：只有。德学：品德，学问。

②才艺：才能，技艺。

③自励：自我勉励。

【精彩解说】

如果觉得自己在品德、学问和才能技艺上不如人，就应该勉励自己，提高自己的修养。

【鉴赏】

中国有句成语"德才兼备"，"德"在前，"才"在后。这也说明一个人有德比有才重要。正如林散之先生所说："有德有才会爱才，无德有才会嫉才，有德无才会用才，无德又无才会毁才。"所以一个人最起码要有德，因为有德行的人，懂得包容，会欣赏他人的才华。没有德，却很有才华，这样的人不懂得包容，必然会嫉妒他人的才华。

故事链接

　　春秋战国时期的李斯是一个有才无德的人，而他的师弟韩非子却是个有德有才之人。他嫉妒韩非子，怕韩非子夺走他的职位，于是就将韩非子陷害致死。李斯心胸狭窄，他建议秦始皇焚书坑儒，导致很多有价值的书籍都被烧掉了；他还陷害了许多读书人，犯下了让世人唾弃的罪行。李斯最后也没有得到好下场，他和他的孩子都受到了腰斩的酷刑，这就是所谓无德有才而嫉才的后果。

原文

　　若①衣服，若饮食，不如人，勿生戚②。

——【字词注解】

　　①若：如果。

　　②生：感到。戚：忧伤。

——【精彩解说】

　　如果衣服没有别人的好，食物没有别人的丰盛，千万不要因此难过。

——【鉴赏】

　　假使我们看重的是物质享受，那么当我们过惯了奢华的生活，一时满足不了自己的欲望时，就会不择手段地去追求，最后走入歧途。所谓"欲是深渊，欲不可纵"，如果任由自己的欲望无限地膨胀下去，这种外在的诱惑，会阻碍我们本性本善的开启，会带给我们很大的痛苦，使我们陷于物质的迷宫中，迷失自我，当想回头时已是相当困难。所以，对于物质上的享受，我们应该结合自身的情况而定，绝对不要去刻意追求。

故事链接

唐朝大诗人白居易曾写了这样的话："勿慕富与贵，勿忧贫与贱。自问道何如，贵贱安足云？"这与"君子谋道不谋食，君子忧道不忧贫"是一样的道理，都是教人以讲德修道为人生第一要务，没必要为了衣物、饮食这些身外之物去劳心伤神。俗话说："山珍海味，不过日食三餐；华屋广厦，不过寝时数尺。"这些过眼云烟，没有必要汲汲营营去追寻。何况只是为了口腹的满足而去恣杀牲禽，这也是古贤们所不赞同的。正如孔子教导自己的弟子时说的："一箪食，一瓢饮，在陋巷，人不堪其忧，回也不改其乐。"颜回正是不惧贫穷只重得道的典范。

原文

闻过怒①，闻誉②乐，损友③来，益友却④。
闻誉恐，闻过欣，直谅士⑤，渐相亲。

【字词注解】

①闻过怒：听到别人批评自己的过错就很生气。闻，听到。过，错误。怒，生气。

②誉：称赞。

③损友：对自己有害的朋友。

④益友：对自己有帮助的朋友。却：退却。

⑤直谅士：正直诚实的人。直，正直。谅，诚实守信。士，对人的美称。

【精彩解说】

别人说自己的过错就不高兴，别人赞扬自己就十分高兴，坏朋友就会渐渐接近你，好朋友就会慢慢疏远你。

别人赞美自己的时候，心里要有所恐惧，因为赞美可能会导致傲慢；别人指责自己的时候，应该高兴，因为这有助于自己改正错误。这样，诚实正直的人，就会和你渐渐亲近。

——●【鉴赏】

对待批评和赞扬的态度，可以反映出一个人的修养。古人把朋友列入"五伦"，这是最基本的人际关系之一。损友、益友是《论语》提出的一组概念，意思就是说那些只会顺着你、哄你开心的朋友是没有好处的，因为人都是不完美的，纠正、警醒是很有必要的。

故事链接

曹操和袁绍是东汉末年两个举足轻重的首领。他们的处世方式和价值取向决定了将收获什么样的朋友。在实力上，本来袁绍是占有绝对优势的，但袁绍这个人最要命的缺点就是太要面子。他外表看上去很宽容，实际上心眼很小，只喜欢听别人的好话，不仅听不进去批评和意见，还记恨指责他的人。在和曹操的势力对抗中，官渡之战导致袁绍一蹶不振。这场战役表面上看是曹操用奇兵烧了袁绍的粮草，但仔细辨析其前因后果，就会发现袁绍一再疏远沮授、田丰、许攸等为他客观分析、献言献策的谋士才是最根本的原因。相反，曹操能认真分析谋士的谏言，凡是有道理的话他都诚心采纳并付诸实践，绝无半点不愉快的表现。正是这样的风范，最终才使敌方阵营的许攸投到曹营，改变了双方的力量对比。

 原文

无心非①，名②为错；有心③非，名为恶④。

①无心：不是故意的。非：过失。

②名：称作。

③有心：故意的。

④恶：罪恶。

无意之间失误，可以称为过错；有心犯的错，可称为罪恶。

"我不是故意的。"这是很多人做了坏事、错事遭到批评时进行辩解的第一句话，也是很多人忏悔时说的一句话。前者多少有点理直气壮，后者更多的则是诚心诚意；前者似乎在说"我不是坏人"，后者似乎在说"我错了"。于是"无心非，名为错；有心非，名为恶"这十二个字就同时具有了两种不同的教化作用，因事制宜，就能收到较好的效果。在处世规范的教育中，"恶"已经是最高级别的警告了，再发展下去，就只能用惩罚手段加以应对了。这一点，大人孩子都应该清楚，这一条的重要性也就不言而喻了。

故事链接

白居易信佛，据说他曾经参拜一位高僧，向他求教佛法的大义。高僧告诉他："诸恶莫做，众善奉行。"白居易想了想，摇摇头说："这八个字，三岁小孩也会说，八十老汉却未必做得到。"为什么？因为人都会犯错，错在做事之前是很难辨别的，只有结果来了才知道。但恶和错又是紧挨着的，并非只有处心积虑地谋杀陷害才叫恶，对自己的错不在意，放任自己的错，和恶也是没有什么区别的。

原文

过能改，归于无，倘掩饰，增一辜①。

—●【字词注解】

①辜：罪，过错。

—●【精彩解说】

犯错后改正，就不算有过失；如果犯错后隐藏错误，就是错上加错。

—●【鉴赏】

现实生活中没有人能保证自己不犯错，不做错事，人有错不可怕，有错则改，就能吃一堑长一智，正所谓"知错能改，善莫大焉"。但是如果讳疾忌医，犯错之后反而诬陷他人，千方百计地掩饰，就是错上加错了。特别是年轻人，由于阅历不够，经验不足，难免会犯错误，做错事，但犯错不可怕，吸取教训，及时改正就是了。

故事链接

战国时期，燕王哙受人怂恿要学习尧舜把王位让给宰相子之，结果国内大乱，燕国百姓饱受内乱之苦，生活在水深火热之中。这时亟须主持正义的国家用武力平定混乱，让燕国百姓重新过上安定的生活。这种情况下，孟子在回答齐王的询问时，认为燕国可以讨伐。后来，齐国真的去讨伐燕国了。但是齐国的讨伐很快变了性质，燕国人觉得齐国不是来主持正义的，而是一帮烧杀抢掠的强盗，所以起来反抗。齐王很惭愧，觉得没有很好地执行孟子的理念，才导致了这样的局面。他的手下宽慰他，并自告奋勇去跟孟子辩理说："周公执政的时候尚且有管叔、蔡叔叛乱，现在燕国叛乱根本不足以影响齐王的英名。"孟子对这种不伦不类的强辩很生气，便绵里藏针地说："古代的君子有错就改。他错了，大家都能看到，改了，大家照样尊重他。现在的君子，错了之后将错就错，而且还要找种种理由来掩盖错误。"

由于齐王并没有真正认识到自己的错误，所以也没能改正。后来燕王哙的儿子燕昭王即位，经过一番励精图治使得燕国强大起来，燕国联合其他国家攻打齐国，齐国几乎亡国。

爱 众

〔题解〕

　　爱众即博爱，就是与周围的人相处的时候，要相互帮助。爱人者，人恒爱之。爱是人类社会和谐发展的根本要求。在这个世界上，只有拥有了爱，才能显出世界的美好。这里所说的爱，与情侣之间的爱、兄弟姐妹之间的爱、父母子女之间的爱、家庭成员之间的这种小爱不同，而是像"老吾老，以及人之老；幼吾幼，以及人之幼"那样把自己对亲人的爱推及他人的博爱。一个人如果道德品行高尚，且又才高八斗，文采出众，多能收获世人的尊敬。相貌美丽，可能会赢得别人的喜欢，但不一定会赢得别人的敬重。巧舌如簧，可能会暂时博得人们的信任，但经不住时间的考验，最终还是不能使人信服。质仁秉义，行道施德是爱众之本。

 原文

　　凡是人，皆须爱，天同覆①，地同载②。

──●【字词注解】

　　①覆：遮盖。

　　②载：承载。

【精彩解说】●——

　　人与人要和睦相处，相亲相爱，因为我们生活在同一片蓝天下，同一块大地上。

【鉴赏】●——

　　泛爱众，用今天的话说，就是有同情心和有爱心。爱是一种伟大的情感，爱是必须存于心中的。人为什么需要爱，这是一个无须也无法用逻辑去证明的问题，每个人本能地都能感受到爱的力量。唯有心中充满了无私大爱的人，才能真正为所有人钦佩，这就是仁者无敌。

 故事链接

　　宋太祖赵匡胤身处五代十国乱世，靠着军事政变夺取政权，进而统一天下。在这样充斥着血雨腥风的乱世中，他却始终保持着天性中的挚爱。大军平定江南的时候，赵匡胤再三告诫前军主帅曹彬和潘美："江南没有什么罪过，只是我要统一天下，不得不加以讨伐，所以你们一定不要乱杀人。"后来，战事胶着，城池久攻不下。潘美请示："攻城不利，不杀人立威无以振作士气。"赵匡胤批复道："朕宁可不得江南，也不许你们胡乱杀人！"那时候送信效率很低，等这个批复送到军前的时候，战争已经取得了胜利。后来人们一算日子，赵匡胤写这个批复的时候，正是城池被攻破的时候。

原文

　　行高①者，名②自高，人所重③，非貌高④。

──●【字词注解】

①行高：品德高尚。行，德行。

②名：名声。

③重：敬重。

④貌高：外表高大威猛，仪表堂堂，好像正人君子。貌，外表。

──●【精彩解说】

那些品德高尚的人，会受到别人的推崇和尊重。人们尊敬的不是他们的外貌，而是他们的内在修养。

──●【鉴赏】

一个人为什么能够受到他人的尊敬？是因为他的品德足以服众。人们在看到他的言行举止之后，不由自主地从内心尊敬他。随着时间的流逝，人们怀念的还是那些品德高尚、替人着想的人。我们应该加强自身的内在修养，提高自己的品行，这样在和平年代可以大行于国家民族，在战争年代也可以自保于乡野。受人敬重的人，从来都是源于自身的德行，而非依靠仪表堂堂的外表和夸夸其谈的言语。

故事链接

在孔子的众多弟子中，宰予的口才可谓一流，他能说会道，利口善辩。他开始给孔子的印象很不错，但后来本性渐渐流露，他太过恣意任性，太过自大。他既无仁德又十分懒惰，大白天不读书听讲，只知躺在床上睡觉。为此，孔子骂宰予"朽木不可雕"。孔子的另一个弟子澹台灭明（字子羽）相貌丑陋，初见孔子时，孔子认为他资质低下，不会成才。但子羽从师学习后，致力于修身实践，处世光明正大，不走邪路，孔子慢慢发现子羽是个谨守法度、行不由径的正人君子。因此，孔子感叹说："俚语云：'相马以舆，相士以居。弗可废矣。'以容取人，则失之子羽；以辞取人，则失之宰予。"

原文

才大者①，望②自大，人所服③，非言大④。

【字词注解】

①才大者：才华很高的人。
②望：名气，声望。
③服：佩服，敬佩。
④言大：说大话。

【精彩解说】

有才学的人声望自然会高，人们都佩服他，并非他们言辞惊人，而是因为他们有真才实学。

【鉴赏】

人要好学，做一个有德有才之人。有才无德不仅有损自己的形象与声誉，还会危害社会。所以，人才的真正标准是"德才兼备"，且必须是德前才后。要想做一个有德有才之人，并不是说说那么容易，而要秉着"只要功夫深，铁杵磨成针"的决心。人们欣赏的是高洁的德行、广博的才学，而不是自我吹嘘。

故事链接

伯乐是我国古代著名的相马师。有一天，伯乐听说从北方来了一匹好马，就急忙赶到马市。卖马的人看见伯乐，立刻热情地迎上去说："这里有一匹好马，你看它身体壮硕，毛发油亮，叫声洪亮动听。"伯乐却说："它可不一定是好马。"他指着不远处一匹埋头吃草的瘦骨嶙峋的马说："这才是一匹好马！"卖马人不信，认为伯乐是在开玩笑。伯乐接着说："相马与相人一样，真正的千里马，胸有成竹，气度非凡，但是不会自吹自擂、嘶叫不休的！"伯乐让两匹马赛跑，果不其然，瘦马确实能日行千里。

原文

> 己有能，勿自私①；人有能，勿轻訾②。

──●【字词注解】

①自私：只管自己的利益，不为别人着想。
②轻訾（zǐ）：随意批评别人。轻，随便，轻易。訾，批评，诽谤。

──●【精彩解说】

我们在某方面有能力时，不应该自私，应该多帮助别人。别人能力出众，不要诋毁否定他，而是要赞美他。

──●【鉴赏】

人和人总有能力大小的区别。自己有能力，不要只考虑自己的私利而掖着藏着不去帮助别人。别人能力出众，不要轻易加以诋毁，要有容人之量，爱才之心，否则就会被视为嫉贤妒能。

故事链接

春秋时，晋国的祁黄羊和解狐两人之间有着不小的矛盾。当时南阳缺一县令，国君晋平公问大夫祁黄羊："你看谁可以担任呢？"祁黄羊说："解狐可以。"晋平公惊奇地问："解狐不是你的仇人吗？你为什么要推荐他？"祁黄羊回答说："国君你问谁可以当南阳县令，并没有问谁是我的仇人呀。"于是晋平公任命解狐为南阳县令。晋人都称赞不已。

原文

> 勿谄①富，勿骄②贫，勿厌故③，勿喜新。

① 谄：用言语巴结讨好别人。

② 骄：骄傲自大。

③ 故：以前的，旧的。

【精彩解说】●——

不要去巴结有钱之人，不要对穷人傲慢骄横，不要喜新厌旧，不能一味地贪恋新朋友。

【鉴赏】●——

我们生活在世界上，心胸应当坦荡，要有气节，要有志气，保持一种素富贵、素贫穷的心态。切勿贪图富贵，攀龙附凤，要懂得珍惜身边的人，不要喜新厌旧。

故事链接

东汉时期，宋弘做司空。当时，光武帝刘秀的姐姐湖阳公主的丈夫刚刚去世，光武帝就和湖阳公主谈论朝廷里的臣子，试探她的意思，准备在朝臣中再为她找一个夫婿。湖阳公主说："在我看来，宋公有威严的容貌、高尚的道德，没一个人能赶得上他。"

光武帝听后，便让湖阳公主坐在屏风后面，然后召唤来宋弘，对宋弘说："做了官，就把贫贱时候的朋友换了；有了钱，就把穷苦时候的妻子换了。这是人之常情吗？"

宋弘说："微臣觉得'贫贱之交不可忘，糟糠之妻不下堂'。"光武帝听后，便打消了为姐姐做媒的打算。

原文

人不闲①，勿事搅②；人不安③，勿话扰。

人有短④，切莫揭⑤；人有私⑥，切莫说。

── 【字词注解】

① 不闲：没空。闲，空闲。

② 搅：打扰。

③ 不安：不高兴，心情不好。

④ 短：缺点。

⑤ 揭：公开表露出来。

⑥ 私：秘密。

── 【精彩解说】

见别人忙，就不要去打扰他；别人心情不好的时候，不要打扰他。别人的缺陷和不足，不要揭发；别人的隐私，更不要随便说出来。

── 【鉴赏】

日常生活中，总有一些人明明知道别人非常忙，还偏偏去打扰。找人聊天或请求帮忙之时，要站在别人的立场上想一想，想想这个时候去打扰别人时机是否合适。另外，古人讲究中庸之道及明哲保身，告诫人们对于别人的隐私和缺点要保持沉默。但是，现今对于别人的缺点和错误，我们应及时指出来，帮助他们改正，不要有"事不关己，高高挂起"的心态。

故事链接

一天早上，宋仁宗起床后跟身边的人说："昨天半夜饿了，突然想吃羊肉。"身边的人说："那怎么不让厨房去做呢？"仁宗说："历来皇宫里提出什么要求，外面就会小题大做当成定例。我偶尔半夜想吃一次羊肉，开口一提，只怕此后每夜都要杀羊以备不时之需。与其那样的话，不如我忍一夜的饿和馋吧。"宋仁宗称为"仁"，由此事可知其原因。

原文

道①人善，即是善，人知之，愈思勉②。

【字词注解】

①道：说。

②思勉：想要做得更好。

【精彩解说】

宣扬别人的善行，就等于自己行善，因为别人知道了你对他们的称赞，他们就会做得更好。

【鉴赏】

无论是大人还是孩子都喜欢被表扬，喜欢听赞美的话。阿谀奉承、巴结讨好、牵强附会甚至无中生有地说人好话是不可取的，赞扬需要在不违背事实和良心的大前提下进行。有的人把夸奖看成是有限的资源，总觉得夸奖给了别人，自己就会少了。于是不仅对别人的长处、可取之处十分吝惜赞扬，就连听到对别人的夸奖往往也要加以反驳，这实在是私心在作祟。

故事链接

蔡邕是东汉时著名的文学家和书法家，官至左中郎将，朝堂显贵，名震朝野。

当时，有个叫王粲的人，虽然才十六七岁，才华却很出众，蔡邕也有耳闻。这天，蔡邕正在家中与来宾交谈，门房前来禀报："王粲求见。"蔡邕听说王粲在门外，急忙起身相迎，连鞋子都顾不上穿好，反穿着鞋子就往门外奔去。

家中宾客见蔡邕如此急切，以为来了什么大官，也都连忙起身恭候，等到蔡邕和王粲来到堂前，不禁大吃一惊，只见王粲不仅年幼，而且长得十分瘦弱矮小，他们觉得蔡邕这样做未免有些失身份了。蔡邕却满不在乎，他一边和王粲亲切地交谈，一边向宾客们介绍："这是王粲，有奇异的才能，我是比不上的。从今以后，我家的书籍，全都可以给他看。"

年轻的王粲得到蔡邕倒屣相迎的礼遇，又听到这样一通赞誉，深受鼓舞。后来王粲成为"建安七子"之一，是曹魏政权的重要谋士。

原文

> 扬①人恶，即是恶，疾之甚②，祸且作③。

──●【字词注解】

①扬：宣传。

②疾之甚：过度宣传别人的过错。疾，憎恨。甚，过分、过度。

③祸且作：为自己招来灾难。

──●【精彩解说】

宣扬别人的恶行，是一种恶行，过分宣传别人的过错，就会引发灾祸。

──●【鉴赏】

古人讲："口乃福祸之门。"如果在背后说别人的过失或缺点，可能起初只是一时的私欲，说人是非，贬低他人，抬高自己，但久而久之，就会养成一种坏的习惯。一与人交谈时，就不免讲起他人的是非、过失来，却没有发觉这其实是在造恶。这样做，难免会和别人结怨，招来祸患，自食恶果。因此，我们应当"静坐常思己过，闲谈莫论人非"，控制住自己的口舌，不该说的话坚决不说。

故事链接

许攸少时曾与曹操为友，后来做了袁绍的谋士。在官渡之战的时候，许攸因为献计给袁绍却没有被采纳，同时因自己的子侄犯罪遭袁绍训斥，心中甚为不满，遂投靠了曹操。曹操听闻许攸到来，大喜过望，鞋都没穿就跑出来，拊掌大笑说："许攸，你能来，实在是太好了。"正因当时曹操礼贤下士，许攸在官渡之战中献计给曹操，才使得曹操大获全胜，袁绍大败。然而，许攸从此认为自己功不可没，说话口无遮拦，经常口出狂言，说："正是由于我的计策，才使袁绍大败，不然曹军早被灭了，更何况曹操他有什么才华？！"许攸的狂妄引得曹军将士对他十分反感，最终被许褚一怒之下杀死了。

原文

善相劝^①，德^②皆建；过不规^③，道两亏^④。
凡取与^⑤，贵分晓^⑥；与宜多，取宜少。

【字词注解】●——

①善相劝：互相劝勉做好事。

②德：品行，修养。

③规：劝告。

④亏：亏欠，缺失。

⑤取与：取得和给予。

⑥分晓：清楚明白。

【精彩解说】●——

朋友之间要相互勉励做善事，这样德行就会建立，道德就会完满；看到朋友犯错不去规劝，那么两个人都会在品德上留下缺陷。

不论是得到别人的赠予还是赠予别人，贵在心中有数；不论什么时候，都要给别人多一点，留给自己少一点。

——●【鉴赏】

鼓励他人做善事，做好事，实际上等于自己也在做善事。反过来，别人做了错事，要在适当的时候进行劝告，帮助他改正错误。对于社会和他人，应本着多给予、少索取的原则。但不论给予还是索取，都要合乎情理。

故事链接

古代最为人称道的朋友之交要算是管仲和鲍叔牙了。管仲后来成为辅佐齐桓公成就霸业的贤相，但一开始却十分倒霉，幸好他有个好朋友鲍叔牙。早先，他们俩一起和人做买卖，分红的时候管仲老是多拿，鲍叔牙出面替他打圆场，说他不是贪心，而是家里困难；后来又一起打仗，管仲临阵逃脱，鲍叔牙又替他说话，说他不是怕死，而是家里有老母亲要供养。这样的事发生了不少，但还不算是最要命的。最后他们俩各自辅佐了齐国的两个君主继承人，其中，鲍叔牙辅佐的是公子小白，即后来的齐桓公。在双方斗争的过程中，管仲还曾经射了小白一箭，差点取了他的性命。齐桓公即位后，抓住了管仲，又是鲍叔牙极力说服齐桓公留下了这个难得的人才，而管仲也没有辜负鲍叔牙，辅佐齐桓公做出了一番惊天动地的大事业。

 原文

将加人①，先问己，己不欲②，即速已③。

——●【字词注解】

①将：将要。加人：托人办事，把……强加在某人身上。加，施加，置放。

②欲：想要。

③速已：赶快停止。速，快速。已，停止。

【精彩解说】●——

强加别人之事，首先要换位思考，要是自己都不愿意，就要赶快停止。

【鉴赏】●——

"己所不欲，勿施于人"，这是《论语》中阐释"仁"的一句名言，意思是说每个人对他人施加影响的时候要先设身处地地考虑一下别人的感受，即"以己度人"。这样的思考方法及处世态度叫作"恕"，后来，人们专门把这个字用于"宽恕""饶恕"，表示原谅，这在意思上发生了一定的变化。

故事链接

齐景公时期，齐国连下了三天大雪，齐景公裹着狐皮大衣，烤着炭火，说："怪了，下雪天怎么也不冷呢？"晏子听到了，很生气，反问道："天不冷吗？"齐景公很快就意识到自己的风凉话有点儿过分，给了晏子一个不好意思的微笑。晏子趁势补充道："古代的贤明君主，自己饱着，知道别人的饥饿；自己温暖，知道别人的寒冷；自己安逸，知道别人的劳苦。现在的君主啊，似乎不知道！"自己没受罪，不知道别人的苦楚，那是缺乏同理心的表现；知道却装不知道，那就是品德坏了。被晏子这么一讥讽，齐景公开窍了，连忙下令发放粮食、衣物赈济百姓。

 原文

恩欲报①，怨欲忘，报怨短，报恩长。

──●【字词注解】

①报：回报，报答。

──●【精彩解说】

别人对我们有恩惠，我们要报答，与别人结怨，要很快忘记。怨恨持续时间越短越好，报恩长记不忘。

──●【鉴赏】

当一个人懂得了爱、懂得了付出时，就会获得他人的认可、尊重、信任，发现自己的人生价值，感受到施比受更重要。当一个人能够时时想到他人给予自己的恩惠，他就会活在时时要报恩的心境中。于是，当他报恩的时候，他的内心必然是充实的。再者，人不可能离群而居，生活在这个社会中，必然要与人相处，与人相处就难免发生矛盾冲突。假使我们总是把他人的过失放在心上，这样积怨会愈来愈深，当自己无法承受时，就想着报复他人，结果是损人又不利己。

故事链接

宋朝名臣吕蒙正，为人正直善良，知人善任。有一次，朝廷要任命高官，许多大臣都推荐他，但是有一个大臣却极力反对，并说了他许多坏话，但皇帝还是决定任命他为参知政事。

有一次早朝，有一个官吏看到了他，在后面指着他的背影说："他有什么资格做参知政事呀？"吕蒙正虽然听到了，但他仍装作没听到，从容地向前走去。

退朝以后，有位同僚为吕蒙正遭人非议愤愤不平，准备告诉他那人的姓名。吕蒙正连忙劝阻说："不要告诉我他是谁，如果知道了，就会念念不忘，想着报复，还是不知道为好。"他又说："我不能因为私人恩怨与他争吵。我不追问那人的姓名，也是为了以后能秉公办事，个人的委屈算得了什么！"

人们都十分钦佩他的宽宏大量。吕蒙正因其高尚的德行而流芳后世。

原文

待婢仆①，身贵端②，虽贵端，慈而宽③。

【字词注解】●──

① 待：对待。婢：指供使唤的丫头。仆：指供使唤的工役或车夫。

② 端：正直，端正。

③ 慈：仁慈。宽：仁厚，气度大。

【精彩解说】●──

对待家里的用人，重在端正自己的言行举止，虽然自己的品行端正，但也不能太苛刻，应该仁慈宽厚。

【鉴赏】●──

现代社会很少有传统意义上的仆婢，但如果广义地说，有时会遇到一些为自己服务的人，如钟点工、出租车司机等。那么，如何对待这样的"仆婢"也是需要学习的，不要以为自己出钱了，便可以颐指气使、为所欲为，提出不合理的要求，从而造成矛盾冲突。

故事链接

司马光没有儿子的时候，曾经有朋友将一名婢女送给司马光当小妾，希望他能早得贵子。婢女来到司马光家后，司马光总是在书房里看书，根本不理她。一天，婢女找了个机会打扮得漂漂亮亮地进了书房，司马光看见她，也没什么反应，还是只顾看书。婢女觉得有点儿尴尬，为了打破僵局，便顺手拿过一本书，娇声问道："相公，这是什么书啊？"司马光起身拱手，正色答道："这是《尚书》。"婢女实在没办法，只好告退。

势服人①，心不然②，理服人，方无言③。

——●【字词注解】

①势：权力。服：顺从。此处作"使人顺从"解。

②不然：不以为然，不服气。

③言：议论。

——●【精彩解说】

用权势来压服人们，人们只会表面服从，以理服人，人们才会心服口服。

——●【鉴赏】

以理服人，然而什么是理呢？假使依靠武力、财势、地位使人信服、让人听从，效果只会是短暂的，不会长久。当你的财势、权利、地位消失时，周围听命于你的人也会随之纷纷散去，更有甚者，还会伺机报复。因为这些人也只是被你的财势压迫、引诱而已。反过来，假使在做任何事之前，都按照礼数，不违背道德，用仁德感化对方，做到了以德服人和以理服人，彼此间才会建立深厚的情谊，而做人的道理也蕴含在其中。

故事链接

清朝中叶有个名叫蓝鼎元的人，曾经在广东普宁做过知县，期间遇到一桩兄弟分田产的争讼案，作为地方官他本可以敷衍裁断，一人分一半田产。但是，蓝鼎元没有这么做，他知道几亩田产是小事，兄弟二人的争斗之心才是病根，从小一起长大的亲兄弟不该如此，这个道理一定要让他们明白。于是，他下令把兄弟俩抓起来拴在一起，吃喝拉撒睡都必须同步。

开始两人互不理睬，背向而坐。两天后成了面对面而坐，又过了两天，他们开始说话，一起吃饭了。这时蓝鼎元对他们说："你们各有两个儿子，以后也一定会像你们一样争田夺地，保不齐还会闹出人命，不如各留一个儿子，将另一个儿子送给没有家财的乞丐。"听得此话，兄弟二人都叩头认罪。蓝鼎元让他们回家和妻子商量。三天后，兄弟二人领着妻子到公堂撤诉。

亲 仁

〔题解〕

    亲仁指的是亲近有道德、有学问的人，即亲近仁者，跟仁者学习。这节中的老师主要讲的是选择老师。仁者无敌，一个真正的仁者，应持有一颗仁爱之心。要想成为仁者非常困难，它几乎成了一种理想，成为人类追求的最高道德境界。人们见到仁者，多怀有敬畏之心。与仁者相处，你的德行每天都有所提高，犯错的次数会越来越少，最终也会受到世人的敬仰。而反过来，如果长期跟德行不高的人相处，就会受到德行不高的人的影响，对人的发展会带来不利的影响。

原文

    同是人，类不齐①，流俗众②，仁者③稀。

——•【字词注解】

    ①类：性情。齐：相同。

    ②众：很多。

    ③仁者：德行宽厚的人。

同样是人，但人与人之间是有差别的，流于庸俗的人多，有仁德的人少。

"亲仁"用意在于强调现实中能够真正达到"仁"的标准的人太少了，"亲仁"是一种思辨能力的训练。"仁"或"好人"的概念是宽泛而模糊的，不断寻找仁人，不断跟拥有良好品行的人接触、交流，才能通过比较、分析真正弄明白"仁"这个概念，才能形成正确的人生观、世界观。在人群中不断体会、甄别、选择，是自我历练的必由之路。在生活中有意识地多和品行好的人接触交往，对于自己的修行是大有益处的。

故事链接

管宁和华歆是汉末时期的两个读书人。那时候读书都是席地而坐，他们俩就坐在一张席子上读书，在一起种地维持生活。一天，两人一起锄地，管宁刨出一块金子，根本没当回事，丢到一边继续锄地。后面的华歆也看到了，就捡起来把玩了一番，扔掉了。区别在哪里呢？一个没动心，一个动心了。按照仁人的标准，两个人的品行已经出现高低之分了。好在华歆没把金子捡起揣进怀里，事情也就不了了之。后来两人在一起读书，外面有达官贵人路过，好不热闹。管宁自顾读书，不加理睬；华歆坐不住了，跑到外面去看热闹，一副羡慕的样子。等华歆回来，管宁拿出一把刀，把二人坐的席子割开，以示绝交。

原文

果①仁者，人多畏，言不讳②，色不媚③。

①果：真正的。

②讳：把事情隐瞒而不敢宣布。

③媚：谄媚，用甜言蜜语讨好。

【精彩解说】

有仁德的人，人们会敬畏他，仁者说的话直言不讳，他们不会谄媚奉承别人。

【鉴赏】

一般的人见到仁者都会心生敬畏之情。"忠言必定逆耳，口蜜必定腹剑。"不敢亲近仁者，就不能提升自己的品德学问；相反，敢于亲近仁者，聆听教诲，品德学识自然会提升。仁者的话是他们情感的真实流露，是真诚的良言。

故事链接

嘉靖皇帝在位时，听信奸相严嵩的话，二十多年不上朝处理政务，一心只顾修仙求道，置国家大事于不顾，导致国库空虚、社会动荡、民不聊生。海瑞十分着急，就准备了一口棺材，冒死劝谏皇上，结果惹怒了皇上，被判了死刑。后嘉靖皇帝驾崩，海瑞才免于一死，保全了性命。海瑞去世后，南京万人空巷，人人披上孝衣，送海瑞的棺木离去。

　原文

能亲仁①，无限好②，德日进③，过日少④。

【字词注解】

①仁：指德行宽厚高尚的人。

②无限好：好处非常多。

③日进：一天天进步。

④日少：一天天减少。

　　亲近有仁德的人，对提高自己的修养有帮助，我们的品德会一天天高尚起来，过失会一天天减少。

　　亲近仁者对自身十分有益，我们的内在德行会提高，外在错误行为会减少，让我们能够每天生活在真善美的世界中，使我们的人生、社会越来越美好。现在我们处在国泰民安的环境中，又有许多古贤的智慧流传于今，供我们学习为人处世之道，加强自我修养，长大后就会像那些高尚的人一样，以提高自身修养为准则，以帮助他人为己任。

故事链接

　　南朝时期，有个叫吕僧珍的人，平生诚实厚道，从不与人计较，又很有学问。吕僧珍的家风很好，他对每一位晚辈都严格要求，耐心教导，从不偏袒、庇护晚辈的坏习惯，所以，家中的成员都待人和气，品行端正，吕家的好名声远近闻名。当时的南康郡守季雅是个正直的人，为官勤政耿直，秉公执法，从来不屈服于达官贵人的威逼利诱，为此得罪了很多人。后来因为那些视他为眼中钉、肉中刺的官员的诬陷，他被免职。季雅被罢官后，需要搬出府第另寻住所。可是他不愿随便找个地方住下。季雅费了一番心思，打听到吕僧珍家是一个君子之家，家风极好，便想与其做邻居。正好吕家隔壁的邻居打算搬到其他地方居住，于是季雅就用一千一百万钱的高价买下了这座宅子。过后，吕僧珍前来拜访他的新邻居，问季雅："先生买此宅院，花了多少钱？"季雅据实回答，吕僧珍很吃惊："据我所知，这处宅院已经不是新宅，也不是很大，为何还要出如此高的价格呢？"季雅笑道："我这钱里面，一百万钱是用来买宅院的，一千万钱是用来买您这位道德高尚、治家严谨的好邻居的！"

原文

> 不亲[1]仁，无限害[2]，小人进[3]，百事坏[4]。

—•【字词注解】

①亲：接近。

②无限害：有许多坏处。

③小人：品德恶劣的人。进：向前。

④坏：败坏。

—•【精彩解说】

不亲近有仁德的人，对我们只有坏处，品德恶劣的人会乘虚而入，使事情注定失败。

—•【鉴赏】

近朱者赤，近墨者黑。刚出生的婴儿如同一张白纸，如果自幼耳闻目睹的就是坑蒙拐骗、男盗女娼、尔虞我诈的事情，长大之后多半会无恶不作。

故事链接

明朝的宦官魏忠贤本来只是一个为逃避赌债而进宫做宦官的市井无赖。进宫之后，他把宝押在了当时的皇太孙朱由校身上。朱由校幼年丧母，由奶妈客氏带大，客氏又和大太监魏朝关系密切。于是魏忠贤竭力巴结魏朝，通过他的引荐走进了朱由校生活的圈子。后来，朱由校果然做了皇帝，就是天启皇帝。天启不是一个好皇帝，但绝对是一个好木匠，他曾亲自在庭院中造了一座小宫殿。魏忠贤专挑天启皇帝全神贯注地投身于木匠活儿的时候请他批阅奏章。天启皇帝总是胡乱应付一句："知道了，你们看着办吧。"经过魏忠贤几年的作威作福、恣意妄为，明朝逐渐走向了灭亡。

学 文

〔题解〕

　　古人所说的六艺，包括礼、乐、射、御、书、数等六种才能和技艺。我们做好了前几节所讲的孝、悌、谨、信、爱、仁之后，如果还有时间和精力，就要好好地学习六艺。文以载道，学习是永无止境的，我们在学习做人的时候也要学习文化知识，读书是学习的主要途径，读书要专心，心、眼、口要全部用到，这样才能牢记书本的内容。良好的读书环境是非常重要的，能保证我们在没有干扰的情况下专心读书。另外，我们还要养成良好的读书习惯，要注意爱护书籍。读书要选择读圣贤的经典书籍，这样才更有利于提高自己的道德修养。

不力行①，但学文，长浮华②，成何人！

━●【字词注解】

　　①力行：亲自实践，勉力去做。

　　②长：年龄稍大。浮华：不切实际。

━●【精彩解说】

　　凡是没有身体力行的去做，只是学习书本上的知识而不懂得应用，那就太不切实际了，等长大后，不知道会变成什么样的人。

【鉴赏】●——

　　学习与实践是相辅相成的，在当今社会，学但不愿践行的浮华之人越来越多。一个人如若只是一味地死读书，读死书，不去动手动脑，即使有再高的学问，在现实生活中遇到问题，还会手忙脚乱，不知从何处着手，这样所学的知识不但毫无意义，反而会助长华而不实的坏风气。实际上，如果不付诸行动，我们学到的只是一些很肤浅的东西。这样，不仅我们的学问没有得到积累，良好的德行基础也没有奠定，以后要进一步学习其他的东西，也是没有办法学好的。须知，我们受教育是为了做人，做一个德才兼备之人，既要有德又要有才，才能在社会中施展自己的才华，实现自己的理想和抱负。古人云："实践出真知。"我们只有通过不断实践才能有所收获。

故事链接

　　战国末年，赵括擅长纸上谈兵。他从小熟读兵法，讲起战术来十分在行，可谓纵横天下无敌手，因而时常沾沾自喜，只有他那身经百战的父亲不看好他。一次，秦国攻打赵国。起初，赵国运用大将廉颇阻挡秦军。廉颇凭借经验，根据敌强我弱的形势，采取坚守不出来保存实力的策略，有效地阻止了秦军的进攻。后来秦国采取反间计，散布谣言，挑拨赵王与廉颇的关系。赵王果然中计，派赵括替代廉颇。赵括没有分析敌情，就轻率地出兵迎战，结果导致全军覆没，使赵国从此一蹶不振。

原文

　　但力行，不学文，任己见①，昧理真②。

──●【字词注解】

①任：听凭。己见：自己的意思。

②昧：糊涂而不明理。理：事物的规律、意旨。真：纯正的、不虚假的。

──●【精彩解说】

一味地埋头做事，不思考学习，什么事情都按照自己的意思去理解，就会使真理受到遮蔽。

──●【鉴赏】

学而不能行的书呆子，古往今来有多。如果裹足不前，觉得自己已经学得很好，很有成就，只凭自己的想法办事，就有可能做出许多不合情理的事。因而，在空闲时，要不忘时时打开圣贤的典籍，从圣贤的典籍中反观自照，找出差距，遵从圣贤的教诲，依教奉行，不要被偏见蒙蔽了双眼，造成心障。我们要不断学习，把圣贤的教诲转化成自己对世界的认识，转变成自己的处世之道。当我们真正拥有了这样的智慧，在生活中出现什么难题就都能够得心应手地应对。这样，人生的旅途才能一帆风顺。

故事链接

三国时，东吴名将吕蒙，因家境贫寒，小时候依靠姐夫生活，没有机会读书，学识浅薄。

有一次，孙权对吕蒙和另一位将领蒋钦说："你们现在身负重任，得好好读书，学习知识才行。"吕蒙不以为然地说："军中事务繁忙，没有时间读书。"孙权开导他说："我的军务比你要繁忙多了，依然在坚持读书。当年汉光武帝在军务紧急时仍然手不释卷。希望你们不要借故推托，不要不愿读书。"

吕蒙很受启发，从此抓紧时间读书。一次，士族出身的名将鲁肃和吕蒙谈论政事，交谈中鲁肃常常理屈词穷，被吕蒙难倒。鲁肃说："以前我以为你不过有些军事方面的谋略罢了，现在才知道你学问渊博，真是士别三日当刮目相待。"

原文

读书法①，有三到②，心眼口，信皆要③。

【字词注解】●——

①法：方法。

②三到：指心到、眼到、手到。

③信：确实，真的。皆要：都重要。皆，都，全。要，重要，需要。

【精彩解说】●——

读书的方法有三到，即心到、眼到、口到，只有这三方面都做到了，读书才会有效果。

【鉴赏】●——

学习要有方法，掌握了正确的学习方法才能事半功倍。"三到"的读书法行之有效，心、眼、口三者步调一致，自然能做到心无旁骛，把心思都用到读书上。

故事链接

明朝文学家张溥自幼勤奋好学，但天资较差，记忆力不好，东西背了好几遍都记不住。

一次，张溥在书里面读到了一句话："读书百遍，其义自见"。这句话给了张溥很大的启示。于是，张溥更加勤奋了。口渴了，他就舀一瓢凉水喝；嗓子哑了，他就把声音放低一点……苦读了一段时间，他终于能连贯地背出文章来了，这个收获使他非常高兴。然而，本来是白天背得挺熟的文章，睡了一觉之后他竟又忘了一大半，张溥很是苦恼，但他并没有放弃。

有一天，在学堂里，教书先生让张溥背诵文章。一开始，张溥背得还很流利，可是背着背着，后面的内容就全忘了。结果，教书先生十分生气，用戒尺使劲地责打他，说他读书不用功，并罚他回家把这篇文章抄十遍。由于文章较长，等他抄完，已经是深夜了。第二天到校，教书先生又让张溥接着背昨天的文章。张溥顺利地背了出来，而且没有停顿一次。先生听后，满意地点了点头。张溥意识到，原来抄书也能增强自己的记忆，于是从那天开始，他读书必手抄，读后又随即焚掉，再抄，再读，再焚，如此六七次方才罢休。后来张溥终于成为一个大学问家，堪称明代文坛巨匠，被人称为"百世师"。

原文

方读此，勿慕彼①，此未终②，彼勿起③。

——●【字词注解】

①慕彼：想另一个。慕，想念。彼，那。

②未终：还没完成。未，没有。终，结束，完毕。

③起：开始。

——●【精彩解说】

正在读一本书的时候，不要想着另外一本书，读完一本再读另一本，要学会专注。

从古到今，做学问有一个很大的忌讳，就是不专心深入研究，而是浅尝辄止，这本书没有看完，又拿起其他的书籍看。这就是所谓"贪多嚼不烂"的道理。

学习东西切记不能贪多，也不能贪快。一个人太焦躁，心就会浮躁，就会样样通样样松，久了会乱，杂了就学不踏实，到最后哪一样都没有学精。所以曾国藩说："心上不可无书，但是桌上不可多书。"

故事链接

著名政治家赵普，号称北宋第一文臣，他一生读得最多的书是《论语》。赵普认为齐家、治国、平天下的道理全在这本书中，他以半部《论语》辅助太祖平定了天下，又用半部《论语》辅佐太宗治理天下。

原文

宽为限，紧用功，工夫①到，滞塞②通。

【字词注解】●—

①工夫：指所花费的时间和精力。

②滞塞：不通。

【精彩解说】●—

一开始读书学习的时候，时间放宽些，计划制订后，就要抓紧时间，只要读书的功夫下到了，很多不解的地方就会有解了。

【鉴赏】●—

在学习和工作中要做的作业、要完成的工作总是拖拖拉拉，不到最后一刻都不想去做，就算做，也是马马虎虎，这样学习、工作的效率就很难提高。所以，要想取得成绩就必须改掉这样的习惯，只要功夫下到了，就一定会有收获。

故事链接

　　元朝末年的大画家王冕，出生在一个贫苦的农民家里。王冕七岁就没了父亲，为了补贴家用，他去帮人放牛。放牛时，牛角上总挂着书。牛在湖边吃草，王冕就在树荫下读书。有时候放牛可以得到一些买点心的钱，他舍不得花，都用来买书。

　　有一天，天气闷热，王冕正在树下读书，忽然下起了大雨。大雨过后，天上挂着彩虹，阳光从云缝里透出来照着湖光山色。王冕想：我要能把这美丽的景致画下来有多好！

　　他决心要学画，没有笔，他就向邻居借用。他又榨出树叶的绿汁，研磨红石粉末做成颜料。最初王冕画得不太好，但他并不灰心，他细心地观察荷花和荷叶的样子，用心地描画，天天画，天天练，画得越来越逼真了。乡间人见王冕画得好，都喜爱他的画，就拿钱来买。王冕得了钱，就买些好东西孝敬母亲，用剩下的钱买纸、笔、颜料继续画画。

　　王冕又努力学习天文、地理、历史、经济等各方面的学问，他不但是一个大画家，而且还是一个大学者。

原文

　　心有疑，随札记①，就人问②，求确义③。

●【字词注解】

①随：随即，立即。札记：笔记，读书时记录的重点或心得。

②就人问：找人问，向人请教。就，靠近。

③求：找寻，设法得到。确义：确切的含义。

遇到不懂的地方，随即做笔记，碰到懂的人，就拿出来请教它真正的意义。

一个人在读书学习的过程中，总会遇到自己无法解决的难题，就像韩愈所说："人非生而知之者，孰能无惑？"这时，我们就要马上做好笔记，继续学习，或许前面的问题在后面的学习中能得到解决，如果实在无法解决，就必须去请教良师益友——熟知此道之人，获得真知灼见，明白真义。千万不要不懂装懂，信口雌黄。

故事链接

贾逵，东汉时期的经学家、天文学家。他从小就非常聪明，且非常喜欢读书。不过，他家里很穷，买不起纸和笔。读书学习的时候，每次遇到好的文章和不懂的词句，他都借来笔墨将这些内容记在门扇、屏风或自己制作的竹简、木片上，然后找机会向人请教。一年后，前人写的书籍，他几乎都读遍了。因为不断学习，他学识越来越渊博，最后成了奇才。

原文

房室清①，墙壁净，几案洁②，笔砚正③。

①房室：这里指读书做学问的房间。清：洒扫整理。

②几：长方形的矮桌。案：桌子。

③砚：磨墨的工具。正：不偏。

──•【精彩解说】

书房要保持清洁，墙壁要干净，读书学习用的书桌要整洁，桌上的笔墨纸砚要摆放好。

──•【鉴赏】

房屋清静，书案整洁，这为我们读书创造了良好的外部条件。俗话说："一屋不扫，何以扫天下？"房间脏乱无序，看完的书籍随处扔，明明有书柜却不用。整理房间看似是小事、私事，与其他事情没有关系，也不会影响到求知、办大事，但大事往往是一件件小事的叠加。所以，小事之中蕴藏着大智慧，点滴之中足见成功之源。在日常的小事中，可以培养一个人的责任感、耐心、毅力。如果连一件小事都不能做得井井有条，又怎么能做得了大事呢？

故事链接

陈蕃是东汉时期著名的学者。他小的时候很懒散，总是把屋子弄得乱七八糟。有一次，父亲的一位朋友来拜访，看到他家的屋子十分凌乱，而陈蕃却不管不顾，就说："你怎么不把房间打扫干净呢？"陈蕃理直气壮地说："我的手是用来打扫天下的。"父亲的朋友笑了："连一间房子都不能打扫的人，怎么能够打扫天下呢？"陈蕃一听，脸红了，立刻把房间打扫干净。从此之后，陈蕃养成了良好的生活习惯。

原文

墨磨偏，心不端，字不敬①，心先病②。

①不敬：不合规矩。这里指字写得不工整。

②病：瑕疵，缺陷。

写字的时候，应该先磨墨，要是墨磨偏了就说明心不在焉，如果写出来的字歪斜走样，那就说明心不静。

古人说："意在笔先，心正则笔正。"正如人们常说的字如其人，一个人写字心不在焉，不认真，写出来的字必定乱七八糟，歪斜潦草。这也证明了这个人的心思没有专注在写字上，心有杂念，没有静下心来，这样就不能安心做事。而这里的磨墨也好，写字也罢，目的只有一个，就是安定我们的心。因此，我们要想得知一个人的心态如何，可以观察他的日常行为。

故事链接

东晋著名书法家王献之自幼学习书法。八岁那年，王献之正在书房专心练字，父亲王羲之想试试儿子下笔的力度，就轻手轻脚地走了过去，从后面拔他的笔杆，竟没有拔出。王羲之高兴地说："这孩子将来会有出息。"

王献之听了父亲的话，练字更加勤奋了。他苦练了两年字，大有长进。一天，他拿几张自己刚写的字给父亲看。王羲之翻了几张，连连摇头，提起笔来在里面的"大"字下面加了一个点，变成了"太"字。

王献之不知道父亲这么做是什么意思，于是又拿着自己写的字给母亲看。母亲看了又看，指着王羲之改成的"太"字说："你写了这么多字，只有这一个点像你父亲写的！"

王献之十分惭愧，深深感到自己写的字和父亲写的字还差很多，父亲指着院里的大水缸说："你写完这十八缸水，字就写好了。"王献之郑重地点了点头。从此，他安下心来，刻苦练字，终于成了一位大书法家。

列典籍①，有定处，读看毕②，还③原处。

——●【字词注解】

①列：排列，陈列。典：重要的书籍。籍：书本。

②毕：终了。

③还：放回。

——●【精彩解说】

书籍要分门别类地放在固定的地方，看完的书籍要放回原处，方便查找。

——●【鉴赏】

要养成使用完物品将其放回原处的好习惯，用过后，再放回原处，下次用时，可以及时找到，节省时间，提高效率。这样做事情就会有始有终，有条不紊。

故事链接

《宋稗类钞》记载，北宋杰出的史学家和政治家司马光，在独乐园的读书堂中，藏有文史类书籍一万多卷。其中有些书虽然读了几十年，但看上去都新得像是从没用手摸过一样。司马光在编写《资治通鉴》时，书卷很多，底稿上涂改或删减的许多文字、符号都是工工整整的，没有一个潦草的字，并且所用书籍都是分门别类地放在固定的地方，从来没有随处丢放过。

原文

虽有急①，卷束齐②，有缺损，就补③之。

【字词注解】

①急：急迫的事。

②卷：指书籍。束：捆扎。

③补：修整。

【精彩解说】

即使再着急，也要把书放整齐，看到书有缺损，应该赶快修补。

【鉴赏】

古代科学技术不像现今这么发达，古代的书籍，从竹简到后来的线装书，由于经常翻看，容易产生脱线、缺页、磨损模糊等问题。所以古人在取读书籍时必须小心，轻拿轻放，有破损缺页，就马上补修重订，以免散失或损毁。即使是现代的平面精装书，若不加以爱护，也一样会破损脱落或散失流逸，不利于下次阅读。因此，在日常生活当中，我们要像爱护自己的身体一样去爱护书籍，即使有急事，也要把书整理好，收拾干净，并在读到的地方用书签做好标记，方便下次继续阅读。

故事链接

孔子年少时非常好学，十七岁时就以丰富的学识闻名于鲁国。虽然他学识渊博，但从没有松懈过。孔子生活的时代，还没有纸张，书籍都是把字写在竹简上，然后用牛皮绳编连起来的。孔子到了晚年，非常喜欢研究《周易》，因为每天翻阅，穿竹简的牛皮绳磨断了三次。每磨断一次，孔子就自己整编一次。这样，一连换了三次牛皮绳，孔子才把《周易》研究透彻。

原文

非圣书①，屏②勿视，蔽聪明③，坏心志④。

──•【字词注解】

①圣书：圣是指博通事理，博通事理的人所写的书就是圣书，这些圣书多半是教人智、仁、圣、义、忠、和等六德之事。

②屏（bǐng）：排除的意思。

③蔽：障碍。聪明：指耳目。耳可以听其声而察其意，目可以明察事物，所以亦有智慧的意思。

④心志：善良的本性与志节。

──•【精彩解说】

不是圣贤的书，就不要读。否则那些书会蒙蔽真知，损害人的意志。

──•【鉴赏】

天下的书太多太多，人们会笼统地区分出好书和坏书。好书和坏书古人和今人的标准有所不同，但是总会在阅读的时候有所取舍。宋太宗是一个爱读书的皇帝，他规定自己每天要读两卷书，如果有事不能完成，事后也要补阅。他说："开卷有益，朕不以为劳也。"于是，有了"开卷有益"这个成语。然而在文化日趋多元的背景下，我们早已不再单一地以圣贤书为标靶去建立阅读阶梯，但这并不意味着就可以采取放任自流的态度，无原则的"开卷"肯定不是最佳选择。

故事链接

康熙皇帝在对后代子孙的庭训里交代，二十岁之前，不要读小说，因为很容易染习到权谋智巧。尤其在他们涉世未深不懂得明辨是非的情况下。康熙皇帝要求自己每天一定要做的事情就是读古书，通过读圣贤的经典来检查自己每日的所作所为，是不是哪里有过失、哪里有缺失。他完全按照圣贤的经典来检点自己。

不好的书千万不要去读，好的书籍我们要多读，一读再读，有道是"读书百遍，其义自见"。

原文

勿自暴①，勿自弃②，圣与贤③，可驯④致。

【字词注解】

①暴：伤害。
②弃：放弃，舍而绝之。
③贤：多才有善行的人称贤，仅次于圣者。
④驯：循序渐进。

【精彩解说】

对自己要有信心，不要自暴自弃，圣与贤的境界虽高，但循序渐进可以达到。

【鉴赏】

人的天赋有高有低，但勤能补拙，若奋发努力，就能弥补天赋不足的缺陷。此外，还需要自信，一个人若是连自信都没有了，那么他将会一事无成。遇到事情时首先自己要对自己有信心，在机遇来临时，只要认为自己有能力有把握完成的事就要积极地去争取，直到取得成功。

故事链接

　　秦、赵两国交战，秦军大胜。秦军主将白起领兵乘胜追击，包围了赵国的都城邯郸。平原君奉赵王之命，去楚国求兵解围。平原君把门客召集起来，挑选二十个文武全才的人一起去。经过挑选，最后还缺一人。一个叫毛遂的门客向平原君自我推荐说："听说到楚国去签订'合纵'盟约，希望我能凑足人数！"平原君问："到我的门下几年了？"毛遂说："三年有余。"平原君说："左右的人对你没有称道，也没听到有关你的赞语，这是因为先生没有什么才能吧。"毛遂说："如果我早就处在囊中的话，就会像锥子那样，所有的锋芒都会露出来，不仅是尖头露出来。"平原君最终同意了毛遂一同前往。到了楚国，楚王只接见了平原君一个人，可是两人从早晨谈到中午还没有结果。毛遂再也忍不住，大步跨上台阶，高声叫道："出兵的事，非利即害，非害即利，为何议而不决？"楚王喝道："退下！我和你主人说话，你来干什么？"毛遂见楚王发怒，不但没有退下，反而手按宝剑，说："如今我们的距离在十步之内，大王的性命在我手中！"楚王见毛遂如此勇敢，就让他讲话。毛遂就把出兵援赵有利于楚国的道理进行了精辟的论述。毛遂的一番话令楚王心悦诚服，楚王立即答应出兵。

◎ 千家诗 ◎

　　《千家诗》全称为《分门篡类唐宋时贤千家诗选》，此书版本众多，旧时与《三字经》《百家姓》《千字文》三者并称为"三百千千"，《千家诗》流传已久，我们今日所见到的《千家诗》版本并不是它的原本。后世普遍认为最早的本子是由南宋刘克庄所编。《千家诗》选了唐宋565家诗人的近体诗1281首，大部分是宋诗。整本书共22卷，其内容主要是按照时令、节候、天文、地理、器用、禽兽、昆虫等十几类来编排的。

　　通行的《千家诗》，是根据明末清初学者王相的两本注本合并而成的。王相，字晋升，江西临川（今抚州市）人。他撰写了许多蒙学书籍，后人将王相为七言《千家诗》作的注和他选的一本五言的《新镌五言千家诗》合刊，也就完成了我们今天见到的《千家诗》。

　　历来争议不断的一件事是关于《千家诗》的编选者究竟是刘克庄还是谢枋得，又或是别人？

　　于今天的我们而言，《千家诗》的作者是何许人已经没有追溯的意义。《千家诗》收录了许多古代诗人留下的千古绝唱，不仅仅是七言律诗和五言绝句令人朗朗上口的传诵，更多的还是诗人向我们传递出来的文人情怀和书中所描绘的美好意境，这些锦言玉字如雨后的春茶令人回味无穷。

卷一 七绝

〔题解〕

　　七言绝句，一般称为"七绝"，是传统诗词的一种，包括七言古绝和七言律绝，前者为古体诗，后者为近体诗。七绝体裁由四句构成，每句七言，对押韵、平仄等方面有严格的格律要求，章法往往是一二句引入，后两句转折，使得全诗百转千回，令人回味无穷。七言绝句体裁源于南朝乐府歌行或北朝乐府民歌，在齐梁时期初具模型，初唐时期已趋于成熟。

春日偶成①

程颢②

云淡风轻近午天③，傍花随柳过前川④。
时人不识余心乐⑤，将谓偷闲学少年⑥。

【字词注解】

　　①诗题一作《偶成》，作于程颢任陕西鄠（hù）县（今陕西西安鄠邑区）主簿时。

　　②程颢（1032—1085）：字伯淳，号明道，北宋理学家、教育家，洛阳（今河南洛阳）人。程颢与其弟程颐奠定了北宋理学基础，世称"二

程"。他和程颐的学说为朱熹所继承和发展，世称"程朱学派"。著作收入《二程全书》中。

③云淡：云层淡薄，指天空明朗，少云。午天：指中午。

④傍花随柳：穿行于花柳之间。傍，一作"望"，依靠。川：平原或河畔。

⑤时人：一作"旁人"。识：知道，了解。余：一作"予"，我。

⑥将谓：就要说。将，乃，于是，就。偷闲：忙中抽出空闲时间。

—【精彩解说】

正午时分，天上飘着淡淡的白云，清风徐徐，我在花丛柳树之间穿行，不知不觉间走到了前面的河边。人们不知道我心中的快乐，以为我是在学少年那样偷闲玩乐。

—【鉴赏】

这是一首即景抒情诗，题目中的"偶成"意即偶然写成此诗。作者描绘了一幅清新美丽的春日赏景图，抒发春天郊游的心情。全诗表达了理学家追求平淡自然、不急不躁的修身养性的态度和水到渠成的务实功夫，也表现了一种闲适恬静的意境。整首诗感情真挚，浅显易懂，尤其是最后一句至今仍广为流传，成为脍炙人口的佳句。

春　日

朱熹①

胜日寻芳泗水②滨，无边光景③一时新。
等闲④识得东风面，万紫千红⑤总是春。

—【字词注解】

①朱熹（1130—1200）：字元晦，又字仲晦，号晦庵，人称晦翁、

考亭先生、云谷老人、沧州病叟、逆翁，别称紫阳。谥号文，世称朱文公。宋代著名理学家、思想家、教育家、哲学家、诗人，是宋代理学的集大成者，世称朱子。祖籍徽州婺源（今江西婺源）。宋高宗绍兴十八年（1148）进士，曾任江西南康、福建漳州知府和浙东巡抚，为官清廉，刚正不阿。后为宋宁宗讲学，著有《四书章句集注》《楚辞集注》《太极图说解》《通书解说》《周易本义》《诗集传》《晦庵先生文集》等。

②泗水：山东中部的一条较大河流，有大小支流数十条。

③光景：风光，风景。

④等闲：到处。

⑤东风：春风，此处指春天。

⑥万紫千红：形容色彩缤纷。

【精彩解说】●——

风和日丽，春光明媚，我去泗水边游玩，这里的景色无边无际，给人焕然一新的感觉。谁都能看出春天的外貌，春风吹得百花竞放、万紫千红，到处都是春天的景色。

【鉴赏】●——

这首诗从表面上看是一首游春诗，描述了春日出游的所见所感。但结合诗人出游的地点——泗水，就可以发现，这首诗实则是一首哲理诗。泗水当时已被金人占据，朱熹不可能去泗水。孔子曾在洙、泗之间讲学授道，所以这里的泗水应暗指孔门。"寻芳"即寻求圣人之道，领悟儒家真谛。

春 宵①

苏轼②

春宵一刻值千金③，花有清香月有阴。
歌管④楼台声细细，秋千院落夜沉沉。

──●【字词注解】

①诗题一作《春夜》。

②苏轼（1037—1101）：字子瞻，又字和仲，号东坡居士，世称"苏仙"。眉山（今四川眉山）人。北宋文学家、政治家、书画家。"唐宋八大家（韩愈、柳宗元、欧阳修、苏洵、苏轼、苏辙、王安石、曾巩）"之一，与父苏洵、弟苏辙并称"三苏"，与黄庭坚并称"苏黄"，与辛弃疾并称"苏辛"。宋仁宗嘉祐二年（1057）进士。苏轼仕途坎坷，屡遭贬谪，学识渊博，工于诗文书画。苏轼的诗歌现存两千七百余首，著有《苏轼文集》《东坡乐府》《苏东坡集》等。

③春宵：春夜。一刻：古代计时单位，古代用漏壶记时，一昼夜为一百刻。此处喻为时间短暂。

④管：指笛、笙、箫之类的管乐器。

──●【精彩解说】

春天的夜晚，一刻欢愉价值千金，花儿散发出阵阵清香，月光在花下投射出朦胧的阴影。富贵人家的楼台深处传出悠扬的乐曲声和细细的歌声，夜色渐深，院落里的秋千在沉沉的夜色中悠悠飘荡。

──●【鉴赏】

这首诗开门见山，直接点出了春夜的可贵。春天的夜晚，繁花盛开，香气盈鼻，月色皎洁。通过描绘春夜的短暂，诗人告诉我们要珍惜光阴。夜深时分，贵族阶层还在欣赏奏乐和歌舞，纵情享乐，而不知珍惜光阴。这里诗人借此讽刺了那些醉生梦死之人。"春宵一刻值千金"，点明主旨，表达了诗人浓郁的惜春之情。

城东早春

杨巨源①

诗家清景在新春②，绿柳才黄半未匀③。

若待上林④花似锦，出门俱⑤是看花人。

【字词注解】●──

①杨巨源（755—832）：唐代诗人，字景山，后改名巨济，河中（今山西永济）人。唐德宗贞元五年（789）进士，授秘书郎，后以国子祭酒致仕。其诗著称于元和长庆间，格调高雅，为当世诗家所推重。有《杨少尹诗集》，《全唐诗》存诗一卷，《全唐诗续拾》补诗三首，断句五句。

②诗家：诗人的统称，并不仅指作者自己。清景：清秀美丽的景色。

③绿柳才黄半未匀：此句写柳树刚显现出鹅黄色，色泽还不鲜艳。匀，均匀，匀称。

④上林：上林苑，故址在今陕西西安，建于秦代，汉武帝时加以扩充，为汉宫苑。诗中代指唐都城长安。

⑤俱：全，都。

【精彩解说】●──

早春的清新景色最能激发诗人的灵感，柳条三三两两吐露嫩芽，泛着鹅黄。若是等到长安街花开似锦的时候，那时满城都是看花的人。

【鉴赏】●──

这首诗写诗人对早春景色的喜爱。前两句突出诗题中的"早春"之意，而一个"新"字又再次强调了早春这一时节。第二句具体描绘了早春景色，后两句用"若待"两字一转，极写繁花似锦的芳春。上林苑繁花似锦，景色浓艳，游人如云，反衬出作者对早春之景的喜爱。全诗将清幽、浓艳之景并列而出，对比鲜明，色调明快，同时含蕴深刻，耐人寻味，堪称佳作。

春　夜①

王安石②

金炉香尽漏声残③，剪剪④轻风阵阵寒。

春色恼人眠不得，月移花影上栏杆。

——●【字词注解】

①诗题一作《夜值》。

②王安石（1021—1086）：字介甫，晚号半山，谥号文，封荆国公，世称"王荆公"。抚州临川（今江西抚州）人。北宋著名政治家、思想家、文学家、改革家。庆历二年（1042）进士，历任扬州签判、鄞县知县、舒州通判、参知政事、宰相等。著有《王临川集》《临川集拾遗》等。

③漏声残：形容即将天亮。漏，古代计时用的漏壶。

④剪剪：形容春风轻微。

——●【精彩解说】

夜已经很深了，香炉中的香早就燃尽了，漏壶中的水也要漏完了，后半夜的春风给人带来阵阵寒意。春色撩人，让人心烦意乱，只能看到随着月亮的移动，花木的影子偷偷地爬上了栏杆。

——●【鉴赏】

夜值是宋代的一种制度，要求每晚有一个翰林学士在学士院守夜值班。这晚，诗人在春夜值班，尽管炉灰已燃尽，漏壶的水已滴完，夜已经很深了，但诗人仍旧辗转难眠，只能寂寥地看着移动的花影和月光，心中凄楚而彷徨。全诗含蓄蕴藉，情景交融，寒冷的夜正好映衬了诗人内心的苦闷，情感真挚，意味绵长。

初春小雨①

韩愈②

天街③小雨润如酥，草色遥看近却无。

最是一年春好处④，绝胜烟柳满皇都⑤。

①诗题一作《早春呈水部张十八员外》。张十八员外是指张籍，时任水部员外郎。

②韩愈（768—824）：唐代著名文学家、思想家、政治家。字退之，河南河阳（今河南孟州）人。贞元八年（792）进士，历任节度推官、监察御史、史馆修撰、中书舍人、吏部侍郎等，又称"韩吏部"。死后谥文，又称"韩文公"。因其先祖曾居昌黎（今辽宁义县），故自称昌黎人，世称"韩昌黎""昌黎先生"。著有《昌黎先生集》《外集》《师说》等。

③天街：京城街道。

④处：时，作时间解。

⑤皇都：指京城长安。

像酥油般细密润泽的小雨滋润了长安的街道，远远望去绿草如茵，走近了却草色依稀，若有若无。这是一年中春光最美好的时节，远远超过京城烟柳繁盛的时候。

这首诗笔法细腻，用词精准，巧妙地运用通感和错觉，描绘出春雨过后的清新景色。首句"润如酥"的比喻，形象地描绘出了春雨的细润柔绵。第二句写绿草萌芽，远看似有，近看却无，通过对比，描绘出了雨后小草萌生时的稀疏之态，给人一种朦胧美。三、四句突出了诗人对早春的由衷喜爱之情，"绝胜"一词可谓点睛，在诗人心中，初春草色是远远胜过盛春时满城烟柳的。

元　日①

王安石

爆竹声中一岁除②，春风送暖入屠苏③。
千门万户瞳瞳④日，总把新桃⑤换旧符。

──●【字词注解】

①元日：农历正月初一。

②除：过去。

③屠苏：屠苏酒，古时过年有饮屠苏酒的习俗，相传可以除灾避邪。

④瞳瞳：形容太阳初升时光辉普照的样子。

⑤桃：桃符，在桃木板上画上神灵，于元旦更换，用来驱邪。

──●【精彩解说】

　　阵阵爆竹声中旧年已经过去，和暖的春风吹来了新年，人们畅饮着屠苏酒。初升的太阳照耀着千家万户，家家都换上了新的桃符。

──●【鉴赏】

　　这首诗描写了新年除旧迎新的景象：在清脆的鞭炮声中送走了过去的一年，在暖洋洋的春风中，人们畅饮屠苏酒。灿烂的阳光洒进千家万户，人们取下旧桃符，换上新桃符。通过叙述新年的几个习俗，诗人细致地描绘出了过节时的喜庆气氛。其实，这首诗表现的意境与现实自有其比喻、象征意义。王安石为政期间，主张变法，以扭转宋朝积贫积弱的局势。此诗正是用除旧迎新来暗指新法的顺利推行，从中可以看出诗人的政治决心和乐观态度。

上元侍宴①

苏轼

淡月疏星绕建章②，仙风吹下御炉香③。
侍臣鹄立通明殿④，一朵红云捧玉皇⑤。

【字词注解】•——

①上元：元宵节，农历正月十五。侍宴：臣子赴皇帝的宴会。

②建章：汉宫名，故址在今西安市西，此指宋代皇宫。

③仙风：指宫中吹来的风。御炉：皇帝用的香炉。

④鹄立：像天鹅一样立着，形容肃立的样子。通明殿：传说中玉皇大帝的宫殿，此指皇帝临朝大殿。

⑤玉皇：天帝，此指宋帝。

【精彩解说】•——

淡淡的月光和稀疏的星光照耀着建章宫，御炉中的香灰被仙风悄悄吹落。通明殿臣子们像鹄鸟般伸颈肃立，他们穿着红袍，就像红云簇拥着天帝一样衬托着皇帝。

【鉴赏】•——

这是一首应制诗，意在歌功颂德。正月十五上元节，皇帝在宫中设宴宴请臣子，首句"淡月疏星绕建章"，即写出了宴客时间之早，又暗示了建章为主、星月为宾的君臣关系，为诗的最后两句实写埋下伏笔。第二句"仙风吹下御炉香"突出了场面之静。第三句"侍臣鹄立通明殿"照应上句，描绘出了臣子们屏息静气地站立等待君王的肃穆氛围，反映了皇帝高高在上的威严。末句"一朵红云捧玉皇"更是突出了皇帝临朝的庄严肃穆。

立春偶成 ^①

张栻 ^②

律回 ^③ 岁晚冰霜少，春到人间草木知。
便觉眼前生意满，东风吹水绿参差 ^④。

——●【字词注解】

①诗题一作《立春日禊亭偶成》。立春：二十四节气之一，一般在阳历二月三日、四日或五日。《逸周书·时训解》："立春之日，东风解冻；又五日，蛰虫始振；又五日，鱼上冰。"

②张栻（1133—1180）：字敬夫，又字钦夫，号南轩，祖籍汉州绵竹（今属四川），寓居衡阳（今属湖南），为南宋中兴名将张浚之子。与朱熹、吕祖谦为友，史称"东南三贤"。乾道初，主讲岳麓书院。著有《南轩易说》《孟子说》《论语解》《南轩文集》等。

③律回：节令回转，又指新春伊始。律，律历，古代以十二乐律配十二月令。相传黄帝命伶伦（古乐官名，世掌乐官）断竹为筒（后人多用金属管），以定音和候十二月之气。阳六为律，即黄钟、太簇、姑洗、蕤宾、夷则、无射；阴六为吕，即大吕、夹钟、仲吕、林钟、南吕、应钟。农历十二月属吕，正月属律，立春往往在十二月与一月之交，所以称"律回"。

④参差：不平衡或不整齐的样子，此指风吹绿水所产生的水纹相接之状。

——●【精彩解说】

立春时节，冰雪渐渐融化了，草木最先感到了春天到来的气息，渐渐苏醒过来。突然发觉眼前一片生机勃勃的景象，春风吹过水面，湖里的碧波随之荡漾。

　　立春是一年之始。诗人紧紧把握住这一感受，真实地描绘了立春时节万物复苏的生动景象。冰雪消融，草木生发，碧波荡漾，处处洋溢着春天独有的气息。于是，眼前的景象顿时变得生机盎然，那荡漾的春水也充满着无限的活力。从"草木知"到"生意满"，诗人在作品中富有层次地再现了大自然的这一变化过程，充满了生活的智慧。

打球图①

晁说之②

闾阖千门万户开③，三郎④沉醉打球回。
九龄已老韩休死⑤，无复明朝谏疏来⑥。

【字词注解】●——

①诗题一作《题明王打球图》，又作《明皇打球图》。马球又称婆罗球，由西域传入，为帝王权贵所喜爱，唐代文献中有多处玄宗打马球的记载。《打球图》：一幅描绘唐玄宗打马球的图画。

②晁说之（1059—1129）：字以道，一字伯以，济州钜野（今山东巨野）人，因慕司马光为人，自号景迂生。神宗元丰五年（1082）进士。高宗立，召为侍读，后提举杭州洞霄宫。有《嵩山集》（又名《景迂生集》）二十卷。

③闾（chāng）阖（hé）：传说中的天门，此指宫门。屈原《楚辞·离骚》："吾令帝阍开关兮，倚闾阖而望予。"王逸注："闾阖，天门也。"千门万户：描写帝都的常用词，如林宽《终南山》："标奇耸峻壮长安，影入千门万户寒。"

④三郎：唐玄宗小字。因其排行第三，故称。

⑤九龄：张九龄（673—740），唐开元名相、诗人。字子寿，又名博物，韶州曲江（今广东曲江）人。张九龄为相贤明，刚直不阿，敢于

直谏，主张用人不循资格，又置十五道采访使以察州县。开元二十四年（736），为李林甫所排挤，罢知政事，后又贬为荆州大都督府长史。今传其著作《曲江张先生文集》。韩休：玄宗前期忠直敢谏的名相，京兆长安（今陕西西安）人。性耿直，敢进谏，宋璟誉为"仁者之勇"，累官礼部侍郎。开元二十一年（733），萧嵩推荐韩休为宰相，十个月后即罢相。官工部尚书、太子少师，封宜阳开国子。终太子少师，谥文忠。

⑥无复：不再有。谏疏：谏书，条陈得失的奏章。唐韩愈《游青龙寺赠崔大补阙》诗："年少得途未要忙，时清谏疏尤宜罕。"

—●【精彩解说】

成千上万的宫门陆陆续续被打开，喝得醉醺醺的唐王打球归来。宰相张九龄已经因老退位，宰相韩休也已经死去了，第二天再也不会有人上书指责唐王了。

—●【鉴赏】

这是一首政治讽喻诗，是作者看了《明皇击球图》之后所作。诗人直呼皇帝的小名，把唐明皇醉心打球的昏庸愚昧的形象刻画得入木三分，把矛头直指封建最高统治者。唐明皇在位初期励精图治，任人唯贤；后来却沉湎于女色之中，宠幸奸佞，导致了安史之乱，唐朝从此走向衰落。诗人意在借古讽今，劝谏统治者要任人唯贤，纳谏如流，不要重蹈前朝覆辙。

宫　词①

王建②

金殿当头紫阁③重，仙人④掌上玉芙蓉。
太平天子朝元日⑤，五色云车驾六龙⑥。

【字词注解】●——

①这是首应制诗。宫词：是唐代诗歌中常用的诗题，描写宫中生活，内容大多描写深宫中宫女的忧愁和哀怨，形式一般为五言或七言绝句。其中以王建的《宫词百首》最为出名。

②王建（约767—831）：字仲初，颍川（今河南许昌）人。出身寒微。大历十年（775）进士。居乡则"终日忧衣食"，四十岁以后，"白发初为吏"，沉沦于下僚，任县丞、司马之类，世称"王司马"。他写了大量的乐府诗，其以田家、蚕妇、织女、水夫等为题材的诗篇，语言较朴实。王建与张籍齐名，称"张王乐府"。他又写过宫词百首，在传统的宫怨之外，还广泛地描绘宫中风物，是研究唐代宫廷生活的重要材料。他还写过一些小词，别具一格。

③紫阁：华丽的楼阁，帝王居所，这里指朝元阁，是唐朝天子朝拜天帝的地方，位于华清宫老君殿北。

④仙人：朝元阁铜铸仙人。汉武帝迷信神仙，于建章宫筑神明台，立铜仙人舒掌捧铜盘承接甘露，冀饮以延年。后三国魏明帝也在芳林园置承露盘。自从汉武帝建金铜仙人承露盘后，仙人掌、玉芙蓉便成为宫禁的标志之一，同时成为描写宫中生活的常用词。

⑤太平天子：指带来太平的皇帝。元日：农历正月初一。古代帝王依例于此日朝拜天帝。

⑥五色云车：传说中仙人的车乘。仙人以云为车，故称。此处指帝王銮舆。六龙：神话传说日神乘车，驾以六龙，羲和为御者。古代天子的车驾为六马，马八尺称龙，因此为天子车驾的代称。

【精彩解说】●——

雄伟的金殿矗立在眼前，层层叠叠的楼阁非常壮观，金殿上那两根高大的柱子顶端雕刻着手捧芙蓉玉盘的金仙人。正月初一是皇帝朝拜天帝的日子，皇帝出行时，车马辚辚，看上去好像是驾着六条龙在空中腾云驾雾。

──•【鉴赏】

　　该诗描写了古代皇帝在农历正月初一朝拜天帝的场面。诗的前两句描写皇家宫殿的壮观气魄：金銮殿庄严巍峨，朝元阁重重叠叠，承露盘高耸入云。后两句写天子出行的不凡气派：御车雕饰精细、色彩斑斓，六匹骏马高大雄壮、气宇轩昂。"太平"两字，写出了对帝王的颂扬。全诗通过描绘宫殿楼阁的雄伟壮丽和皇帝銮驾的肃穆气派，表达了诗人对太平盛世及带来太平盛世的天子的歌颂。该诗笔法细腻，形象生动，把一幅栩栩如生的天子朝拜图展现在读者眼前。

咏华清宫[①]

杜常[②]

行尽江南数十程，晓风残月入华清[③]。
朝元阁[④]上西风急，都入长杨[⑤]作雨声。

──•【字词注解】

①这是首咏史诗。

②杜常：宋朝诗人，字正甫，卫州（今河南卫辉）人，昭宪皇后族孙，英宗治平二年（1065）进士。徽宗崇宁中拜工部尚书，后以龙图阁学士知河阳军。卒年七十九岁。

③华清：即华清宫，唐代离宫，以温泉汤池著称，在今陕西省临潼骊山北麓。据文献记载，秦始皇曾在此"砌石起宇"，西汉、北魏、北周、隋诸多朝代曾在此处建汤池。唐贞观十八年（644）太宗皇帝诏令在此造殿，赐名汤泉宫。天宝六载（747）改名华清宫。当时这里台殿环列，盛况空前，但安史之乱后皇帝很少游幸。至唐末废圮，五代成为道观。

④朝元阁：宫殿名，在华清宫内。

⑤长杨：秦汉离宫。初建于秦昭王时，因宫中有垂杨数亩而得名，位于今周至城东三十里的终南镇竹园头村。长杨宫为皇帝游猎场所，秦亡后

保存相对完整。东汉后，长杨宫逐渐衰落。

【精彩解说】●──

　　结束了江南的漫长旅程，在天将要亮的时候，来到了华清宫。这时，朝元阁上刮起了西风，大风卷着雨滴落入长杨宫中，远远的可以听到凄清的雨声。

【鉴赏】●──

　　作者通过对前代宫殿遗存的凭吊，抒发了对古今兴亡、世事沧桑的感慨。诗人用晓风残月顿作疾风骤雨，不仅渲染出一种凄凉、冷肃的气氛，还具体形象地传递出了世事难料、变幻无常的伤感情怀。

题邸间壁^①

郑会^②

荼蘼^③香梦怯春寒，翠掩重门燕子闲。
敲断玉钗^④红烛冷，计程应说到常山^⑤。

【字词注解】●──

　　①这是一首题壁诗，是作者于旅行途中题于所住旅馆房间的墙壁上的诗。邸：旅舍。
　　②郑会：南宋人，字文谦，一字有极，号亦山，贵溪（今属江西）人。少游朱熹、陆九渊之门。宁宗嘉定四年（1211）进士。十年，擢礼部侍郎。卒年八十二。谥文庄。有《亦山集》，已佚。郑会诗，据《全芳备祖》等书所录，编为一卷。
　　③荼蘼：一作"酴醾"，花名，又叫木香、佛见笑，蔷薇科，春末夏初开放，一叶三花，白色，有清香。

④玉钗：玉簪。

⑤计程：计算行程。常山：地名，今河北正定，一说在今浙江省。

─●【精彩解说】

初春的深夜，荼蘼的芬芳不时飘入梦中，醒来时，只见翠绿的花木掩映着一道道院门，燕子也安闲地歇息了。烛光渐渐地黯淡下来，房中更显得清冷，计算着出门人的行程，按说他们该到常山地界了吧。

─●【鉴赏】

这是一首旅途思乡之作，诗人用凄清的景物描写渲染内心的寂寞，通过设想妻子深夜惦念羁旅行人表达客居他乡的游子思念妻子之心。作者不是直接抒发自己的思乡之情，而是想象家人在怎样思念着自己，感情就更为深沉。一、二两句写春夜的清冷孤寂，绮丽而有诗意；三、四两句描写妻子深夜醒来，在幽暗的烛光下，屈指计算行程的情景，真实而感人。

海　棠①

苏轼

东风袅袅泛崇光②，香雾空蒙月转廊③。
只恐夜深花睡去，故烧高烛照红妆。④

─●【字词注解】

①该诗作于宋神宗元丰三年（1080）至元丰七年（1084）之间，苏轼因乌台诗案被贬黄州，任团练副使。

②东风：春风。袅袅：形容微风吹拂的样子。泛：浮动。崇光：春光。

③空蒙：雾气迷蒙。廊：回廊，走廊。

④"只恐"以下两句：写人与花对话，怕花睡去；燃亮烛火，近赏红妆。这种痴语与顽行写出了苏轼对这株无人观赏的海棠的痴情。只恐：只怕，只是担心。故：因此。红妆：女子盛装，此处喻指海棠。

袅袅的东风吹动了淡淡的云彩，露出了月亮，月光也是淡淡的，花朵的香气融在朦胧的雾里，而月亮已经移过了院中的回廊。由于只是害怕在这深夜时分花儿凋谢，所以燃着高高的蜡烛，不肯错过欣赏这海棠盛开的时机。

本诗前两句写环境，后两句写爱花心事，题为"海棠"，选自《王状元集百家注分类东坡先生诗》。

全诗语言浅近而情意深永。清代诗人查慎行说："此诗极为俗口所赏，然非先生老境。"写此诗时，诗人虽已过不惑之年，但此诗却没有给人以颓唐之气，从"东风""崇光""香雾""高烛""红妆"这些明丽的意象中我们分明可以感受到诗人达观、潇洒的胸襟。

清平调①词

李白②

云想③衣裳花想容，春风拂槛露华④浓。
若非群玉⑤山头见，会向瑶台⑥月下逢。

①清平调：唐大曲中调名，后为词牌名。
②李白（701—762）：字太白，号青莲居士，又号谪仙人。祖籍陇西成纪（今甘肃秦安），唐代伟大的浪漫主义诗人，被誉为"诗仙"。与杜

甫并称"李杜"。李白少有逸才，志气宏放，飘然有超世之心。其人爽朗大方，爱饮酒作诗，喜交友。有《李太白集》三十卷传世。

③想：像，似。

④华：同"花"，此指牡丹。

⑤群玉：山名，传说西王母居于此，因山中多玉而得名。

⑥瑶台：西王母居住的宫殿。

──●【精彩解说】

云霞是她的衣裳，花儿是她的容颜，春风吹拂栏杆，露珠润泽花色更浓。如此天姿国色，若不见于群玉山头，那一定只有在瑶台月下，才能相逢。

──●【鉴赏】

这首诗夸赞了杨贵妃的倾国倾城之姿。首句的"云想衣裳花想容"，描绘出了杨贵妃的华美服饰和绝美姿容。一个"想"字，写出了衣裳似云，容貌似花，继而指出花即人，人即花。第二句"春风拂槛露华浓"，描绘出了春风吹拂，牡丹花在晶莹的露水中愈显娇艳的姿态，其实是暗指杨贵妃在君王的恩泽下更加风采卓越。接着，诗人的想象忽又升腾到天宫西王母所居的群玉山、瑶台。"若非""会向"，看似表选择，实则表肯定，指出了杨贵妃的绝美姿容，只能在仙境才能见到。此诗对杨贵妃赞誉至极，但全诗一字未提杨贵妃，如此含蓄，可谓精妙。

绝　句①

杜甫②

两个黄鹂鸣翠柳，一行白鹭上青天。
窗含西岭③千秋雪，门泊东吴④万里船。

①此诗写于唐代宗广德二年（764）暮春，安史之乱后，杜甫重返成都浣花溪草堂，作《绝句四首》，这是第三首。

②杜甫（712—770）：字子美，自号少陵野老，世称"杜拾遗""杜工部""杜少陵""杜草堂"。唐代伟大的现实主义诗人，被称为"诗圣"，与李白合称"李杜"。祖籍襄阳，是杜审言嫡长孙。安禄山陷京师，肃宗即位灵武，杜甫自贼中遁赴行在（行在指旧时帝王巡幸所居之地），拜左拾遗。759年，杜甫弃官入川，在成都浣花里种竹植树，靠江结庐，纵酒啸歌其中。晚年漂泊鄂湘一带，贫病而卒。杜甫一生忧国忧民，诗歌多伤时念乱之作，故有"诗史"之称。有《杜工部集》传世。

③西岭：泛指岷山，在成都西。岷山雪岭，积雪终年不化，故称"千秋雪"。

④东吴：今江浙一带，古称东吴。

两个黄鹂在翠绿的柳树上鸣叫，一行白鹭在蓝天上飞翔。窗口可以看见西岭千年不化的积雪，门口停泊着从万里之外的东吴开来的船只。

这首诗描绘了浣花溪草堂的景色。诗的上联是一组对仗句。首句"两个黄鹂鸣翠柳"是近景，景象鲜活而优美。次句"一行白鹭上青天"是远景，色彩鲜明，画面绚丽。诗的下联也由对仗句构成。上句"窗含西岭千秋雪"，一个"含"字运用了拟人手法，使画面变得生动，仿佛近在眼前。下句"门泊东吴万里船"，静中含动，点明了这些船只即将开行。全诗看似是一句一景，四幅图景相对独立，互不关联，其实四景交错映现，意境统一，抒发了诗人的思乡之感。

清　明

杜牧①

清明时节雨纷纷，路上行人欲断魂②。
借问③酒家何处有，牧童遥指杏花村④。

---•【字词注解】

①杜牧（803—852）：字牧之，号樊川居士，世称"杜樊川"。京兆万年（今陕西西安）人，唐代著名诗人。人称"小杜"，与李商隐并称"小李杜"。唐文宗太和二年（828）进士。历任左补阙、史馆修撰、司勋员外郎、睦州刺史等职。杜牧刚直有奇节，不拘小节，指陈病利尤切。其诗情致豪迈，以咏史抒怀为主。有《樊川文集》《全唐诗》等传世。

②断魂：形容伤心到极点。

③借问：请问。

④杏花村：杏花深处的村庄。

---•【精彩解说】

清明时节，雨纷纷落下，路上的行人们愁苦不堪。询问过路的人哪里有喝酒的地方，牧童指着远处的杏花村。

---•【鉴赏】

清明节是我国的传统节日，这天本应家人团聚、扫墓祭祖、踏青游玩，但旅人却伴着冷雨，孤身一人走在路上，孤独寂寞之感油然而生。"路上行人欲断魂"中"断魂"二字写出了旅人内心的凄楚。如何排遣内心的苦闷，唯有借酒消愁，于是有了下句"借问酒家何处有"，这里没有点名所问的人是谁，但下句"牧童遥指杏花村"道出了所问之人是牧童。"遥指"以行动作答，小诗到此戛然而止，留给读者无尽的想象空间，达到了艺术上的"有余不尽"，耐人寻味。

清　明①

王禹偁②

无花无酒过清明，兴味萧然似野僧③。
昨日邻家乞新火④，晓窗分与读书灯。

【字词注解】

①南宋谢维新《古今合璧事类备要》卷十六认为作者是魏野，《宋诗纪事》卷十从之。

②王禹偁（954—1001）：字元之，济州钜野（今山东巨野）人。太宗太平兴国八年（983）进士，授成武县主簿。真宗即位，知制诰。咸平元年（998）预修《太祖实录》，直笔犯讳，降知黄州。有《小畜集》三十卷、《小畜外集》二十卷（今残存卷六至卷十三等八卷）。

③萧然：索然寡味，兴致极低。野僧：长期漂流在外的和尚。

④乞：讨，求取火种。新火：清明节前一日为寒食节，据传春秋时介子推随晋公子重耳出亡十九年，后重耳回国为君，介子推不求官俸，母子隐居绵山（今山西介休）。重耳求之不得，焚山逼之，介子推拒不出山，被烧死。后人为了纪念他，冬至后一百零五日禁烟冷食，寒食节后新生的火种称为新火。

【精彩解说】

没有花和酒的陪伴，一个人过清明节，索然无味，好像苦行的僧人。昨天邻居向我借火种，通过窗户把读书用的灯给了他。

【鉴赏】

清明是我国古代的传统节日，这一天本应上坟祭祖、野外踏青、饮酒聚会。可是，由于诗人出身贫寒，无酒无菜，无意外出踏青寻芳，只能像野僧一样孤独自在，兴味索然。然而，诗人并不甘于寂寞，尽管穷困潦倒，但是仍要闻鸡起舞，晓窗苦读，表现出积极向上的精神，此诗不仅语言晓畅，风格质朴，而且感情真实，催人奋进。

社　日①

王驾②

鹅湖山③下稻粱肥，豚栅鸡栖对掩扉④。
桑柘影斜春社散⑤，家家扶得醉人归。

●【字词注解】

①古时春秋两季都有祭祀土神的日子，一般在立春、立秋后的第五个戊日，分别叫春社和秋社。届时，左邻右舍聚在一起，先祭神，进行各种竞技表演，随后欢庆饮酒。

②王驾（851—？）：字大用，自号守素先生，河中（今山西永济）人，晚唐诗人。昭宗大顺元年（890）考中进士，曾任校书郎、礼部员外郎。其绝句构思巧妙，自然流畅，为司空图所推崇。集六卷，诗仅存六首。

③鹅湖山：山名，在江西铅山北，原名荷湖山，有湖，多生荷。晋末有龚氏，畜鹅于此，因名鹅湖山。宋淳熙二年（1175）朱熹与吕祖谦、陆九渊兄弟讲学鹅湖寺，后人立为四贤堂。

④豚栅：猪栅栏，猪圈。鸡栖：鸡窝。对：一作"半"。扉：门。

⑤桑柘影斜：日过午后，树影越来越斜，此指天色已晚。柘，树。春社：旧时二十五家合为一社，聚土为坛，上面种树，作为向神祭祀祈祷的地方。春季祭祀祈求五谷丰登，其时间周代用甲日，汉以后，一般用戊日，以立春后第五个戊日为春社，又称作中和节。春社有饮中和酒、宜春酒的习俗，说是可以医治耳疾，因而人们又称之为"治聋酒"。

鹅湖山下，庄稼长势喜人，家家户户猪满圈、鸡成群，柴门对掩。天色已晚，桑树和柘树的影子越来越长，春社的欢宴才渐渐散去，家家搀扶着喝得醉醺醺的人回家。

古代劳动人民不但通过社日表达他们对减少自然灾害、获得丰收的美好祝愿，同时也借这样的节日开展对他们来说十分难得的娱乐活动。在社日到来时，民众集会竞技，进行各种类型的作社表演，并集体欢宴，非常热闹。此诗不写正面写侧面，通过富有典型意义和形象暗示作用的生活细节写社日景象，笔墨极省，反映的内容却极为丰富。这种含蓄的表现手法与绝句短小的体裁极为适应，使人读后不觉其短，回味深长。

寒　　食①

韩翃②

春城无处不飞花，寒食东风御柳③斜。
日暮汉宫传蜡烛④，轻烟散入五侯⑤家。

①寒食是我国的一个传统节日，一般在冬至后一百零五天，清明前一天。这天，家家禁火。

②韩翃：字君平，南阳（今河南南阳）人，唐代诗人，是"大历十才子"之一。天宝十三载（754）进士，历任知制诰、中书舍人等。其诗笔法轻巧，写景别致，深受时人推崇。著有《韩君平诗集》。

③御柳：御苑中的柳树。

④传蜡烛：寒食夜，朝廷特赐火权贵之家，以示恩宠。

⑤五侯：汉成帝、桓帝都曾封勋戚功臣五人为侯，世称"五侯"，后泛指权贵。

—• 【精彩解说】

　　暮春时节的长安城里漫天飞舞着杨花，寒食节那天东风吹拂着宫中的柳树。黄昏时分宫里开始赏赐新蜡烛，轻烟先升起在皇亲贵戚家。

—• 【鉴赏】

　　这首诗描绘了寒食节京城的图景。首句"春城无处不飞花"，展示出寒食节长安柳絮飘飞的景色，"无处不"，以双重否定构成肯定，加强了表达效果。第二句"寒食东风御柳斜"，并未直接写到游春盛况，而只剪取风拂"御柳"这样一个镜头，是因为寒食节有折柳插门的风俗。三、四句"日暮汉宫传蜡烛，轻烟散入五侯家"，时间上从白昼过渡到了夜晚。寒食节这天禁火，只有得到皇帝许可才能燃烛。

江南春①

杜牧

> 千里莺啼绿映红②，水村山郭酒旗风③。
> 南朝四百八十寺④，多少楼台烟雨中⑤。

—• 【字词注解】

　　①这首诗表现了诗人对江南美景的赞美与热爱。也有人认为此诗借楼台虽在而南朝已亡讽刺唐代佞佛政策。

　　②绿映红：绿叶映衬着红花。

　　③水村：水乡。山郭：依山建的外城，古代内城为城，外城为郭。酒旗：悬挂于酒店门口用来招揽酒客的招牌。

　　④南朝四百八十寺：南朝是420—589年先后建都建康（今江苏南京）的宋、齐、梁、陈四个封建王朝的总称。南朝君臣好佛，广置寺院，据说有五百余所，此处四百八十举其约数，并非实指。

⑤楼台：寺院佛殿建筑。烟雨：蒙蒙细雨。

　　千里江南，到处莺歌燕舞，桃红柳绿，一派春意盎然的景象。在临水的村庄，依山的城郭，到处都有迎风招展的酒旗。到处是香烟缭绕的寺庙，亭台楼阁矗立在朦胧的烟雨之中。

　　这首《江南春》，千百年来素负盛誉，既写出了江南春景的丰富多彩，也写出了它的广阔、深邃和迷离。首联两句描绘了辽阔的江南的美景，但光是这些似乎还不够丰富，所以诗人又加上精彩的一笔："南朝四百八十寺，多少楼台烟雨中。" "南朝"二字更给这幅画增添悠远的历史色彩。"四百八十"是诗人强调数量之多的一种说法。诗人先强调建筑宏丽的佛寺非止一处，然后再接以"多少楼台烟雨中"这样的唱叹引人遐想。

上高侍郎①

高蟾②

天上碧桃③和露种，日边红杏倚云栽。
芙蓉④生在秋江上，不向东风怨未开。

　　①该诗作于唐僖宗乾符二年（875），此篇题目一作《下第后上永崇高侍郎》，次年诗人中第。高侍郎：此处指高骈。侍郎，官名，源于西汉，本为宫廷近侍，东汉以后为尚书属官。自唐以后，与尚书同为各部堂官。

　　②高蟾：渤海（今河北沧州一带）人，出身贫寒，乾符三年（876）登进

士第。乾宁间，为御史中丞。《全唐诗》存其诗一卷，《全唐诗续拾》补诗二首。

③碧桃：传说中的仙桃。此诗中的碧桃与红杏都比喻借皇家威势而显贵的小人。

④芙蓉：荷花，此处为诗人自比，流露出不依权贵的志向。

【精彩解说】

天上的碧桃和着甘露种植，日边的红杏依着彩云栽培。它们都在春天及时开放，唯有芙蓉寂寞地生长在秋天的江畔，从不抱怨东风不让它及时开放。

【鉴赏】

本诗一开始用"天上碧桃"和"日边红杏"比拟，象征得第者一登龙门则身价十倍。"天上碧桃""日边红杏"之所以非凡，不就在于其所处地势"凌霄"吗？这里可以体会到诗句中暗含的另一重意味。第三句中的秋江芙蓉是作者自比。作为取譬的意象，芙蓉是由桃杏的比喻连类生发出来的。虽然彼此同属名花，但"天上""日边"与"秋江"之上，所处地位极为悬殊。秋江芙蓉孤高的格调与作者的人品是统一的。末句"不向东风怨未开"，话里带刺。表面只怪芙蓉生得不是地方（生在秋江上）、不是时候（正值东风），却暗寓自己生不逢时的悲慨，也表现出作者对自己才华的自信。

绝　句

僧志南①

> 古木阴中系短篷②，杖藜扶我③过桥东。
> 沾衣欲湿杏花雨，吹面不寒杨柳风。④

【字词注解】

①志南：南宋诗僧，志南是他的法号，生平事迹不详。《娱书堂诗

话》卷上载："僧志南能诗，朱文公（朱熹）尝跋其卷云：'南诗清丽有余，格律闲暇无蔬笋气。'如云：'沾衣欲湿杏花雨，吹面不寒杨柳风。'每深爱之。"

② 短篷：小船。小船上有短篷，所以称小船为短篷，这是借代的修辞方法。

③ 杖藜扶我：即"我扶杖藜"。杖藜，藜杖。藜，一种藤类植物。扶，助。

④ "沾衣"以下两句：为倒装句式，即杏花雨沾衣欲湿，杨柳风吹面不寒。杏花雨，杏花开放时节下的雨，即春雨。杨柳风，杨柳发芽时吹的风，即春风。

【精彩解说】●——

在参天古树的浓荫下，系了小船，拄着藜杖，慢慢走过桥，向东而去。阳春三月，杏花开放，绵绵细雨像故意要沾湿我的衣裳似的，下个不停；轻轻吹拂人面的，带着杨柳清新气息的暖风令人陶醉。

【鉴赏】●——

诗的首句说"古木阴中系短篷"，短篷就是小船。作者原是乘小船沿溪水而来，那小船就系在溪水边的老树下，正待他解缆回寺呢。诗的后两句尤为精彩："杏花雨""杨柳风"比"细雨"与"和风"更有美感，更富于画意。"沾衣欲湿"，用衣裳似湿未湿来形容初春细雨似有似无，更见体察之精微，描摹之细腻。这首小诗主要是描写诗人在微风细雨中拄杖春游的乐趣。

游园不值①

叶绍翁②

应怜屐齿印苍苔③，小扣柴扉久不开④。
春色满园关不住⑤，一枝红杏出墙来⑥。

【字词注解】

①诗题一作《游小园不值》。不值：没有遇见人，这里指没有进入花园。值，面对、遇到。

②叶绍翁：南宋中期诗人。字嗣宗，号靖逸，祖籍建安（今福建建瓯），据《四朝闻见录》曾自署龙泉（今属浙江）人，本姓李，祖父李颖士于宋政和五年（1115）中进士，曾任处州刑曹，后知余姚。建炎三年（1129），颖士抗金有功，升为大理寺丞、刑部郎中，后因赵鼎党事，被贬。叶绍翁因祖父关系受累，家业中衰，少时即给龙泉叶姓为子。从叶适学，与真德秀、葛天民交往甚密。光宗至宁宗期间，叶绍翁曾在朝廷做过小官，后弃官居西湖。工诗，尤擅七言绝句，属江湖派，但意境高远，用语新警，非一般江湖派诗人之作可比。有《四朝闻见录》五卷，杂叙南渡以后宋高宗、孝宗、光宗、宁宗四朝朝野逸事，可补史传之不足，颇有价值。诗多散佚，有《靖逸小集》。

③怜：爱惜，怜惜。屐：一种底下有齿的木鞋，此处代指鞋。谢灵运喜着木屐登山，上山去屐前齿，下山去后齿，称谢公屐。苍苔：青苔。

④小扣：轻轻地敲。扣，敲。柴扉：柴门。

⑤春色满园关不住："满园春色关不住"的倒装，是为了押韵的需要。

⑥一枝红杏出墙来：唐吴融《途中见杏花》："一枝红杏出墙头，墙外行人正独愁。"《杏花》："独照影时临水畔，最含情处出墙头。"叶绍翁化用前人诗句，同时赋予"春色满园关不住"的含义，意象更为醒豁，含义更加丰富。

【精彩解说】

园主人该是怕木屐齿踩坏了青苔，为什么客人轻敲柴门久久不开。那满园的美丽春色怎能关闭得住，一枝红色杏花已经早早探出墙来。

【鉴赏】

诗以"游园不值"为题，前两句写出了诗人的善解人意，也写出了他怜春惜春的情怀。但这首诗更为脍炙人口的还是后两句。柴门虽然不开，满园春色却难以关住。一枝红杏探出墙头，正在向人们炫耀着自己的美丽。"关不住""出墙来"几个字，写出的并不仅仅是园中美丽的春色，还写出了春天的勃勃生机。尽管没有访到主人，但作者的心灵已经被这动人的早春景色完全占据了。

客中行①

李白

兰陵美酒郁金香②，玉碗盛来琥珀③光。
但④使主人能醉客，不知何处是他乡⑤。

【字词注解】

①诗题一作《客中作》。诗作于唐玄宗开元二十八年（740），李白移家东鲁，初游鲁地。客中行：旅居他乡所作的诗歌。

②兰陵：地名，今山东枣庄，据传因附近土陵兰草繁茂、兰花芳香而得名。战国时，楚国始设立兰陵县，唐代以产酒闻名。郁金香：一种珍贵的植物，古人用以泡酒，泡后酒呈金黄色。

③琥珀：一种树脂化石，黄色或深褐色，晶莹透明，富有光彩，这里用来形容酒色泽鲜亮。

④但：只要。

⑤他乡：异乡，外乡。

【精彩解说】

兰陵出产的美酒，透着醇浓的郁金香的芬芳，盛在玉碗里看上去犹如琥珀般晶莹。只要主人同我一道尽兴畅饮，一醉方休，我管它这里是故乡还是异乡呢。

—•【鉴赏】

　　摆在面前的兰陵佳酿，色泽美丽，酒香扑鼻，李白看在眼里，美在心间，恨不得马上就喝个一醉方休。不过，李白一生面对的美酒盛筵不计其数。李白可能因为饮酒而更加豪放，也可能因为痛饮而愈发感伤。也正因为如此，李白才不是一个只知道饮酒寻欢的粗俗酒鬼。那么这一次使李白忘记了乡愁的到底是什么呢？其实并不是美酒，而是多情的主人，"但使主人能醉客，不知何处是他乡。"从字面上来分析，是一种虚拟语气，可是我们读来，却清清楚楚地感受到，李白此时是非常肯定地将时时萦绕心头的思乡之情抛到九霄云外去了。

题　屏①

刘季孙②

呢喃③燕子语梁间，底事④来惊梦里闲。
说与旁人浑⑤不解，杖藜携酒看芝山⑥。

—•【字词注解】

　　①诗题一作《题饶州酒务厅屏》，是作者在饶州监督酒务时在官厅屏风上题写的。

　　②刘季孙（1033—1092）：字景文，祥符（今河南开封）人。《石林诗话》云："刘季孙，平之子，能作七字，家藏书数千卷，善用事。《送孔宗翰知扬州诗》有云：'诗书鲁国真男子，歌吹扬州作贵人。'多称其精当。为杭州钤辖，子瞻作守，深知之，后尝以诗寄子瞻云：'四海共知霜鬓满，重阳曾插菊花无？'子瞻大喜。在颍州和季孙诗，所谓'一篇向人写肝肺，四海知吾霜鬓斑。'盖记此也。"哲宗元祐中以左藏库副使为两浙兵马都监。因苏轼荐知隰州，仕至文思副使。博通史传，性好异书古文石刻，精于鉴赏。

　　③呢喃：燕子低鸣声。

④底事：何事，为什么。

⑤浑：全然。

⑥芝山：在今江西鄱阳北，初名土素山，据传唐代刺史薛振曾在山上拾得灵芝仙草，因而改名芝山。

【精彩解说】●──

燕子在房梁呢喃低语，不知是什么事打扰了我梦里的悠闲。想说给别人听，别人却全然不解，只有拄着藜杖，拿着酒去芝山欣赏风景。

【鉴赏】●──

诗里塑造了一种幽静闲适的意境，连梦境也是悠闲自在的。作者并不希望世人了解和分享自己的这种生活情趣，而是独往独来，与世无争，表达了作者热爱山水、追求闲适生活的情怀。

漫　兴①

杜甫

肠断②春江欲尽头，杖藜徐步立芳洲③。
颠狂柳絮随风舞，轻薄桃花逐水流④。

【字词注解】●──

①杜甫有《绝句漫兴九首》，这是其中的第五首，作于唐肃宗上元二年（761），当时杜甫正寓居成都草堂。漫兴：即兴而作，兴之所至随意写成。

②肠断：形容极度伤心。据传桓温伐蜀，军士取一猿，母猿随之沿江而啼。温不忍，欲还幼猿，军士不肯，母猿声竭力尽而死，取而剖之，其肠寸断。后人形容悲伤过度为肠断或断肠。

③杖藜：藜杖。徐步：缓行，漫步。芳洲：长满花草的水中陆地。

④ "颠狂"以下两句：用拟人的修辞手法描绘柳絮、桃花的动态。颠狂，放荡不羁，指柳絮上下翻飞。轻薄，轻浮。

──●【精彩解说】

都说春江景物芳妍，而三春欲尽，怎么会不感到伤感呢？拄着藜杖漫步江头，站在长满花草的洲上，只看见柳絮如癫似狂，肆无忌惮地随风飞舞，轻薄不自重的桃花追逐流水而去。

──●【鉴赏】

杜甫草堂坐落在成都市西门外的浣花溪畔，景色秀美。诗人本应在这安定的环境中修身养性，然而饱尝离乱之苦的诗人却忧国忧民，以天下为己任，尽管眼前繁花似锦，家国的愁思依然在心头萦绕。这是《绝句漫兴九首》的第五首，寄托了诗人对当时社会现实的深刻不满及自己政治抱负不能实现的苦闷之情。

庆全庵桃花①

谢枋得②

寻得桃源③好避秦，桃红又是一年春。
花飞莫遣④随流水，怕有渔郎来问津⑤。

──●【字词注解】

①宋亡后诗人隐居福建建阳，给自己住所起名庆全庵。

②谢枋得（1226—1289）：字君直，号叠山，信州弋阳（今江西弋阳）人。自幼博闻强记，目观五行俱下，过目不忘。宝祐四年（1256），与文天祥同科中进士，五年，任建康（今江苏南京）考官。他对当时宋理宗赵昀的宠妃贾妃之弟、奸臣贾似道极为不满，曾指责贾似道，被贬至兴国军（今湖北阳新），直到咸淳三年（1267）才获赦而归。德祐二年

（1276）知信州。正月，信州失守后，他改名换姓，隐遁于福建建宁唐石山，身穿素服以志国耻之哀。南宋覆亡后，谢枋得一直流寓建阳，以卖卜教书度日，他以孤芳自赏的梅花自勉，直至北上绝食而死。

③桃源：桃花源的简称。陶渊明《桃花源记》塑造了一个没有剥削、没有压迫的理想世界——桃花源。据说晋代一个武陵人，沿溪捕鱼，忽逢桃花林，其源头得一洞口，入洞见一世外天堂，居民们说他们祖先避秦时战乱，来到这里，遂与外界隔绝，不知道汉魏朝代，并嘱托武陵人不要告诉他人。武陵人归后告诉太守，太守使人原路寻找，竟然找不到了。

④莫遣：莫使，不要让。

⑤问津：询问路口，寻访。津，本指渡口，此指道路。

【精彩解说】•──

（我）找到了一处世外桃源可以躲避像秦朝那样的暴政，红艳艳的桃花盛开了，才知又是一年春天来到了。花儿凋谢，花瓣千万不要随着流水漂去，恐怕有渔郎看见了也会到这里来问路。

【鉴赏】•──

作者没有直接描绘庵中桃花盛开的景色，而是借景抒情，把这所幽静的小庙比作逃避秦王朝暴政的世外桃源，希望在这里隐居避难。作者身处乱世，眼见山河破碎，国土沦丧，忧心如焚，这首诗的字里行间流露了作者的忧愤之情，也表达了隐居的孤寂。诗人也是天真的，在家种植桃树，营构自己的"桃花源"，但这毕竟是一厢情愿的事，所以才有"花飞莫遣随流水，怕有渔郎来问津"这样的诗句。

玄都观桃花①

刘禹锡②

紫陌红尘拂面来③，无人不道④看花回。

玄都观里桃千树，尽是刘郎去后栽⑤。

●【字词注解】

①原题作《元和十年自朗州召至京戏赠看花诸君子》，作于元和十年（815）春，柳宗元、刘禹锡、韩泰等一起被召回京师。玄都观：唐代一道观，在今西安南门外。

②刘禹锡（772—842）：唐代文学家、哲学家，字梦得。洛阳（今属河南）人，自称汉代中山王刘胜后人。贞元九年（793）登进士第，接着又登博学鸿词科。贞元二十一年（805）一月，顺宗即位，任用王伾、王叔文等人推行一系列改革弊政的措施。刘禹锡与王叔文、柳宗元同为政治革新的核心人物，称为"二王刘柳"。九月，革新失败，王叔文被赐死。刘禹锡初贬为连州（今广东连州）刺史，行至江陵，再贬朗州（今湖南常德）司马。同时被贬的还有韦执谊、韩泰、陈谏、柳宗元、韩晔、凌准、程异，史称"八司马"。刘禹锡的诗高亢激昂，意气纵横，语言刚健，笔锋犀利。晚年与白居易酬唱颇多。他的诗善于学习民歌，含思婉转，语调清新，有浓郁的生活气息。有《刘宾客文集》，又称《刘中山集》或《刘梦得文集》。

③紫陌：长安街道。红尘：街道上人行马驰扬起的尘土。

④道：说。

⑤尽是刘郎去后栽：暗指新贵们都是在王叔文变法失败后攀附当权者而得势的。刘郎，诗人自称。

●【精彩解说】

京城的大街上无数行人扬起的尘埃迎面扑来，个个都说是看花归来。玄都观有道士种了千株桃树，满城的人都去观赏，而这些桃树都是我贬官离开长安后栽种的。

这是一首政治讽刺诗。在作品里诗人把玄都观的桃树比作朝廷中的新贵，作品一起笔便暗示了新贵声势显赫、满朝趋奉的情景。后面两句则讽刺他们是作者离开朝廷后才爬上高位的政治暴发户，表示了极大的鄙视。"紫陌红尘拂面来"，其中暗喻的那些依靠阿谀奉承起家的新权贵们，正是那些人把京城搞得乌烟瘴气，烟尘扑面。"玄都观里桃千树，尽是刘郎去后栽"，意为玄都观里的上千棵桃树都是刘禹锡离开京城后才栽种的。但这只是表面意思，不是诗人要表露的本义所在，诗人旨在借题发挥，表达内心极大的鄙视和无情的讽刺。

再游玄都观①

刘禹锡

百亩庭中半是苔②，桃花净尽菜花开。
种桃道士③归何处，前度刘郎④今又来。

①诗作于唐文宗太和二年（828）三月。刘禹锡《游玄都观诗序》曰："予贞元二十一年为尚书屯田员外郎，时此观中未有花木。是岁出牧连州，寻贬朗州司马。居十年，召还京师，人人皆言有道士手植红桃满观，如烁晨霞，遂有诗，以志一时之事。旋又出牧，于今十有四年，得为主客郎中。重游兹观，荡然无复一树，唯兔葵燕麦动摇于春风，因再题二十八字，以俟后游。"

②庭中：《刘禹锡集》卷二四作"中庭"。庭，庭院。苔：苔藓。

③种桃道士：喻指当年竭力培植党羽而打击王叔文变法的执政者。

④前度刘郎：自指。度，次。

——●【精彩解说】

　　玄都观偌大庭院中有一半长满了青苔，原先盛开的桃花已经荡然无存，只有菜花在开放。先前那些辛勤种桃的道士们如今哪里去了呢？前次题诗的我——刘禹锡又回来了啊！

——●【鉴赏】

　　此诗运用比体，从表面上看，它只是写玄都观中桃花的盛衰存亡，其实是为了说明此地已无人来游赏了；就其所寄托的意思看，以桃花比新贵，而桃花之所以净尽，则正是"种桃道士归何处"的结果，而这时，我这个被排挤的人却又回来了，这是那些人能预料到的吗？对于扼杀那次政治革新的政敌，诗人在这里投以轻蔑的嘲笑，从而显示了自己的不屈和乐观，显示了他将继续战斗下去的斗志。

　　刘禹锡关于玄都观的两首诗，都是以比拟的方法，对当时的人物和事件加以讽刺，除了寄托的意思之外，仍然体现了一个独立而完整的意象。这种艺术手法非常高妙。

滁州西涧①

韦应物②

　　独怜幽草涧边生③，上有黄鹂深树④鸣。
　　春潮带雨晚来急，野渡⑤无人舟自横。

——●【字词注解】

　　①诗作于唐德宗建中兴元年间。唐德宗建中三年（782）韦应物出为滁州刺史，兴元元年（784）冬罢滁州刺史，寓居滁州西涧，贞元元年（785）春夏闲居滁州，秋改官为江州刺史。滁州：地名，今安徽滁州。西涧：在滁州城西，俗名上马河。

　　②韦应物（约737—791）：唐代诗人，京兆万年（今陕西西安）人。

出身关中望族，自天宝十载（751）至天宝末，以三卫郎为玄宗近侍，常出入宫闱，扈从游幸。安史乱起，玄宗奔蜀，他流落失职，始立志读书。建中二年（781）擢比部员外郎，在长安与畅当、刘太真、李儋、吉中孚等相交游，次年出为滁州刺史。贞元元年（785），为江州刺史。贞元四年（788），入朝为左司郎中，次年出为苏州刺史，与顾况、秦系、孟郊、丘丹、皎然等均有唱酬往来。贞元七年（791）退职，寄居苏州永定寺。世称"韦江州""韦左司"或"韦苏州"。有《韦苏州集》《韦江州集》，《全唐诗》存诗十卷。

③怜：爱。幽草：生长在暗处的草。幽，一作"芳"。生：一作"行"。

④深树：树丛深处。树，一作"处"。

⑤野渡：偏僻无人管理的渡口。

【精彩解说】●——

我独爱生长在涧边的幽草，涧上有黄鹂在深林中啼叫。春潮伴着夜雨急急涌来，渡口无人的船只自在地漂泊。

【鉴赏】●——

这首诗是山水诗的名篇，也是韦应物的代表作之一。这首诗写春游西涧赏景和晚雨野渡所见。诗人以情写景，借景述意，写自己喜爱与不喜爱的景物，说自己合意与不合意的事情，而其胸襟恬淡，情怀忧伤，便自然流露出来。但是诗中有无寄托，寄托何意，历来争论不休。有人认为它通首比兴，针砭"君子在下，小人在上"的现实；有人认为"此偶赋西涧之景，不必有所托意"。实则各有偏颇。

花　影

谢枋得

重重叠叠上瑶台①，几度呼童扫不开②。

刚被太阳收拾去，却教明月送将来。

─●【字词注解】

①瑶台：神话传说中的仙家住地，晋王嘉《拾遗记·昆仑山》："傍有瑶台十二，各广千步，皆五色玉为台基。"这里指院落中清幽的亭台。

②几度：几次。扫不开：扫不去，扫不掉。

─●【精彩解说】

亭台上的花影一层又一层，几次叫童儿去打扫，可是花影怎能扫走呢？傍晚太阳下山时，花影刚刚隐退，可是月亮又升起来了，花影又重重叠叠出现了。

─●【鉴赏】

初读这首诗，感觉这是一首咏物诗，明白通俗；细细琢磨，才知这是一首政治抒情诗，含蓄隐晦。原来这首诗是在慨叹小人重新得势，表达作者对仕途的无奈。由于日月在古代象征着帝王，所以花影象征着帝王身边的奸邪小人。

北　山①

王安石

北山输绿涨横陂②，直堑回塘滟滟时③。
细数落花因坐久④，缓寻芳草得归迟。

─●【字词注解】

①诗作于元丰元年（1078）至元丰七年（1084）间，王安石晚年隐居金陵钟山时。北山：钟山，又名蒋山，即今南京紫金山。王安石晚年筑室

于山腰，号半山。

②输：输送，这里是蔓延的意思，拟人手法。陂：池塘，水边。

③堑：壕沟。回塘：曲折的池塘。潋潋：波光动荡的样子。

④数：查点。因：因为，这里作"于是"解。

【精彩解说】●——

北山绿色的山泉涨满山塘，笔直的沟渠和曲折回环的池塘里的水在阳光下闪闪发光。因陶醉于春天美丽的景色，静静地细数落花久坐；因慢慢地寻找碧绿的芳草而回家晚了。

【鉴赏】●——

本诗前两句写春水漫涨，直堑、横塘波光潋滟的美景。后两句对得很工整，读起来也很自然。作者通过细腻的观察，捕捉生动的意象，以平易的语言表现自己内心的情绪和感受。"细数""缓寻"既烘托了萧散旷逸、从容不迫的神态，又暗含了一种百无聊赖的闲愁。

湖① 上

徐元杰②

花开红树乱莺啼③，草长平湖④白鹭飞。
风日晴和人意好⑤，夕阳箫鼓⑥几船归。

【字词注解】●——

①湖：这里指西湖。

②徐元杰（1196—1246）：字仁伯，号梅野，信州上饶（今江西上饶）八都黄塘人，学者称天庸先生。南宋理宗绍定五年（1232）状元，签书镇东军节度判官厅公事。淳祐元年（1241），差知南剑州（今福建南平）。在任期间，重视教育，亲到延平书院为诸生演讲。累官至太常少

卿，兼给事中国子祭酒，擢中书舍人。淳祐五年（1245）六月徐元杰指爪
忽裂，暴疾而亡。追赠工部侍郎，谥忠愍。三学诸生，伏阙请愿，指系奸
人毒害，御旨交大理寺审理，事竟不白。著有《梅野集》十二卷。

③红树：红花满树。乱莺啼：嘈杂的莺啼声，西湖十景有"柳浪闻
莺"一景。

④平湖：平静的湖面。

⑤风日晴和：风和日丽。风日，一作"风物"。人意：心情。

⑥箫鼓：都是乐器，这里借指管弦之乐。

─●【精彩解说】

在那开满了红花的树上，欢跃的群莺在不停地鸣叫，西湖岸边已长
满了青草，成群的白鹭在平静的湖面上翻飞。风和日丽，人的心情也很愉
快，夕阳西下，人们伴着箫鼓划着几只船归来。

─●【鉴赏】

这是一首春游西湖的诗。开头两句着力写湖上的风光，乱莺红树，白
鹭青草，相映成趣，生机益然。在风和日丽的艳阳天里，人们欣赏湖上的
风光，心情该是多么舒畅。趁着夕阳余晖，伴着阵阵鼓声箫韵，人们划着
一只只船儿尽兴而归，这气氛又是多么热烈。全诗语言清新流利，景物绚
烂多姿，用音响和色彩绘出了一幅欢乐的湖上春游图。

漫　兴①

杜甫

糁径②杨花铺白毡，点溪荷叶叠青钱③。
笋根雉子④无人见，沙上凫雏⑤傍母眠。

【字词注解】●——

①该诗作于唐肃宗上元二年（761）初夏成都草堂，是杜甫《绝句漫兴九首》的第七首。

②糁（sǎn）径：散乱地落满细碎杨花的小路。糁，原意为饭粒，这里引申为散落、散布。

③青钱：古代的一种青铜钱，这里比喻初生的荷叶点缀在小溪上，像重叠的青钱。

④雉子：小野鸡。一作"稚子"，指嫩笋芽。

⑤凫雏：小野鸭。

【精彩解说】●——

飘落在小路上的杨花碎片，就像铺开的白毡子，点缀在溪上的嫩荷，像青铜钱似的一个叠着一个。竹林里笋根旁的小野鸡，还没有人注意它们，刚刚孵出的小水鸭子，在沙滩上依偎着母鸭甜甜地睡着。

【鉴赏】●——

这首《漫兴》描写初夏的景色。前两句写景，后两句景中状物，而景物相间相融，各得其妙。这四句诗，一句一景，字面看似乎各自独立，一句诗一幅画面，而联系在一起，就构成了初夏郊野的自然景观。通过细致的观察描绘，透露出作者漫步林溪间时对初夏美妙景物的流连欣赏之情，闲静之中，微寓客居异地的萧寂之感。这四句如截取七律中间二联，双双皆对，又能针脚细密，前后照应。这首诗刻画细腻逼真，语言通俗生动，意境清新隽永而又充满深挚淳厚的生活情趣。

春　晴①

王驾

雨前初见花间蕊②，雨后全无叶底花。

蜂蝶纷纷过墙去，却疑③春色在邻家。

【字词注解】

① 诗题一作《晴景》，又作《雨晴》。
② 蕊：花苞，花心。
③ 疑：疑心。

【精彩解说】

雨前可以看到初开的鲜花花蕊，雨后连绿叶底下也不见鲜花。蜜蜂、蝴蝶无花可采纷纷飞到墙的那边去了，我真怀疑春色在隔壁人家的院子里。

【鉴赏】

这首即兴小诗，写诗人雨后漫步小园所见的残春之景。诗中摄取的景物很简单，也很平常，但平中见奇，饶有诗趣。诗的前两句扣住象征春色的"花"字，以"雨前"和"雨后"所见进行对比、映衬，表达诗人的一片惜春之情。诗的后两句不仅把蜜蜂、蝴蝶追逐春色的神态写得活灵活现，更把"春色"写活了。"却疑春色在邻家"可谓神来之笔，造语奇峰突起，令人顿时耳目一新，起到点石成金的作用。经它点化，小园、蜂蝶、春色一齐焕发出异样神采，妙趣横生。

春　暮

曹豳①

门外无人问落花，绿阴冉冉遍天涯②。
林莺啼到无声处③，青草池塘独④听蛙。

【字词注解】●——

①曹豳（1170—1249）：字西士，一字潜夫，号东畎，瑞安（今属浙江）人。宋宁宗嘉泰二年（1202）进士，调靖安簿。累迁秘书丞兼仓部郎官、浙东提刑、知福州府兼福建安抚使。有《玉泉集》，已佚。

②绿阴：绿树浓荫。冉冉：通"苒苒"，草木茂盛的样子。天涯：天边，指广阔大地。

③处：地方。

④独：只。

【精彩解说】●——

门外纷纷飘扬的落花无人关注，绿树浓荫铺满大地。树林中的黄莺不再啼叫，只能独自一人去长满青草的池塘听蛙鸣。

【鉴赏】●——

这是一首描写暮春景物的诗。花儿落了，大地上已万木葱茏，黄莺的歌声歇了，青草池塘处处传来蛙声，暮春时节的繁盛和热闹的景象跃然纸上。

这首诗蕴含着一种春天花事消歇后的感慨。诗人在孤寂中看到四季更替，心中不由生起一种因时序更替引起的淡淡的哀愁。整首诗动静交错，风格朴实无华。

落　花①

朱淑贞②

连理枝③头花正开，妒花风雨便相催④。
愿教青帝常为主⑤，莫遣纷纷点翠苔⑥。

—•【字词注解】

①诗题一作《惜春》。

②朱淑贞：又作朱淑真，宋代女作家，号幽栖居士，钱塘（今浙江杭州）人。有传世诗集《断肠诗集》，词有《断肠词》。

③连理枝：两棵树枝连在一起生长，常用来比喻恩爱夫妻。

④妒：嫉妒。催：催促，这里指风雨催促花儿凋谢。

⑤青帝：我国古代神话中的五天帝之一，是位于东方的司春之神，又称苍帝、木帝。常为主：《断肠诗集》作"长为主"。

⑥点：点缀。翠苔：绿色的苔藓。

—•【精彩解说】

连理枝头上的花朵开得正艳丽，惹来狂风暴雨的妒忌，竞相摧残。但愿四季都由春神掌管，这样才不会使花朵受到摧残纷纷吹落在青苔上。

—•【鉴赏】

本诗描写了惜花、怜花之情，情真意切，清新婉约。作者没有办法改变现状，只能寄希望于司春之神心怀怜悯，莫教落花飘落在青苔上，这实际上表明了作者对幸福美好生活的向往。此外，此诗亦表达了诗人对封建礼教的控诉。诗人表面惋惜落花实则借摧残落花的无情风雨控诉摧残爱情的封建恶势力，表达了诗人争取爱情、婚姻自由，反对封建礼教的愿望。

春暮游小园

王淇①

一从梅粉褪残妆②，涂抹新红③上海棠。
开到荼蘼花事了④，丝丝天棘出莓墙⑤。

—•【字词注解】

①王淇：字菉猗，与谢枋得有交，谢尝代其女作《荐父青词》（《叠

山集》卷一二），生平事迹不详。

②一从：自从。褪残妆：指梅花凋谢。

③涂抹新红：指海棠盛开。

④花事了：春天的花都开完了。

⑤天棘：天门冬，百合科草本植物。莓墙：有苔藓生长的墙，或可解作旁边种有木莓的墙。

【精彩解说】●——

　　自从梅花红消瓣落，粉褪残妆后，海棠花就涂抹着这鲜红的颜色隆重登场了。等到荼蘼花开时，整个百花争艳的春天就要过去了，唯有天门冬的丝丝荆蔓爬出了长满苔藓的墙垣。

【鉴赏】●——

　　这首诗写诗人暮春游园时感受到的春夏之交的景物变换。诗的一、三句写梅褪残妆、荼蘼花开，展现的是暮春景色，尤其是一个"残"字，更是营造出百花凋零、春意阑珊的氛围。二、四句写海棠涂红、天棘出墙，描写的是初夏景象。全诗用四种植物的花开花落和交相更替构成了色彩上的由浅入深，写出了春色的变化，给人一种妙趣横生的感觉。

莺　梭①

刘克庄②

掷柳迁乔太有情③，交交时作弄机声④。
洛阳三月花如锦⑤，多少工夫织得成。

【字词注解】●——

①莺梭：黄莺往来如穿梭，形容其轻巧敏捷。

②刘克庄（1187—1269）：字潜夫，号后村，莆田（今属福建）人。

南宋诗人、词人、诗论家。宁宗嘉定二年（1209）补将仕郎，调靖安簿，始改今名。理宗淳祐六年（1246），赐同进士出身，秘书少监，兼国史院编修、实录院检讨官。景定三年（1262）授权工部尚书，升兼侍读。景定五年（1264）因眼疾离职。度宗咸淳四年（1268）特授龙图阁学士。晚年趋奉贾似道。刘克庄现存诗四千余首，著作有《后村先生大全集》，词集有《后村别调》及《后村长短句》传世。

③掷柳：抛柳，指黄莺从柳树上飞下。迁乔：迁居，这里是说黄莺飞行，未必是迁居。《诗经·小雅·伐木》："出自幽谷，迁于乔木。"后称人移居说乔迁。

④交交：鸟鸣声。弄机：织布。

⑤锦：有彩色花纹的丝织品。

─●【精彩解说】

冬眠过后的黄莺在柳树和乔木上快乐地飞来飞去，它们的嘤嘤鸣叫好像拨弄机杼时发出的"交交"声。洛阳的三月繁花似锦，不知黄莺抛梭树林中，花费了多少工夫才织成这大好春光。

─●【鉴赏】

全诗前两句展开丰富的想象，把黄莺的动作比作织布梭子，把黄莺的鸣叫比作机杼声，把黄莺的神态刻画得活灵活现。后两句情景交融，既描绘了美丽迷人的春光，又抒发了诗人对春景的由衷赞叹以及对点染春光的自然万物的感激之情。

暮春即事

叶采①

双双瓦雀行书案②，点点杨花入砚池③。
闲坐小窗读《周易》④，不知春去几多时。

①叶采：字仲圭，号平岩，建阳（今福建南平）人。理宗淳祐元年（1241）进士。累官翰林学士兼侍讲。景定初卒。

②瓦雀：屋顶瓦上的麻雀，这里指麻雀的影子。书案：书桌。

③砚池：砚台。

④周易：我国古代儒家经典著作之一。

【精彩解说】●──

成双结对的麻雀在屋瓦上跳动，影子映照在书桌上，点点柳絮随风飘扬，散落在砚台中。悠闲地坐在小窗前捧读《周易》，忽惊瓦雀之影，又见杨花飘落，不知多少春光又已经过去了。

【鉴赏】●──

诗人向我们描绘了一幅古代封建知识分子春日潜心求学的画面。全诗采用动静结合的手法，一、二句对仗工整，写雀跃瓦上、影印书案、杨花飘落，正是这些小动静惊扰了临窗苦读的诗人，打破了他内心的平静，不觉发出春光易逝的感叹。全诗风格平易，刻画生动，给人一种舒心之感。

登　山①

李涉②

终日昏昏醉梦间，忽闻春尽强③登山。
因过竹院逢僧话，又得浮生④半日闲。

【字词注解】●──

①诗题一作《题鹤林寺僧舍》，鹤林寺，故址在今江苏镇江。

②李涉：自号清溪子，洛阳（今河南洛阳）人。他曾和弟弟李渤隐居庐山，后应辟做幕僚。唐文宗太（大）和中，因宰相推荐，任太学博

士，因故流放康州（今广东德庆）。李涉现存诗一百余首，大多数是七言绝句。他关心国事，写诗抨击权贵说："但将钟鼓悦私爱，肯以犬羊为国忧？"（《六叹》）由于一再遭受贬谪，常有不平之鸣。集二卷，《全唐诗》录存其诗一卷。《全唐诗外编》及《全唐诗续拾》补诗四首、断句二。

③强：勉强。

④浮生：《庄子·刻意》："其生若浮，其死若休。"以人生在世，虚浮不定，因称人生为"浮生"。

——•【精彩解说】

整天昏昏沉沉，处于半醉半梦的状态中，忽然有一天惊闻春天即将过去，于是强打起精神去登山。经过竹院时碰到一位山僧，在与他闲聊的过程中忘却了尘世的烦恼，得到了半日的清闲。

——•【鉴赏】

这首诗是封建士大夫因不满现实而自感虚度人生的心理写照。诗的首句描写了诗人的生存状态，接着用一个"强"字更加突出了这种浑浑噩噩的精神面貌。末句抒发了诗人于无可奈何之中寻求到的一种心理慰藉——"闲"，只有避开尘世，遁入山林才是诗人唯一的出路，流露出诗人内心的苦闷。

晚　春①

韩愈

草木知春不久归②，百般红紫斗芳菲③。
杨花榆荚④无才思，惟解⑤漫天作雪飞。

【字词注解】●——

①诗约作于唐宪宗元和十一年（816）前后，是《游城南》十六首之三。

②归：回归，春色将尽。

③百般：各种各样或千方百计。斗芳菲：竞艳吐芳，争相开放。

④榆荚：榆钱，老呈白色，状如古钱。

⑤惟解：只知道。

【精彩解说】●——

春天即将过去，花草和树木得知消息都想留住春天的脚步，竞相吐艳争芳，霎时万紫千红，繁花似锦。就连那没有美丽颜色的杨花和榆钱也不甘寂寞，随风起舞，化作漫天飞雪。

【鉴赏】●——

这是一首描绘暮春景色的七绝。乍看之下这首诗只是写百花争妍斗奇的景象，但进一步品味便不难发现，诗写得工巧奇特，别开生面。诗人体物入微，发前人未得之秘，反一般诗人晚春迟暮之感，摹花草灿烂之情状，展晚春满目之风采。寥寥几笔，便给人以满眼风光、耳目一新的印象。说这首诗平中翻新，颇富奇趣，还在于诗中拟人化手法的巧妙运用，将人与花融为一体，想象之奇，实为诗中罕见。

蚕妇吟①

谢枋得

子规啼彻四更时②，起③视蚕稠怕叶稀。
不信楼头杨柳月④，玉人⑤歌舞未曾归。

【字词注解】

①吟：古代诗歌体裁的一种。

②子规：即杜鹃，又称杜宇、望帝。啼彻：不断地啼叫。四更：古时一夜分为五更，四更时天尚未明。

③起：起床。

④杨柳月：月亮西沉至杨柳树梢。

⑤玉人：容貌美丽的人，后多用以称美丽的女子。这里指歌女舞伎。

【精彩解说】

四更天时，杜鹃还在啼叫，养蚕的妇女起床来察看桑蚕，唯恐蚕多叶少。此时，月已西沉，斜挂在楼头的杨柳树梢，蚕妇不敢相信那些轻歌曼舞的卖唱女子还未归家休息。

【鉴赏】

这首诗绘制了两幅深夜图景：一幅是蚕妇半夜起床视察桑蚕，另一幅是歌舞管弦的声色场景。诗人采用由此及彼的写法，由眼前辛勤劳作的蚕妇联想到通宵未归的歌女，而写歌女意在讽刺那些荒淫无度、贪图享乐的达官贵人。虽然蚕妇和歌女的生活方式不同，但她们都是旧社会被压迫的妇女。

伤　春①

杨万里②

准拟今春乐事浓③，依然枉却一东风④。
年年不带看花眼，不是愁中即⑤病中。

【字词注解】

①诗题一作《晓登万花川谷看海棠》，原诗二首，此为第二首。伤

春：为春天将逝而伤感。

②杨万里（1127—1206）：字廷秀，号诚斋，吉州吉水（今属江西）人。南宋杰出诗人。绍兴二十四年（1154）中进士，授赣州司户，历任太常丞、广东提点刑狱、枢密院检详官兼太子侍读，官至宝谟阁文士，谥文节。以诗著名，与尤袤、范成大、陆游并称"中兴四大诗人"，当时被奉为诗坛宗主。其诗生动活泼、幽默诙谐，被称为"诚斋体"。有《诚斋集》一百三十三卷。

③准拟：料想，本以为。浓：多，深。

④枉却：白白地辜负。东风：春风。

⑤即：就是。

【精彩解说】●——

原本以为今年春天会有许多赏心乐事，谁知仍然辜负了大好春光。多年来不曾有过赏花的眼福，不是因为愁闷无法赏花，就是因为被病魔缠身而无法看花。

【鉴赏】●——

诗人不仅有感于春光流逝，更主要的是为自己感慨。杨万里作此诗时身体抱恙，心绪惆怅，没有心情去欣赏春景。春在诗人笔下代表着美好年华，眼看春光流逝，自己的身体也一日不如一日，诗人不禁感慨天命难违。整首诗表达了诗人欣赏春色而不得的苦闷。

送　春

王令①

三月残花落更②开，小檐日日燕飞来。
子规夜半犹啼血③，不信东风唤不回。

──●【字词注解】

①王令（1032—1059）：初字钟美，后改字逢原，江都人，原籍元城（今河北大名），一生孤愤。西昆体浮靡之音盛行诗坛之时，其以造语精辟、笔意纵横、气格雄壮的风格为扫荡西昆陋习做出了贡献。有《广陵先生文集》。

②更：又。

③子规：杜鹃。啼血：相传古蜀国国王杜宇亡国，化为杜鹃，自春至夏啼叫不已，声音凄苦，以至于口中泣血。

──●【精彩解说】

暮春三月，残花落尽又重开，屋檐底下天天都有燕子飞来飞去筑巢。那留恋春光的杜鹃半夜三更还在悲啼泣血，它不相信东风是唤不回的。

──●【鉴赏】

这是一首写景的七言诗，描写了暮春时节的景象和诗人的感受。诗的前两句以写景为主，后两句由景生情，表达了诗人的生活态度和追求。花落了还会重开，燕子离去了还会回来，然而那眷恋春光的杜鹃，半夜三更还在悲啼，不相信东风唤不回来。诗中的"落更开"描述了三月的花谢了又升，表现了春光未逝；"燕飞来"描述了低矮的屋檐下有燕子飞来飞去，说明春光生机犹在。此二句写出了暮春春光未逝、生机犹存的景象。后两句以拟人手法来写杜鹃鸟，塑造了杜鹃执着的形象，借此表现自己留恋春天的情怀，字里行间充满凄凉的美感。

三月晦日送春①

贾岛②

三月正当③三十日，风光别我苦吟④身。
共君⑤今夜不须睡，未到晓钟⑥犹是春。

【字词注解】●──

①诗题一作《三月晦日赠刘评事》。三月晦日：即农历三月三十日。晦日，农历每月的最后一天。

②贾岛（779—843）：唐代诗人，字阆仙，范阳（治今河北涿州）人。早年出家为僧，号无本。元和五年（810）冬，至长安。次年春，至洛阳，始谒韩愈，以诗深得赏识。文宗时，贬长江（今四川蓬溪）主簿。开成五年（840），迁普州司仓参军。武宗会昌三年（843），在普州去世。贾岛在韩门，常从张籍、孟郊游。又与马戴、姚合为诗友，往来酬唱甚密。其诗造语奇特，常写荒寒冷落之景，表现愁苦幽独之情。有《长江集》十卷。

③正当：正值。

④风光：春光。别：远离。苦吟：作诗竭尽全力，贾岛为苦吟派诗人，有诗句"两句三年得，一吟双泪流"。

⑤共君：同您，与春天一起，拟人手法。

⑥晓钟：报晓的钟声，古代以敲钟报时。

【精彩解说】●──

三月三十日是春季的最后一天，春光即将从我的身边流走。我打算今晚通宵不睡觉，与春做伴，只要晨钟未鸣，就还算是春天的日子。

【鉴赏】●──

诗人贾岛被誉为"苦吟诗人"，他的作品大多写幽居情景，独树"清景僻苦"的诗风。诗题"晦日"是指农历每月的最后一天。诗人因苦吟作诗而忽略了大好春光，只好抓住这最后的春夜与之做伴，以为只要晨钟未鸣就还是春天。诗人一改以往诗作中的悲凉，用积极乐观的心态表达爱惜光阴之情。

客中初夏①

司马光②

四月清和雨乍晴③，南山当户转分明④。
更无柳絮因风起，惟有葵花向日倾⑤。

—●【字词注解】

①诗题一作《居洛初夏作》。诗作于宋神宗熙宁四年（1071）四月，当时司马光客居洛阳，编撰《资治通鉴》。客中：作客他乡。

②司马光（1019—1086）：北宋杰出的政治家、史学家和散文家，字君实，陕州夏县涑水乡（今山西夏县）人，世称"涑水先生"。司马光学识渊博，音乐、律历、天文、术数皆极其妙。仁宗宝元初中进士，曾任谏议大夫，神宗熙宁初拜翰林学士、御史中丞。宋神宗熙宁二年（1069），王安石实行变法，司马光竭力反对。司马光退居洛阳十五年，专门从事《资治通鉴》的编撰。直到元丰八年（1085）宋哲宗即位，受召到京城任尚书左仆射，上任后立即废除新法，数月后，卒。追赠太师、温国公，谥文正。著作收在《温国文正司马公文集》中。

③清和：天气晴朗暖和。乍：初。

④当户：对着门户。转分明：雨中南山模糊不清，天气转晴则清晰可见。

⑤倾：倾斜。

—●【精彩解说】

四月风清日暖，雨后初晴，正对门的南山也清晰可见了。再也看不到柳絮随风飘舞的景象了，只有向日葵在阳光的沐浴下尽情绽放。

—●【鉴赏】

这是一首政治讽喻诗。诗人反对王安石变法，却未被宋神宗采纳，于是退居洛阳。宋哲宗继位后，诗人被召回开封主持国政，随即废除新法。

诗人用雨过天晴的明媚景象比喻朝廷的人事更新，流露出自己重新执政的喜悦之情。三、四两句将柳絮和向日葵做对比，表明了诗人革除新法、恢复旧政的决心与得意之情。

有　约①

赵师秀②

黄梅时节家家雨③，青草池塘处处蛙。
有约不来过夜半，闲敲棋子落灯花。④

【字词注解】●——

①诗题一作《约客》。

②赵师秀（1170—1219）：字紫芝，又字灵秀，亦称灵芝，号天乐，永嘉人。绍熙元年（1190）进士及第，曾做过上元（今江苏南京江宁区）主簿、筠州（今江西高安）推官，并不得志。晚年寓居钱塘。有《清苑斋诗集》。

③黄梅时节：春末夏初梅子成熟时节。

④"有约"两句：友人因风雨所阻未能赴约，诗人闷坐在灯下，无聊地敲着棋子，把灯花也震落了。

【精彩解说】●——

黄梅时节，家家户户都被烟雨笼罩着，长满青草的池塘里到处都蛙声阵阵。因雨天夜黑，朋友不能前来赴约，我敲着棋子，一声声，震落了点点灯花。

【鉴赏】●——

前两句交代了当时的环境，看似很热闹的环境，实际上反衬出诗人的孤寂。后两句点出了人物和事情。客人久候不到，灯芯很长，诗人百无聊赖之际，下意识地将黑白棋子在棋盘上轻轻敲打，而笃笃的敲棋声将灯花都震落了。这种姿态貌似闲逸，实则反映出诗人内心的焦躁。全诗通过对撩人思绪的环境及"闲敲棋子"这一动作细节的渲染，既写出了诗人雨夜候客来访的情景，也写出了约客未至的怅惘心情，可谓形神兼备。全诗生活气息较浓，摆脱了雕琢之气，清丽可诵。

闲居初夏午睡起 ①

杨万里

> 梅子留酸 ② 软齿牙，芭蕉分绿与窗纱 ③。
> 日长睡起无情思 ④，闲看儿童捉柳花 ⑤。

——●【字词注解】

①诗题一作《初夏睡起》。

②留酸：带酸。留，一作"流"。

③芭蕉分绿与窗纱：芭蕉的绿荫映照在窗户上，使纱窗也多了些绿色。与，一作"上"，一作"映"。

④长：一作"高"。无情思：无心绪。

⑤柳花：柳絮。

——●【精彩解说】

梅子的酸味浸透牙齿，芭蕉新长，绿荫渐浓，一片翠色映照在纱窗之上。夏季的白天漫长无比，午睡过后觉得无精打采，只好悠闲地观看儿童戏捉空中的柳絮。

——●【鉴赏】

这首诗写初夏景象，截取的是午睡醒来的画面。"梅子留酸""芭蕉分绿"尽现了初夏的季节特征。"无情思"传神地刻画出诗人午睡初起后的慵懒神态。用一个"闲"字将场景自然过渡到"观童捉柳"，儿童的活泼身影与诗人的倦态形成鲜明对比，且相得益彰，各自的神情都跃然纸上。

三衢①道中

曾几②

> 梅子黄时日日晴③，小溪泛尽却山行④。
> 绿阴不减来时路，添得黄鹂四五声。

【字词注解】●──

①三衢：山名，在今浙江衢州境内。

②曾几（1084—1166）：字吉甫、志甫，自号茶山居士，祖籍赣州（今属江西），先人徙河南府（治今河南洛阳），遂为河南人。早年从学于舅氏孔平仲、孔武仲，入太学，有名声。北宋末曾任秘书省校书郎、提举淮南东路茶盐公事等职。曾客寓上饶茶山七年，因号茶山居士。绍兴二十五年（1155），秦桧死，重新起用为浙西提刑，迁秘书少监，擢尚书礼部侍郎。孝宗朝以通奉大夫致仕。卒谥文清。有《茶山集》。

③梅子黄时日日晴：梅子熟时江南多雨，称为梅雨季节，而此时却每日皆晴，是难得的游赏机会。

④小溪泛尽却山行：坐船到了小溪的尽头，又改走山路。极写游兴浓。

【精彩解说】●──

梅子成熟的时节，每天都是晴朗的天气，泛舟到了小溪尽头，于是改走山路。发现绿树浓荫还像来时一样葱郁，只是平添了几声黄鹂的啼鸣。

—●【鉴赏】

这是一首纪行诗，写诗人行于三衢道中的见闻感受。首句点明此行时间，"梅子黄时"正是江南梅雨时节，难得有"日日晴"的好天气，因此诗人的心情自然也为之一爽，游兴愈浓。三、四句紧承"山行"渲染出诗人舒畅愉悦的心情。"来时路"将此行悄然过渡到归程，由此可见此作构思之机巧、剪裁之精当。作者将一次平平常常的行程，写得错落有致，平中见奇，不仅写出了初夏的宜人风光，而且把诗人的愉悦情状也描绘得栩栩如生，让人领略到平凡生活中的意趣。

即　景①

朱淑贞

竹摇清影罩幽窗②，两两时禽噪夕阳③。
谢却海棠飞尽絮④，困人天气日初长。

—●【字词注解】

①诗题一作《清昼》。即景：就眼前之景，有感而作。

②清影：清幽的影子。幽窗：幽静的窗户。

③时禽：应时的鸟。噪：吵扰。

④谢却：凋谢。絮：柳絮。

—●【精彩解说】

翠竹随风摇曳的身影笼罩着幽静的小窗，成双成对的鸟儿在夕阳的映照下嬉戏啼叫。海棠凋落，杨花飞尽，日渐变长的白昼使人感到困乏不堪。

—●【鉴赏】

这是一首即景抒情诗，抒发了诗人郁郁寡欢的心情。诗的一、二句写竹摇清影，禽鸟鸣噪，描绘了动静结合的喧闹场景，渲染了诗人烦闷、抑郁的心绪。接下来写海棠和杨花的凋敝殆尽，更易令人产生"一朝春尽红颜老"的感慨，诗人的惆怅又加深了一层。所有这些消沉的情绪皆因一"困"字而具象化了。整首诗萦绕着一股淡淡的哀愁，感染着读者。

初夏游张园①

戴复古②

乳鸭③池塘水浅深，熟梅天气半晴阴④。
东园载酒西园醉⑤，摘尽枇杷一树金⑥。

【字词注解】●——

①诗题一作《夏日》。

②戴复古（1167—1252？）：南宋诗人，字式之，天台黄岩（今属浙江）人。一生不仕，浪游江湖。除四川外，足迹几乎遍及中国南部各重要地区。晚年归隐于故乡南塘石屏山下，故自号石屏，约卒于宋理宗淳祐末。戴复古是江湖派著名诗人，生性耿介正直，不逢迎权贵，虽行事谨慎，但在诗里往往热烈地抒发爱国情感，并大胆指斥朝政国事。其词语言清丽，风格豪放，接近苏辛。其中尤以《柳梢青》和《洞仙歌》两首流传最广。戴复古诗词结集有《石屏诗集》《石屏词》。

③乳鸭：刚孵出的小鸭。

④半晴阴：忽晴忽阴。

⑤东园载酒西园醉：互文见义，说载酒游园，酣畅尽兴。

⑥一树金：一树金黄色的枇杷像金子一样。

【精彩解说】●——

孵出不久的小鸭不顾水的深浅，在池塘里嬉戏玩耍，梅子成熟时节的天气总是时阴时晴。携酒游玩，从东园游到西园，直饮得酣醉，还把树上成熟的金黄的枇杷摘下来品尝。

—●【鉴赏】

这首诗写封建文人载酒游园的欢畅情景。诗的前两句描绘了初夏时节的风物特征。后两句由景及人，把文人酣畅游园的兴致刻画得淋漓尽致。

山亭夏日①

高骈②

> 绿树阴浓③夏日长，楼台倒影入池塘。
> 水晶帘④动微风起，满架蔷薇一院⑤香。

—●【字词注解】

①诗题原作《山居夏日》。

②高骈（821—887）：字千里，唐末大将、诗人。南平郡王高崇文之孙，先世为渤海人，迁居幽州（今北京），世代为禁军将领。高骈曾统兵御党项及吐蕃，又镇安南（今越南），为静海军节度使，整治安南至广州的江道，沟通物资运输。广明元年（880），黄巢起义军入西京长安时，朝廷再三征高骈赴国家之难，他欲兼并两浙，割据一方，遂逗留不行。中和二年（882），朝廷罢免其职。光启三年（887），部将毕师铎奉命出屯高邮，联合诸将，反攻扬州。城陷，高骈被囚，不久被杀。有诗一卷。

③浓：树荫很密。

④水晶帘：装饰有水晶的帘子，这里比喻水面，形容微风吹拂水面，波光荡漾，水纹与楼台倒影汇在一起，如同水晶帘在微微摆动。

⑤一院：满院。

【精彩解说】•——

　　绿叶茂盛，树荫下显得格外清凉，白昼时间比其他季节要长，楼台的影子倒映在清澈的池水里。微风轻轻拂动色泽莹澈的珠帘，也吹动了满架的蔷薇的花香，使整个庭院弥漫着沁人心脾的香气。

【鉴赏】•——

　　这是一首描写夏日风光的七言绝句。仔细玩味"阴浓"二字，不独状树之繁茂，且又暗示此时正是夏日午时前后，烈日炎炎，日烈，树荫才能"浓"。这"浓"除有树荫稠密之意外，尚有深浅之"深"意在内，即树荫密而且深。诗写夏日风光，用近似绘画的手法：绿树荫浓，楼台倒影，池塘水波，满架蔷薇，构成了一幅色彩鲜丽、情调清和的图画。这一切都是由诗人站立在山亭上所描绘下来的。虽然山亭和诗人没有在诗中出现，但是我们在欣赏这首诗时，仿佛看到了那座山亭和那位悠闲自在的诗人。

田　　家①

范成大②

昼出耘田夜绩麻③，村庄儿女各当家④。
童孙未解供耕织⑤，也傍桑阴⑥学种瓜。

【字词注解】•——

　　①宋孝宗淳熙十三年（1186），范成大退居苏州石湖时作《四时田园杂兴》绝句六十首，这是其中一首。
　　②范成大（1126—1193）：南宋诗人。字致能或至能，号石湖居士。平江府吴县（今江苏苏州）人。绍兴二十四年（1154）进士，历任礼部员外郎兼崇政殿说书、处州知州、静江府知府、敷文阁待制、参知政事等要职。淳熙十年（1183）因病辞归，时年五十八岁。此后十年隐居在石湖。范成大文学造诣很高，著述甚丰，有《石湖居士诗集》《石湖词》《揽辔

录》《骖鸾录》《吴船录》《梅谱》《菊谱》。

③耘田：除草。绩麻：搓麻线。

④各当家：各顶一行。当家，在行。

⑤童孙：泛指年幼儿童。未解：不知道。供：从事，参加。

⑥傍桑阴：在桑树荫下。

—●【精彩解说】

男人们白天在田间耕田除草，妇女们晚上在家搓麻线，村里的男女都从事一定的农家事务，没有人闲着。小孩子们虽不会耕田织布，但也在桑树底下学着种瓜。

—●【鉴赏】

这首诗描写的是农村夏日生活中的一个场景。首句直接写劳动的场面：白天男人耕地除草，晚上妇女搓麻织布，农人各司其职的画面跃然纸上。次句"村庄儿女各当家"紧承上句而来，"儿女"即男女或年轻人，用的是老农口吻；"当家"指男女都不得闲，各管一行。第三句的"童孙"指孩子们，虽然他们不会耕织，却也不甘心闲着，而是在桑树底下学种瓜，表现了农村儿童的天真情趣。虽然诗中描写的这种初夏时紧张劳作的情景是农村中常见的现象，但因为诗人刻画生动，笔触细腻，所以读来觉得颇具特色，意趣横生。

村居即事①

翁卷②

绿遍山原白满川③，子规声里雨如烟④。

乡村四月闲人少，才了⑤蚕桑又插田。

①诗题一作《乡村四月》。

②翁卷：字续古，一字灵舒，永嘉乐清（今属浙江）人，南宋诗人。工诗，与徐照（字灵晖）、徐玑（字灵渊）、赵师秀（字灵秀）三人诗名相当，并称"永嘉四灵"。他们的诗风承袭晚唐，继承了山水诗、田园诗的传统。在艺术上，又能刻意求工，忌用典，尚白描，轻古体而重近体，尤重五律。在较大程度上纠正了江西派诗人以学问为诗的习气。翁卷曾领乡荐，平生未仕，以诗游士大夫间。有《西岩集》《苇碧轩集》。

③山原：山和原野。川：河流。

④雨如烟：细雨蒙蒙，如烟如雾。

⑤了：结束。

【精彩解说】●—

　　放眼望去，山野平原一派郁郁葱葱的景象，河流泛着粼粼的波光，烟雨蒙蒙中杜鹃啼鸣依稀可闻。四月的农村十分繁忙，村民们才采了桑叶喂蚕，又要耕田插秧了。

【鉴赏】●—

　　诗歌开头即描绘出一派迷人的江南农村风光，吸引读者步入胜景。"遍"和"满"显示出农村的勃勃生机，仿佛蓄势待发。三、四两句紧承上文，用白描手法勾勒出初夏农村的繁忙景象。"乡村四月闲人少"是对农忙概括性的说明，末句则点明农忙的具体事宜，塑造了一种紧锣密鼓的节奏气氛，衬托了主题。

题榴花①

韩愈

五月榴花照眼明②，枝间时见子初成③。
可怜此地无车马④，颠倒苍苔落绛英⑤。

【字词注解】

①此为《题张十一旅舍三咏》之一《榴花》篇，作于唐宪宗元和元年（806）。榴花：石榴花，开于五月。

②照眼明：见石榴花开眼前一亮，言其艳丽夺目。

③子初成：石榴刚结果实。

④可怜：可惜。无车马：没有车马，无人来赏。

⑤颠倒：横竖，散乱。绛英：红花，指石榴花。

【精彩解说】

五月的石榴花红艳似火，映入眼帘格外鲜亮，结在花瓣底下的石榴掩映在枝条绿叶间。可惜这地方没有游人车马，任凭鲜红的石榴花纷纷飘落在青苔上。

【鉴赏】

古人往往喜欢借景抒情，咏物言志，这首歌咏石榴花的诗歌也是诗人心境的写照。诗的前两句写石榴花朵鲜艳明媚，果实累累。后两句由此而抒发感叹，为石榴花的无人赏识而倍觉惋惜，惜花之情与怀才不遇之叹跃然纸上。

村　晚

雷震①

草满池塘水满陂②，山衔落日浸寒漪③。
牧童归去横牛背，短笛无腔信口吹④。

【字词注解】

①雷震：宋代诗人，生平不详。

②池塘：《宋诗纪事》作"寒塘"。陂：池塘，山坡。

③山衔落日：太阳被山峦遮挡住了一部分，好像山含着太阳一样。衔，含。寒漪：指带有寒意的水纹。漪，水纹。

④无腔：没有腔调，这里是说随意地吹，不是说难听得跑调。信口吹：随意地吹。

【精彩解说】●——

渐渐涨起来的河水漫过了池堤，碧绿的水草布满了池塘，即将落山的太阳倒映在泛着凉意的水波里。归家的牧童骑在牛背上随口吹着短笛，也没有固定的腔调。

【鉴赏】●——

这首诗描绘了一幅夏日暮归图。首句连用两个"满"字点出水草之丰茂，富有生机。第二句既点明仲夏季节，又点明了傍晚时分。三、四两句由景及人，截取农村生活中的典型画面，赞美了牧童的天真活泼和农村生活的安闲。

书湖阴先生壁①

王安石

> 茅檐②常扫净无苔，花木成蹊③手自栽。
> 一水护④田将绿绕，两山排闼⑤送青来。

【字词注解】●——

①这是一首题在友人屋壁上的诗。湖阴先生：即杨德逢，是作者晚年住金陵（今江苏南京）钟山时的朋友。

②茅檐：盖着茅草的房檐。

③蹊：小路。一作"畦"，指划分成块的田地。

④护：回护。

⑤排闼：推门。

——【精彩解说】

茅草房檐因经常打扫，所以洁净得没有一丝青苔，花草树木成行满畦，都是主人亲手栽种。庭院外一条小河保护着农田，环绕着绿色的田地，两座青山仿佛推门而入，为小院送来一片翠绿。

——【鉴赏】

这是王安石题在杨德逢屋壁上的一首诗。杨德逢，别号湖阴先生，是作者退居金陵时的邻居和经常往来的朋友。首二句赞美杨家庭院的清幽与洁净。这清幽的环境令人陶醉，所以当诗人的目光从院内花木移向院外的山水时，他的思致才会那样悠远飘逸，才会孕育出下面一联警句。在修辞技巧上，三、四两句也堪作范例。诗人运用了对偶、拟人、借代的修辞手法，把山水描写得有情有趣。

乌衣巷①

刘禹锡

朱雀桥②边野草花，乌衣巷口夕阳斜。
旧时王谢堂前燕③，飞入寻常④百姓家。

——【字词注解】

①乌衣巷：在今江苏南京东南秦淮河南岸，三国时曾是东吴军营，因士兵衣黑衣，故名乌衣巷。东晋时乌衣巷曾是王导、谢安家族所在，一说因为王谢子弟多穿黑衣服，所以叫乌衣巷，士兵称乌衣郎。至唐代乌衣巷已沦为废墟。

②朱雀桥：秦淮河上的一座浮桥，建于东晋咸康二年（336），面对金陵朱雀门，离乌衣巷很近，在六朝时是市中心通往乌衣巷的必经之路。

③旧时：从前。王谢：指东晋宰相王导、谢安家族，这两个家族是当时最大的豪门世家。

④寻常：平常，普通。

朱雀桥边冷落荒凉，长满野草野花，乌衣巷口断壁残垣，夕阳斜挂。晋代时王导、谢安两家堂前的燕子，而今却飞入寻常老百姓之家筑巢安居。

该诗是刘禹锡最得意的怀古名篇之一。诗人通过对夕阳野草、燕子易主的描述，表明了对世事沧桑、兴衰交替的历史感慨。在艺术表现上集中描绘乌衣巷的现况，对它的过去，仅仅巧妙地略加暗示。诗人的感慨更是藏而不露，寄寓在寻常景物描写之中，语言浅显，却有一种蕴藉含蓄之美，读来余味无穷。

送元二使安西①

王维②

渭城朝雨浥轻尘③，客舍青青柳色新④。
劝君更尽一杯酒⑤，西出阳关⑥无故人。

①诗题一作《赠别》，又名《阳关三叠》《渭城曲》。元二：作者友人，姓元，排行老二，具体事迹不详。使：出使。安西：唐代安西都护府，治所在今新疆库车附近。

②王维（701—761）：字摩诘，蒲州（今山西永济）人，是盛唐诗坛极负盛名的诗人，因官至尚书右丞，所以人称"王右丞"。工于草书、隶书，娴于丝竹、音律，擅长绘画，是个多才多艺的才子。开元九年

（721）进士及第，开元二十二年（734），张九龄执政，王维先后任右拾遗、监察御史。王维以诗名盛于开元、天宝间。诗今存四百多首，有《王右丞集》。

③渭城：秦时咸阳城，汉时改称渭城，在今陕西西安西北，由西安到安西途经渭城。朝雨：晨雨。浥（yì）：沾湿。轻尘：地上的浮土。

④客舍：旅舍。柳色新：古人送别要折柳相送，柳与"留"谐音，有惜别之意。

⑤更：再。尽：喝干。

⑥阳关：故址在今甘肃敦煌西南，玉门关之南，为古代通往西域的交通要道。

─●【精彩解说】

渭城的晨雨，湿润了地上的沙土，旅店旁的柳枝在雨中分外清新。劝好友再饮完一杯醇香的美酒，只因您西出阳关就难以见到老友了。

─●【鉴赏】

这是一首送朋友去西北边疆的诗。唐代从长安西去之人，多在渭城送别。渭城即秦都咸阳故城，在长安西北，故此诗又名《渭城曲》。这首诗描写的是一种最普遍性的离别。它没有特殊的背景，却自有深挚的惜别之情，这使它适合在绝大多数离筵别席上演唱。后来这首诗被编入乐府，一直传唱不衰。

题北榭碑①

李白

一为迁客去长沙②，西望长安不见家。
黄鹤楼③中吹玉笛，江城五月落梅花④。

【字词注解】●──

①黄鹤楼四面都有台榭，这首诗题写在北榭碑上，因而得名。此诗又名《与史郎中钦听黄鹤楼上吹笛》。

②一为：一旦成为。迁客：被贬谪的人。迁，贬谪。去长沙：暗用西汉贾谊典故，贾谊受谗，贬官长沙，诗人以此自喻。

③黄鹤楼：楼名，在今湖北武汉。

④江城：指江夏，在今湖北武汉。落梅花：古曲名，这里有双关之意，也可理解为《梅花落》笛曲使人听了凛然生寒意，似乎五月的江城落满了梅花。

【精彩解说】●──

突遭变故被贬谪到远方，向西回望长安却看不到家园何在。黄鹤楼中传来阵阵玉笛声，《梅花落》的曲调如此悲切，仿佛看到江城的五月飘落梅花。

【鉴赏】●──

这是一首借景抒怀诗，同时又是一首借古喻今诗。西汉的贾谊，因批评时政，受到权臣谗毁，贬官长沙。而李白也因永王李璘事件受到牵连，被加之以"附逆"的罪名流放夜郎，所以诗人以贾谊的不幸来比喻自身的遭遇。这首诗既流露了诗人对无辜受害的愤懑，也含有他的自我辩白之意。全诗构思精巧，先有情而后闻笛，情景相生，妙合无垠。

题淮南①寺

程颢

南去北来休便休②，白蘋吹尽楚江秋③。
道人不是悲秋客④，一任晚山相对愁⑤。

—●【字词注解】

①淮南：宋设淮南道，治所在扬州（今江苏扬州），淮南寺当在其附近。

②休便休：想休息就休息，表现了诗人闲适自得的情态。

③白蘋：指白萍，浮生于水面的萍草，初秋开白花。楚江：长江。

④道人：诗人自称。悲秋客：为秋而伤感的人。

⑤一任：任凭。愁：秋色自悲自愁，拟人手法。

—●【精彩解说】

淮南寺是南来北往的客人休息歇脚的地方，深秋时节，楚江上的白蘋被西风吹尽了。云游四方的道人无忧无虑，对秋色不作悲凉之叹，听凭两岸青山在薄暮中相对自愁。

—●【鉴赏】

诗歌的首句点出淮南寺的地理位置，它是来往游客的歇脚处，暗示出旅人在外奔波的辛劳。第二句用秋风、秋江和秋草渲染出一幅凄凉、萧瑟的秋意图。三、四两句意图冲淡这种悲凉的气氛，于是正话反说，恰恰反映出道人挥之不去的悲秋之愁。

七 夕①

杨朴②

未会牵牛意若何③，须邀织女弄金梭④。

年年乞与⑤人间巧，不道⑥人间巧已多。

—●【字词注解】

①七夕：农历七月七日，又叫乞巧节。相传此日牛郎与织女在鹊桥

相会。妇女们在院子里摆上瓜果，结彩线，对月穿七孔针，向织女祈求智慧。

②杨朴：字契玄，郑州东里（今河南新郑）人，五代北宋初诗人。太宗、真宗尝以布衣召，皆辞归。《宋史·艺文志》著录《杨朴诗》一卷。

③会：会意，明白。牵牛：传说中的牛郎。意若何：有什么打算。

④须：应该。织女：传说为天帝的孙女，巧于织作。她私自下凡与牛郎结为夫妻，被天帝惩罚，每年七月七日被允许与牛郎在天河相会一次。

⑤乞与：请求给予。

⑥不道：岂不知。

【精彩解说】●—

不明白牛郎的心意如何，他总是请织女用金梭织锦。他年年为人间求得穿金梭的智巧，却不知道人世间的智巧已经很多了。

【鉴赏】●—

诗歌立意新颖，构思巧妙，诗人用牛郎织女的美丽传说来反衬人间的尔虞我诈、投机取巧。诗歌开头用百思不得其解的口吻对牛郎的行为提出疑问，三、四两句自陈答词，用织女之"巧"烘托人间之"巧"，诗意深长。全诗表达了诗人对世俗社会奸巧虚伪的深刻讽刺。

立　秋①

刘翰②

乳鸦啼散玉屏空③，一枕新凉一扇风。
睡起秋声④无觅处，满阶梧叶⑤月明中。

【字词注解】●—

①立秋：二十四节气之一，在公历八月八日前后，我国传统上把立秋

作为秋天的开始。

②刘翰：字武子，长沙（今属湖南）人。曾为宋高宗宪圣吴皇后侄吴益之子吴琚的门客，有诗词投呈张孝祥、范成大。曾长期客居临安，最后以布衣终身。今存《小山集》一卷。

③乳鸦：小乌鸦。散：散去，消失。玉屏：原意为玉做的屏风或玉色的屏风，这里用来比喻夜空，形容夜色空明，月光皎洁如玉。

④秋声：秋风的萧瑟声。

⑤梧叶：梧桐叶，立秋之后，梧桐叶先落。

【精彩解说】

小乌鸦啼叫着飞散了，玉色的屏风显得空荡荡的，枕上凉风吹来，像是扇子扇过来的一样。睡醒之后，无处找寻秋声，只见满阶的梧桐落叶笼罩在月色中。

【鉴赏】

立秋是二十四节气之一。诗歌用秋风、秋声、秋叶渲染出立秋时节的自然景象，季候特征明显。"新凉"描绘了秋风乍起的情景，"满阶梧叶"正应了"秋声无觅处"，因为叶落之声时有时无，让人无迹可寻。全诗围绕一"秋"字，逐层展开描述，描绘出了无限秋意。

中秋月①

苏轼

暮云收尽溢②清寒，银汉无声转玉盘③。
此生此夜不长好④，明月明年何处看？

【字词注解】

①这首诗是苏轼任徐州知州时所作，作于元丰元年（1078）中秋，一

说作于熙宁十年（1077）中秋，当时其弟苏辙也在徐州，两人共赏月光。

②溢：满而散发出。

③银汉：天河，银河。玉盘：比喻月亮，形容它的圆润皎洁。

④不长好：不长久。

　　夜幕降临，云气收尽，天地间充满了寒气，银河流泻无声，皎洁的月儿转到了天空，就像玉盘那样洁白晶莹。我这一生中每逢中秋之夜，月光多为风云所掩，很少碰到像今天这样的美景，真是难得啊！可明年的中秋，我又会到何处观赏月亮呢？

　　这首诗题为"中秋月"，自然是写"人月圆"的喜悦；调寄《阳关曲》，则又涉及别情。记述的是作者与其胞弟苏辙久别重逢，共赏中秋月的赏心乐事，同时也抒发了聚后不久又得分手的哀伤与感慨。这首词从月色的美好写到"人月圆"的愉快，又从今年此夜推想明年中秋，归结到别情。形象集中，境界高远，语言清丽，意味深长。

江楼感旧

赵嘏①

独上江楼思悄然②，月光如水水如天。
同来玩月人何在③，风景依稀④似去年。

　　①赵嘏：字承祐，楚州山阳（今江苏淮安）人，约生于唐宪宗元和元年（806）。年轻时四处游历，会昌年间进士及第。会昌末或大中初入仕为渭南尉。约宣宗大中六年（852）卒于任上。存诗二百多首，其中七

律、七绝最多且较出色。有《渭南诗集》三卷。

②思悄然：形容愁思萦绕的神态。悄然，一作"渺然"。

③玩月：赏月。一作"望月"，又作"看月"。何在：在哪里。

④依稀：仿佛，隐隐约约。

──【精彩解说】

独自登上江楼，心中充满了无限的忧愁伤感；皎洁的月光倾泻如水，碧水映照着长空，水天一色。去年一同赏月的人到哪里去了呢？只有眼前的风景还像去年一样。

──【鉴赏】

这是一首情味隽永、淡雅洗练的好诗。短小的绝句和律诗，一般不宜写得太实，而应"实则虚之"，这才会有余情余味。这首诗，诗人运笔自如，赋予全篇一种空灵神远的艺术美，使读者产生无穷的联想。诗中没有明确登楼的时间是春天还是秋天，去年的另一"玩月人"是男还是女，是家人、情人还是朋友，"同来"是指点江山还是互诉情衷，离散是因为世乱飘荡还是情有所阻，这一切都隐藏在诗的背后。读者完全可以展开自己想象的翅膀，在诗人提供的广阔天空里自由飞翔，充分领略这首小诗的幽韵和醇美。

题临安邸①

林升②

山外青山楼外楼③，西湖歌舞几时休④？
暖风薰⑤得游人醉，直把杭州作汴州⑥。

──【字词注解】

①临安：南宋都城，在今浙江杭州。邸：客栈。

②林升：字梦屏，平阳（今属浙江）人。大约生活在南宋孝宗朝，是一位擅长诗文的士人。《西湖游览志余》录其诗一首。

③山外青山楼外楼：写临安湖光山色，风景秀丽，都市繁华。山外青山，青山之外还有青山，言临安山多。楼外楼，楼外还有楼，说临安楼多。

④西湖歌舞几时休：写上层人物歌舞升平。几时，何时。休，停止。

⑤薰：熏染。

⑥直把：《西湖游览志余》作"便把"。直，简直。汴州：北宋京城，在今河南开封附近。

【精彩解说】●──

　　美丽的西湖大部分环山，重重叠叠的青山把西湖拥在怀里，一座座亭榭楼阁雕梁画栋，不计其数，西湖游船上轻歌曼舞日夜不歇。整日在西湖游山玩水，饮酒作乐，和煦的春风吹得这些统治者昏昏欲睡，怎么还会记得丢失的北方领土、沦落的旧都？！在他们眼里，杭州和汴州有什么两样呢？

【鉴赏】●──

　　这首诗构思巧妙，措辞精当：冷言冷语的讽刺，偏从热闹的场面写起；愤慨已极，却不作谩骂之语，是讽喻诗中的杰作。这首诗针对南宋黑暗的现实而作，它倾吐了郁结在广大人民心头的义愤，也表达了诗人担忧国家和民族前途命运的思想感情。

晓出净慈寺①送林子方

杨万里

毕竟②西湖六月中，风光不与四时③同。
接天莲叶无穷碧④，映日荷花别样⑤红。

【字词注解】

①净慈寺：原名净慈报恩光孝禅寺，位于西湖边上，与灵隐寺为西湖两大名寺。

②毕竟：到底。

③四时：四季，这里泛指夏季以外的三季。

④接天莲叶：写西湖荷花种植面积大，远远地与天相连，是夸张的手法。无穷碧：用夸张手法极力描绘六月西湖荷叶的碧绿。

⑤别样：分外，格外。

【精彩解说】

仲夏六月西湖的风光与其他任何时节都大有不同。碧绿的荷叶一望无际，仿佛延伸到了天的尽头；阳光照耀下的荷花红得与众不同，别有一番情致。

【鉴赏】

西湖美景历来是文人墨客描绘的对象，杨万里的这首诗以其独特的手法流传千古，值得细细品味。诗人用充满强烈色彩对比的句子，给读者描绘出一幅大红大绿、精彩绝艳的画面：翠绿的莲叶，铺排到天边，使人感觉置身于无穷的碧绿之中；而娇美的荷花，在骄阳的映照下，更显得格外艳丽。这种谋篇上的转化，虽然跌宕起伏，却没有突兀之感。看似平淡的笔墨，却给读者展现了令人回味的艺术境界。

饮湖上初晴后雨①

苏轼

水光潋滟②晴方好，山色空蒙③雨亦奇。
欲把西湖比西子④，淡妆浓抹总相宜⑤。

【字词注解】●

①宋神宗熙宁四年（1071）六月，苏轼以太常博士直史馆出为杭州通判，熙宁六年（1073）作此诗，原诗共两首，本诗是其二。湖：西湖。

②潋滟：波光动荡的样子。

③空蒙：烟雨迷蒙。

④西子：西施，姓施名夷光，春秋末期越国人，与王昭君、貂蝉、杨玉环并称古代四大美女，因为此诗，后世又称西湖为西子湖。

⑤相宜：相称，合适。

【精彩解说】●

在灿烂的阳光照耀下，西湖碧波荡漾，闪闪发光，十分美丽；在雨幕笼罩下，西湖周围的群山，迷迷蒙蒙，若有若无，非常奇妙。想把西湖比作绝世美女西施，因为西施无论是浓施粉黛还是淡描蛾眉，都风情迷人；而西湖无论是艳阳照耀，还是烟雨迷蒙都美不胜收，令人神往。

【鉴赏】●

这是一首赞美西湖美景的诗，也是一首写景状物的诗，写于诗人任杭州通判期间。从题目可以得知，这一天诗人在西湖游宴，起初阳光明丽，后来下起了雨。在善于领略自然美景的诗人眼中，西湖的晴姿雨态都是美好奇妙的。"晴方好""雨亦奇"是诗人对西湖美景的赞誉。"欲把西湖比西子，淡妆浓抹总相宜"两句，诗人用一个巧妙而又贴切的比喻，写出了西湖的神韵。这个比喻得到后世的公认，从此，"西子湖"就成了西湖的别称。

入　直①

周必大②

绿槐夹道集昏鸦③，敕使传宣坐赐茶④。

归到玉堂清不寐⑤，月钩初上紫薇花⑥。

---•【字词注解】

①诗题一作《入直召对宣德殿，赐茶而退》。诗作于宋孝宗乾道七年（1171）七月，诗人时任右丞相。入直：即入值，进宫值班供职，这里指入宫供奉。

②周必大（1126—1204）：南宋文学家，字子充，一字洪道，号省斋居士，晚号平园老叟，庐陵（今江西吉安）人。绍兴二十一年（1151）中进士。绍兴二十七年（1157），举博学鸿词科。孝宗时拜右丞相，光宗即位后拜左丞相，封益国公。其诗善于状物，清新淡雅。周必大今存诗六百多首。著有《玉堂类稿》等八十一种。后人把他的遗作辑为《益国周文忠公全集》，计二百卷。

③集：聚集。昏鸦：黄昏归巢的乌鸦。

④敕使：传达皇帝命令的使者。传宣：传令宣诏。坐：因为，也可理解为坐着喝茶。

⑤玉堂：宋苏易简为学士，太宗以飞白书"玉堂之署"赐之，后称翰林院为玉堂。清不寐：神清气爽，或可解作夜色清明不能入睡。

⑥月钩：残月形似钩故称月钩。初上：一作"初照"。紫薇：落叶乔木，高丈余，花紫红色，又名百日红，古代中书省常栽此花，唐时宰相曾被称作紫薇令。

---•【精彩解说】

黄昏时分，夹道两边的绿槐树上聚满了乌鸦，侍臣传达皇帝的命令召我入宫，并赐座赐茶。回到翰林院之后，我神志清醒，心情激动，因而无法入睡，只见新月如钩，照耀着盛开的紫薇花。

---•【鉴赏】

这首诗写臣子受到皇上接见之后，心情激动，夜不成寐的情形。诗歌

从"昏鸦"写到"新月"，勾绘出这段时间内所发生的一切。末句的"紫薇花"一语双关，既指自然之花，又指沐承皇恩的诗人自己。

夏日登车盖亭①

蔡确②

> 纸屏石枕竹方床③，手倦抛书午梦长。
> 睡起莞然④成独笑，数声渔笛在沧浪⑤。

【字词注解】●—

①元祐初年，宣仁高太后听政，启用旧党，排斥新党。元祐二年（1087），蔡确罢职陈州，以弟蔡硕赃败，徙安州（今湖北安陆），夏日登车盖亭，作此诗。

②蔡确（1037—1093）：字持正，泉州郡城（今福建泉州）人，宋仁宗嘉祐四年（1059）进士。历官御史中丞、参知政事、尚书右仆射兼中书侍郎。绍圣二年（1095），追赠太师，谥忠怀。

③纸屏：纸做的屏风。竹方床：方形竹床。

④莞（wǎn）然：微笑的样子。

⑤渔笛：渔人吹奏的笛声。沧浪：原指清苍水色，这里指水面。

【精彩解说】●—

纸糊的屏风立在床前，我躺在竹床石枕上捧书阅读，时间久了便觉得手酸乏力。于是，我开始午睡并做了一个长长的梦。醒来之后，心满意足，不禁独自微笑；此时，恰好从水边传来阵阵悠扬的渔笛声。

【鉴赏】●—

这首诗写诗人在水亭纳凉时的感受，是闲情逸致之作。首句用石枕竹床点出"凉"的特征，接下来用一连串的动作描写诗人的闲适生活：看书生倦，枕石而卧，睡而入梦，醒后独笑，静听渔笛。诗人轻松愉悦的心情由此达到了顶峰，反映出他对清闲生活的情有独钟。

直玉堂作①

洪咨夔②

禁门深锁寂无哗③，浓墨淋漓两相麻④。
唱彻五更⑤天未晓，一墀⑥月浸紫薇花。

─●【字词注解】

①诗题一作《六月十六日宣锁》。直：入值，入宫值班。

②洪咨夔（1176—1236）：字舜俞，号平斋，临安于潜（今浙江杭州临安区）人。宋宁宗嘉定二年（1209）（一说嘉泰二年，即1202年）进士。端平初，擢殿中侍御史。历迁中书舍人兼权吏部侍郎，兼直学士院。官至刑部尚书、翰林学士、知制诰。端平三年（1236）卒，谥忠文。有《平斋文集》。

③禁门：宫门。寂无哗：寂静，无人声喧哗。

④两相麻：两份任命丞相的诏书，南宋设左右丞相，皇帝拜相前授意翰林院用黄麻纸起草诏令。

⑤唱彻五更：指鸡人已报过五更。古时宫中设有鸡人，专司报更。唱彻，唱到。

⑥墀：宫殿前的台阶。

─●【精彩解说】

皇宫重重院门深锁，寂静而不喧哗，宫廷里的朝臣正在起草拜相的诏书。鸡人报唱五更后，天还未亮，石阶上如水的月光浸满了紫薇花的影子。

【鉴赏】●—

　　这首诗写的是诗人在翰林院值夜班的情景。首句"禁门深锁寂无哗"描写深宫内院宫禁森严，透露出皇家气派。第二句描写翰林院内紧张有序的工作情况，"浓墨淋漓"表现了学士们才思勃发、下笔千言的踌躇满志之态。三、四两句描绘工作结束后的光景，夜色依旧，月浸繁花，暗示了诗人内心的轻松之感和自得之乐。全诗以静衬动，以景写人，颇具诗韵。

竹　　楼①

李嘉祐②

傲吏③身闲笑五侯，西江④取竹起高楼。
南风不用蒲葵扇⑤，纱帽⑥闲眠对水鸥。

【字词注解】●—

　　①诗题一作《寄王舍人竹楼》。
　　②李嘉祐（？—约779）：字从一，赵州（治今河北赵县）人。天宝七载（748）擢第，历官秘书省正字、监察御史。工诗，有诗名，与钱起、严维、刘长卿、冷朝阳诸人友善，有唱和。为诗丽婉，有齐梁风。有《李嘉祐集》，《全唐诗》存诗二卷。
　　③傲吏：恃才傲物的清闲官吏。
　　④西江：泛指江西一带，其地多竹，诗人大历年间曾为袁州（今江西宜春一带）刺史。
　　⑤蒲葵扇：蒲葵做成的扇子。蒲葵，一种常绿乔木，叶可制扇。
　　⑥纱帽：古代君主或官员戴的一种帽子，明代始定为文武官员常礼服，后泛指官帽。也有人解为夏季的凉帽。

【精彩解说】●—

　　简居清闲的官吏对达官贵人的权势地位不屑一顾，兀自在江边搭建起一座竹楼。江边吹来凉爽的南风，根本就不需要蒲扇，他把乌纱帽搁置在一旁，悠闲地对着水鸟闭目养神。

——•【鉴赏】

诗歌以竹楼为线索描绘了傲吏清闲安适的生活。首句开门见山写出傲吏蔑视功名利禄，为下文埋下伏笔。次句通过取竹建楼的行动具体描写建楼者的"闲"。末两句具体描写江边的惬意生活。全诗两次用到"闲"字，本为诗歌之忌，但在一定程度上起到了强调主题的作用。

直中书省①

白居易②

丝纶阁③下文章静，钟鼓楼中刻漏长④。
独坐黄昏谁是伴，紫薇花对紫薇郎⑤。

——•【字词注解】

①诗题一作《紫薇花》。诗作于长庆元年（821），白居易时任中书舍人入值中书省。诗写翰林院值夜班闲暇时的寂寞孤独，反映出诗人忧国忧民、以国事为重的高尚品质。中书省：官署名，唐代中书省与尚书省、门下省同为中央行政机关。

②白居易（772—846）：唐朝著名诗人，字乐天，太原（今属山西）人，后迁居下邽（今陕西渭南东北）。唐德宗贞元十六年（800）进士，贞元十八年（802）应吏部拔萃科考试，入甲等，授秘书省校书郎。元和二年（807）授翰林学士，元和三年（808）拜左拾遗，元和十年（815）被贬为江州（今江西九江）司马，后移忠州（今重庆忠县）刺史，又为苏州、同州（今陕西大荔）刺史。晚居洛阳，自号醉吟先生、香山居士。又曾官太子少傅，后人因此称他为白傅。诗歌境界开阔，倾向鲜明，重讽喻，尚坦易，为中唐大家，对后世影响很大。有《白氏长庆集》《白香山

诗集》等。

③丝纶阁：中书省，是帝王颁发诏书的地方。

④钟鼓楼：专门报时辰的楼，常以敲钟、击鼓为号，故称钟鼓楼。刻漏：古代以铜壶滴漏计时，依据漏壶中标尺的刻度来判断时间，这里泛指时间。

⑤紫薇郎：唐代称中书省为紫薇省，中书令为紫薇令，中书侍郎为紫薇侍郎，白居易任中书舍人，故称紫薇郎。

【精彩解说】●——

颁发诏书的丝纶阁内寂静无声，只听到钟鼓楼上漏壶滴水的声音。在这样的黄昏，我悄然独坐，又有谁会来与我做伴呢？唯有和紫薇花相对无言。

【鉴赏】●——

这首诗描写的是诗人在中书省当值守夜的情景。"文章静""刻漏长"反映出值夜时的无聊与寂寞孤独。后两句自问自答，进一步渲染出诗人的落寞心境，"紫薇花对紫薇郎"颇具神韵，达到了物我交融的高度统一。

观书有感

朱熹

半亩方塘一鉴开①，天光云影共徘徊②。
问渠那得清如许③，为有源头活水来④。

【字词注解】●——

①鉴：镜子。开：打开，古代镜子上覆镜袱，用时打开。

②徘徊：来回移动。

③渠：第三人称代词，它，指池塘。那得：怎么能够。清如许：如此

清澈。

④为：因为。活水：流动的水。

─●【精彩解说】

半亩大小的方形池塘里的水澄澈得像一面打开的镜子，蓝天和白云的倒影在池塘里来回移动。试问它为什么会这样清澈纯净，是因为不断有活水从源头流过来。

─●【鉴赏】

这是一首借景喻理的名诗。全诗以方塘作比，形象地表达了一种微妙难言的读书感受。池塘并不是一泓死水，而是常有活水注入，才像明镜一样，清澈见底，映照着天光云影。我们可以从这首诗中得到启发，只有思想永远活跃，以开明宽阔的胸襟，接受种种不同的思想、鲜活的知识，广泛包容，方能才思不断。

前两句写景，后两句议论。一问一答，形象地表达了诗人深切而独特的读书感受，暗含哲理。

泛　舟①

朱熹

昨夜江边春水生，艨艟巨舰一毛轻②。
向来枉费推移力③，此日中流自在行④。

─●【字词注解】

①此为《观书有感二首》之二。泛舟：舟浮行于水上。

②艨（méng）艟（chōng）：古代的一种战船。一毛轻：像一片羽毛一样轻。

③向来：一向，历来。枉费：徒费，白费。

④中流：河流之中。自在：悠闲自在。

【精彩解说】●──

　　昨夜，江河里的春水突然暴涨，巨大的船只漂浮在河水上，好似一片羽毛般轻盈。原来水浅时白费了许多牵拉推动的力气，现在船在水中可以自由自在地行驶了。

【鉴赏】●──

　　这是一首借助形象说理的诗。此诗以春水泛涨后巨舰轻松起航的事例告诉人们：人的主观愿望只有符合客观规律，按照其自身规律办事，才能获得成功。

冷泉亭①

林稹②

> 一泓清可沁诗脾③，冷暖年来④只自知。
> 流出西湖载歌舞⑤，回头不似⑥在山时。

【字词注解】●──

①冷泉亭：杭州西湖飞来峰下有泉叫作冷泉，上建有冷泉亭。

②林稹：号丹山，长洲（今江苏苏州）人。神宗熙宁九年（1076）进士。其余不详。

③一泓：一汪深水。清可：清澈可人。诗脾：诗思。

④年来：年来年去，岁月更替。

⑤载：浮起，承载。歌舞：满载歌儿舞女的船。

⑥不似：不像。

【精彩解说】●──

　　一潭深水澄清见底，沁人心脾，春去秋来，冷暖与否，只有它自己知道。当泉水流到西湖那载歌载舞的游船边时，就不似原来在山中那般清澈明亮了。

──●【鉴赏】

诗人借泉水的清浊变化来表达寓意。深潭中的泉水沁人心脾，年来年去，或冷或暖，只有泉水自己知道。但倘若流入西湖就会变得污浊，再也不似从前了。诗歌借物抒情，针砭时世，说明了后天环境对人的强大外化力及人自身的可变性。

冬　景①

苏轼

> 荷尽已无擎雨盖②，菊残③犹有傲霜枝。
> 一年好景君须记④，最是橙黄橘绿时⑤。

──●【字词注解】

①诗作于宋哲宗元祐五年（1090）初冬，苏轼知杭州时。诗题一作《赠刘景文》。刘景文，刘季孙，河南祥符（今河南开封境内）人，苏轼任杭州知州时刘景文任两浙兵马都监，与苏轼有诗酒往来，交往很深。

②擎雨盖：指荷叶。擎，举。

③菊残：秋菊已经开败。

④君：您。须：应该。

⑤最是：正是。橙黄橘绿：秋季，橙子和橘子成熟于秋天。

──●【精彩解说】

荷花败尽，荷叶枯萎得不能再像伞一样挡雨了，菊花虽然凋零，却还剩下耐得住严霜的雄枝。事实上，荷花枯败和菊花凋散都不要紧，一年中最美好的景致还是橙子和橘子快要成熟时呈现出的黄绿相间的景色。

【鉴赏】●——

诗歌用败荷、残菊描述了秋去冬来的季节变化，给人以萧瑟冷落之感。"橙黄橘绿"呈现出一种鲜艳明丽的色彩，带来了初冬的新生命，萌动着生机。诗歌歌颂了残菊的高洁品行，同时也表达了对刘景文的期望之情。

枫桥夜泊①

张继②

> 月落乌啼③霜满天，江枫渔火对愁眠④。
> 姑苏城外寒山寺⑤，夜半钟声到客船。

【字词注解】●——

①诗题一作《夜泊枫江》。枫桥：在今江苏苏州阊门外。

②张继：唐代诗人，字懿孙，襄州（今湖北襄阳）人。天宝十二载（753）中进士。张继在至德中与刘长卿同为御史，大历年间任检校祠部员外郎、洪州盐铁判官。与皇甫冉、刘长卿交谊颇深，后殁于洪州。刘长卿曾作《哭张员外继》痛悼之。张继诗现存约四十首，主要是纪行游览、酬赠送别之作，多为五言或七言律诗及七言绝句。语言明白自然，不尚雕饰。七绝《枫桥夜泊》情致清远，历来为人所称颂，北宋时已刻石于苏州。有《张祠部诗集》。

③乌啼：乌鸦啼叫。一说乌啼为地名，在枫桥西南。

④江枫：江边的枫树。一说江枫为二桥名。对愁眠：怀着忧愁睡觉。

⑤姑苏：苏州的别称，因苏州城外有姑苏山而得名。寒山寺：位于苏州城西十里的枫桥镇，创建于梁代天监年间，初名妙利普明寺院。相传唐代诗僧寒山子曾任主持，遂改名。

—•【精彩解说】

　　月亮已落下，乌鸦不停啼叫，秋霜满天，江边枫树映衬着船上渔火点点，只剩我独自对愁而眠。姑苏城外那寂寞清静的寒山古寺，半夜里敲响的钟声传到了我乘坐的客船里。

—•【鉴赏】

　　一个秋天的夜晚，诗人泊舟苏州城外的枫桥边。江南水乡秋夜幽美的景色，吸引着这位怀着旅愁的客子，使他领略到一种情味隽永的诗意美，于是写下了这首意境清远的小诗。

　　这首诗题为"夜泊"，实际上只写"夜半"时分的景象与感受。诗的首句，写了午夜时分三种有密切关联的景象：月落、乌啼、霜满天。月落写所见，乌啼写所闻，霜满天写所感，层次分明地体现出一个先后承接的时间过程和感觉过程。而这一切又都和谐地统一于水乡秋夜幽寂清冷的氛围和羁旅者孤孑清寥的感受中。从这里可以看出诗人运思的细密。诗的第二句接着描绘"枫桥夜泊"有特征的景象和旅人的感受，似乎可以感觉到舟中的旅人和舟外的景物之间一种无言的交融和契合。第三句"姑苏城外寒山寺"渗透着宗教的情思，而给人以一种古雅庄严之感。第四句"夜半钟声到客船"，诗人卧听疏钟时的种种难以言传的感受也就尽在不言中了。

寒　夜

杜耒①

> 寒夜客来茶当酒②，竹炉汤沸火初红。
> 寻常③一样窗前月，才有梅花便不同。

—•【字词注解】

　　①杜耒（？—1227）：字子野，号小山，南城（今属江西）人，曾官主簿。嘉定年间为淮东安抚制置使许国幕僚，理宗宝庆三年（1227）死于

军乱。

② 茶当酒：以茶当酒，招待客人。

③ 寻常：平常。

寒气袭人的冬夜有客人来访，权且以热茶当酒，火炉上的汤汁沸腾时，火苗愈显红艳。窗前还是那一轮明月，只是因为有了梅花的映照才不同于往日。

这首诗描写了诗人在寒冬夜晚招待客人的情景。远客来访，温茶沸汤，火焰鲜红，使得融融暖意充盈心间，拂去了冬夜的寒意。随着诗意从屋内向屋外推进，读者的视野逐渐拓展。火焰、明月、梅花构成了光影色香的统一体，充分调动了读者的触觉、嗅觉和视觉神经，使得一个寒气袭人的冬夜变得不同于往日，充满了温馨与和谐。

霜　夜

李商隐①

初闻征雁已无蝉②，百尺楼台③水接天。
青女素娥俱耐冷④，月中霜里斗婵娟⑤。

① 李商隐（约812—858）：字义山，号玉溪生，又号樊南生，晚唐著名诗人。原籍怀州河内（今河南沁阳）人，他的先祖是李唐王室旁支，然而自其高祖以来家境已衰落。开成二年（837）中进士。后来他赴兴元（今陕西汉中）入令狐楚幕府。令狐楚去世后，又入泾原节度使、倾向于李党的王茂元幕府，不久娶其女为妻，引起属于牛党的令狐绹等人的不

满。开成四年（839），李商隐出仕秘书省，为校书郎。会昌二年（842），他再应书判拔萃科试，被授秘书省正字。其诗独辟蹊径，开拓出寄情深婉的新境界，深深影响了晚唐和宋初西昆体诗人及明末清初的钱谦益诸位诗人。有《李义山诗集》。

　②征雁：远飞的雁，这里指南飞的雁。已无蝉：已经听不到蝉声了。

　③百尺楼台：泛指高楼。

　④青女：神话传说中主管霜雪的女神。素娥：嫦娥。俱：都。

　⑤婵娟：姿态美好状。

─●【精彩解说】

　　刚开始听到远行去南方的大雁的鸣叫声，蝉鸣就已经销声匿迹了，我登上百尺高楼，极目远眺，水天连成一片。霜神青女和月中嫦娥不怕寒冷，在寒月冷霜中争妍斗俏，比一比冰清玉洁的美好姿容。

─●【鉴赏】

　　文学作品，特别是诗歌，它的特点在于即景寓情，因象寄兴。诗人不仅是写生的妙手，也是随物赋形的画工。读了李商隐的这首《霜夜》，就会有这样的感觉。这首诗的艺术手法非常有特点：诗人的笔触完全在空际点染盘旋，诗境如海市蜃楼，弹指即逝；诗的形象是幻想和现实交织在一起而构成的完美的整体。"初闻征雁已无蝉"是实写环境背景，这环境是美妙想象的摇篮，它会唤起人们绝俗离尘的意念。正是在这个摇篮里，诗人的神思飞进月地云阶的神话世界中去了。后两句想象中的意境，是从前两句生发出来的。

梅

王淇①

不受尘埃半点侵②，竹篱茅舍自甘心③。
只因误识林和靖④，惹得诗人说到今。

①王淇：北宋诗人，生平不详。

②侵：沾染，污染。

③甘心：快意，安于现状。

④误识：错误地结识。林和靖：林逋，字君复，谥和靖先生，北宋诗人，钱塘人。隐居西湖孤山，终身不仕，终身不娶，植梅花养仙鹤为伴，人称"梅妻鹤子"，其《山园小梅》名句"疏影横斜水清浅，暗香浮动月黄昏"广为传诵。

【精彩解说】●——

梅花皎皎，纯洁如雪，不沾染半点尘埃，虽然生长在篱笆茅屋之旁，它却耐得住清寒寂寞。梅花本自清闲幽雅，只因误识林和靖，引得多少骚人墨客把它当作佳话谈论到今天。

【鉴赏】●——

本诗用幽默的语言、拟人的手法，通过写梅花因为结识林逋引人注目而懊悔，赞颂梅花一尘不染的高洁品质和安贫乐道的精神。本诗咏物言志，诗人用自然之美来比照人格之美。首句"不受尘埃半点侵"表明诗人的高洁情操。次句进一步表明诗人甘于平淡，无视功名利禄。第三句和第四句用林和靖"梅妻鹤子"的典故正话反说，强调了诗人对梅花安贫乐道精神的赞美。

早　春

白玉蟾①

南枝②才放两三花，雪里吟香弄粉些③。
淡淡著④烟浓著月，深深笼水浅笼沙⑤。

——●【字词注解】

①白玉蟾：南宋道人，原名葛长庚，字白叟、以阅、众甫，号海琼子、武夷散人、海南翁、琼山道人、神霄散吏、紫清真人。祖籍福建闽清，出生于海南岛琼州，后来母亲改嫁，继为白氏子，遂易名白玉蟾。幼天资聪敏颖异，七岁能诵"九经"，十二岁举童子科。宋宁宗嘉定间，诏征赴阙，召对称旨，封为紫清明道真人，命建太乙宫，赐号紫清明道真人。全真教尊其为南五祖之一。白玉蟾博洽群书，能诗善赋，工书擅画。有《海琼玉蟾先生文集》四十卷。

②南枝：向阳的枝条，因得光多，所以开花早。

③吟香：吟咏初放的香花。弄粉：赏玩含苞初放的花蕊。些：句末语气助词。

④著：罩着。

⑤深深笼水浅笼沙：说梅花的影子随着月亮的移动，或深深地投入溪水，或浅浅地印在沙上。

——●【精彩解说】

向阳的枝条才开了两三朵花，我不顾天气寒冷，在雪地里吟咏初放的香花，赏玩含苞初放的花蕊。淡淡的烟笼罩着月亮，梅花的影子随着月亮的移动，或深深地投入溪水，或浅浅地印在沙上。

——●【鉴赏】

诗歌虽名为《早春》，但实际写的却是早春的梅花，而诗人着重抓住雪地里和月光下两个典型环境来刻画梅花的独有神韵，展现出月光、白雪、梅花交相辉映的迷人图景。诗歌的末两句化用"烟笼寒水月笼沙"之意。

雪梅（其一）①

卢梅坡②

梅雪争春未肯降③，骚人阁笔费评章④。

梅须逊雪三分白⑤，雪却输梅一段香。

【字词注解】●——

①诗题一作《梅花》。

②卢梅坡：南宋诗人，生平不详。

③争春：竞春，争夺春色。降：降伏，认输。

④骚人：诗人。阁笔：意为诗人自愧文采浅薄，无力表达梅、雪风韵，不敢妄自动笔。阁，同"搁"，放下。评章：评论、判断。

⑤须：本来。逊：差，不如。

【精彩解说】●——

梅花飘香送暖，片雪纷飞迎春，它们似乎为了争夺春色而竞相不让；诗人为了评出优劣而煞费苦心，不惜搁下正在为文作诗的笔。事实上，梅在洁白上不及雪，而雪则没有梅花那样的清香。

【鉴赏】●——

这是一首富有哲理情趣的诗歌。诗的首句用拟人的手法描绘了梅雪争春的事实，既赋予了雪梅活泼的生命力，又暗示了冬去春来的物候特征。三、四两句用诗人的凝神思考引出对雪梅的评价，即二者各有千秋，诗歌告诉我们要用辩证的眼光看待事物才不会失之偏颇。这两句诗形象性与哲理性高度统一，说理透彻，因而成为名句。

雪梅（其二）①

卢梅坡

有梅无雪不精神②，有雪无诗俗了人③。
日暮诗成天又雪④，与梅并作十分春⑤。

—●【字词注解】

①此诗又见方岳《秋崖集》卷四《梅花十咏》之九。

②精神：神采，神韵。

③俗了人：给人一种庸俗的感觉。

④雪：动词，下雪。

⑤十分春：十足的春色。

—●【精彩解说】

只有梅花的清香而没有白雪的衬托，显不出梅花的风姿神韵，有雪有梅而没有诗歌助兴，也会让人感到单调俗气。天色渐晚，吟成诗歌，恰逢天又降雪，梅雪交相辉映，再加上诗歌的渲染，才会显出十分的春色。

—●【鉴赏】

这是一首写景诗，诗人在短短四句里描写了梅、雪、诗三种事物，三者以各自的精神特质独立于世，却又相互融合，共同营造出高雅诗意的气氛。全诗表现出了自然与人的和谐统一，反映了诗人闲适的心境。

答钟弱翁①

牧童

草铺横野②六七里，笛弄③晚风三四声。
归来饱饭黄昏后，不脱蓑衣卧月明④。

—●【字词注解】

①钟弱翁：名傅，宋人，饶州乐平（今江西乐平）人，约生活在北宋末南宋初，以书生被荐为兰州推官，哲宗绍圣年间因破西夏有功，官至集贤殿修撰、龙图阁大学士，历任河中、杭州、延安等知州，曾因虚报边功贬连州别驾。

②横野：遍野。

③弄：逗弄。

④蓑衣：稻草或棕叶编制的雨具。卧月明：睡在月光下。

杂草纵横交错，绵延六七里，仿佛铺满了整个山野，悠扬的山间笛声随着晚风飘扬而至。黄昏时分，牧童放牛归来，吃过晚饭后连蓑衣也不脱，就躺在草地上观赏天空中的明月。

本诗向我们展示了一幅鲜活的牧童晚归休憩图：广阔的原野，绿草如茵；晚风，牧童，笛声，月夜。诗中有景，有情，有人物，有声音，这生动的一幕，是由远及近出现在我们的视野里的。全诗着重描述牧童悠闲自在的山野生活，以及无拘无束的快乐。诗人的意图是劝钟傅不妨学学牧童的人生观，间接表露了他对钟傅仕途坎坷的同情。诗人是善意的，对文字的运用也很细心。全诗文字浅显，平易近人。

泊秦淮①

杜牧

烟笼寒水月笼沙②，夜泊秦淮近酒家。
商女不知亡国恨③，隔江犹唱后庭花④。

①秦淮：河名，在今江苏南京，横贯全市流入长江，相传秦时所开，凿钟山以疏通淮水，所以叫秦淮河。

②烟笼寒水月笼沙："烟""月"笼罩在"水"和"沙"上，互文见义的用法。笼，笼罩。

③商女：歌女。亡国恨：南朝国家灭亡的遗恨。

④江：秦淮河。犹：还。后庭花：歌曲名，即《玉树后庭花》，为南朝陈后主陈叔宝所作，歌词中有"玉树后庭花，花开不长久"句，反映了宫廷靡烂的生活。当时有人认为此曲预言了陈朝的灭亡，后人称此曲为亡国之音。

——●【精彩解说】

烟雾和月光笼罩着秦淮河水和白沙滩，夜晚船停在靠近岸边酒家的地方。卖唱的歌女不懂得亡国的伤痛，仍在江那边唱着《玉树后庭花》这支歌曲。

——●【鉴赏】

这是一首政治讽喻诗，诗人通过写夜泊秦淮时的所见所闻，寄寓自己深沉的感慨，同时揭露了晚唐统治集团中上层人物沉溺声色、醉生梦死的腐朽生活。诗人夜泊秦淮，目睹灯红酒绿，耳闻笙歌艳曲，触景而生情，写下了这首千古传诵的名篇。全诗构思颇具匠心，"婉而多讽"，言近旨远，含蓄深沉，借陈后主的荒唐亡国讽喻晚唐统治者，含蓄地表达了诗人对历史的深刻思考，对现实的深切忧思。全诗感情深沉，意蕴深邃，被誉为唐人绝句中的精品。

归　雁

钱起①

潇湘何事等闲回②，水碧沙明两岸苔③。
二十五弦弹夜月④，不胜清怨却飞来⑤。

——●【字词注解】

①钱起（722? —780）：字仲文，吴兴（今浙江湖州吴兴区）人。天

宝十载（751）登进士第，历任校书郎、考功郎中、翰林学士等，为"大历十才子"之一，与郎士元齐名，时称"前有沈宋，后有钱郎"。其诗娴雅纤丽，含蓄蕴藉。有《钱考功集》，《全唐诗》存诗四卷，《全唐诗外编》及《全唐诗续拾》补诗八首。

②潇湘：潇水与湘水于湖南汇合，称为潇湘。相传大雁南飞到衡阳南的回雁峰就不再南飞，冬天过后飞回北方。何事：何故，为什么。等闲：轻易，随便，随意。

③苔：植物名，大雁可以食用。

④二十五弦：借代，指瑟，古瑟有五十弦，后改为二十五弦。弹夜月：传说湘水女神娥皇、女英善于弹瑟，其声哀怨凄苦，晋张华《博物志》卷八载："尧之二女，舜之二妃，曰湘夫人。舜崩，二妃啼，以涕挥竹，竹尽斑。"

⑤不胜：不堪，不能忍受。清怨：凄清幽怨。

【精彩解说】

大雁啊！潇湘水碧沙明，风景秀丽，岸边还有青苔可以供你觅食，那样美丽的地方你不待，为什么要随便从那儿飞回来呢？大雁回答说："湘灵之神在月夜弹的瑟曲调太伤感了，我忍受不了那悲怨欲绝的曲调，不得不离开潇湘飞回到北方来。"

【鉴赏】

钱起是吴兴人，入仕后，一直在长安和京畿做官。他看到秋雁南飞，曾作《送征雁》诗："秋空万里净，嘹唳独南征……怅望遥天外，乡愁满目生。"这首《归雁》，同样写于北方，所咏却是从南方归来的春雁。这首诗表面上写大雁，实际上是写诗人在春夜的感受，构思新颖，想象丰富，笔法空灵，抒情婉转，意趣含蓄。它以独特的艺术性成为引人注目的咏雁名篇之一。

题　壁①

无名氏

一团茅草乱蓬蓬②，蓦地③烧天蓦地空。
争似满炉煨榾柮④，慢腾腾地暖烘烘。

●【字词注解】

①诗写于北宋神宗熙宁二年（1069）王安石实行变法后。

②乱蓬蓬：散乱，乱七八糟的样子。

③蓦地：突然地。

④争似：怎么能比上。煨：烤。榾（gǔ）柮（duò）：木柴块，树根疙瘩，可代炭用。

●【精彩解说】

用一团乱蓬蓬的茅草点火取暖，忽然间烈焰倾天，顷刻间烟消火灭。倒不如把枯树都放在炉火里慢慢地烤，可以烧得长久而暖和。

●【鉴赏】

这首诗的作者无可考证。据张端义《贵耳集》载，嵩山极峻中院法堂壁上有一诗，即此诗。本诗用烧火为喻，通过描写自然景观阐述人生哲理，劝谕世人。前两句比喻政治上炙手可热、气焰嚣张的人转眼间就身败名裂化为乌有。后两句则指那些安于平静、踏实安稳的人。

卷二 七律

〔题解〕

　　七言律诗，于南北朝时期开始出现，在初唐逐渐成熟，也称为"七律"，七言律诗是近体诗的一种。七律由八句组成，每句七个字，讲究严谨的格律，二三联必须对仗工整，第二、四、六、八句必须押韵。七律被称为最具"筋骨思理"的诗歌体裁，是古典诗歌体裁中发展最为完美的一种，七言律诗能很充分地抒发诗人的所感所悟。

和贾舍人早朝①

王维

绛帻鸡人报晓筹②，尚衣方进翠云裘③。

九天阊阖开宫殿④，万国衣冠拜冕旒⑤。

日色才临仙掌⑥动，香烟欲傍衮龙浮⑦。

朝罢须裁五色诏⑧，珮声⑨归到凤池头。

【字词注解】●──

　　①本诗是贾至《早朝大明宫呈两省僚友》的和诗，作于唐肃宗乾元元年（758）春。和：唱和，以诗词酬答。贾舍人：指贾至。舍人，官名，即中书舍人。

②绛帻：绛，红色；帻（zé），头巾。鸡人：周朝官名，后指宫中报更人，戴红色头巾。晓筹：早更。筹，夜间计时的竹签。

③尚衣：尚衣局，属殿内省，掌管帝王衣服。翠云裘：饰有绿色云纹的皮衣。

④九天：天的最高处，此指帝王住所，宫禁。阊阖：传说中的天门，这里指宫门。

⑤万国衣冠：指各国使臣。衣冠，官员的穿戴，这里指官员，是借代用法。冕旒：皇帝所戴的礼冠。冕，帝王的礼帽，旒是冕前后所挂的串珠，共十二串。冕旒在这里借指皇帝。

⑥日色：借喻，指皇帝。仙掌：皇帝专用的掌扇，又叫障扇，多以野鸡尾为饰。

⑦傍：依，靠近。衮龙：龙袍上的龙形图案。浮：浮动。

⑧五色诏：用五色纸写的诏书。

⑨珮声：走动时，身上珮玉发出的声音。

——●【精彩解说】

戴红巾的卫士持着更筹唱晓，管御服的官员把翠云裘奉上。九重天阙敞开宫殿，万国使臣朝拜君王。晨曦闪动着宫扇的异彩，御炉的香烟贴近龙袍飘漾。朝拜完毕贾舍人回到宫属，用五色纸为皇上拟写诏书，归去的路上身上的玉珮叮叮作响。

——●【鉴赏】

王维的这首和作，虽然仍是应制诗，但其艺术价值很高，具有很高的观赏价值。全诗利用细节描写和场景渲染，写出了大明宫早朝时庄严华贵的气氛，别具艺术特色。这首诗写了早朝前、早朝中、早朝后三个阶段，写出了大明宫早朝的气氛和皇帝的威仪，同时，还暗示了贾至的受重用和得意。这首和诗不和其韵，只和其意，雍容伟丽，造语堂皇，格调十分和谐。

和贾舍人早朝①

杜甫

五夜漏声催晓箭②，九重春色醉仙桃③。
旌旗日暖龙蛇动④，宫殿风微燕雀高⑤。
朝罢⑥香烟携满袖，诗成珠玉在挥毫⑦。
欲知世掌⑧丝纶美，池上于今有凤毛⑨。

【字词注解】

①本诗是贾至《早朝大明宫呈两省僚友》的和诗，作于唐肃宗乾元元年（758）春。

②五夜：五更。漏声：漏壶滴水的声音，用于计时。箭：漏箭，指装在漏壶中标示时间的箭杆状工具。

③九重：皇帝居住之地。《楚辞》："君之门以九重。"醉仙桃：使桃花像喝醉的人的脸一样变成红色，指桃花盛开。

④旌旗：旗帜。龙蛇：旌旗上的图像。

⑤高：高飞。

⑥朝罢：早朝结束。

⑦珠玉：珠圆玉润，形容语言婉转流畅。挥毫：挥笔，写作。

⑧世掌：世代掌管，贾至及其父贾曾都担任过中书舍人，掌管拟诏敕，故称"世掌"。

⑨池：凤凰池，即中书省。凤毛：指凤毛麟角。凤凰的羽毛、麒麟的角都是罕见而珍贵的东西，比喻稀少而珍贵的人或物。后人常用来比喻人才不可多得。此处比喻贾至有文采，不亚于其父。

【精彩解说】

五更时分，漏壶滴水，声声催促着拂晓的来临，皇宫院内春色烂漫，桃花红艳醉人。微风吹动旌旗，在旭日照耀下犹如龙蛇舞动，宫殿巍峨，微风中燕雀高飞其上。早朝结束后，朝臣的襟袖都沾满了香气，他们挥笔就写下了美妙的诗篇。贾氏父子世代执掌诏书起草，是多么有才华，如今有才的已是凤毛麟角了。

──●【鉴赏】

这是针对《早朝大明宫呈两省僚友》而作的唱和诗，都是围绕"早朝"展开，但侧重点各有不同。诗的前四句着重于写"早朝大明宫"的景象，用"醉""动"等字眼烘托出深宫院内一派春意盎然、生机勃发的气象。后四句侧重于赞美贾至的才华和青春得意。第五句诗"朝罢香烟携满袖"紧承贾诗"衣冠身惹御炉香"而来，体现了唱和诗的特色。

和贾舍人早朝①

岑参②

鸡鸣紫陌③曙光寒，莺啭皇州春色阑④。
金阙⑤晓钟开万户，玉阶仙仗⑥拥千官。
花迎剑佩星初落⑦，柳拂旌旗露未干。
独有凤凰池⑧上客，阳春⑨一曲和皆难。

──●【字词注解】

①本诗也是贾至《早朝大明宫呈两省僚友》的和诗，作于唐肃宗乾元元年（758）春。

②岑参（715？—770）：唐代诗人。原籍南阳（今属河南），迁居江陵（今属湖北）。曾祖岑文本、伯祖岑长倩、伯父岑羲都以文墨致位宰相。父岑植，官晋州刺史。天宝三载（744）登进士第，授右内率府兵曹参军。天宝八载（749），充安西四镇节度使高仙芝幕府掌书记，初次出塞。天宝十载（751），回长安，与杜甫、高适等游。天宝十三载（754），又充安西北庭节度使封常清判官，再次出塞，报国立功之情更

切，边塞诗名作大多成于此时。安史乱起，岑参东归勤王，杜甫等推荐他为右补阙。后历官起居舍人、太子中允，虞部、库部郎中，出为嘉州刺史，因此人称"岑嘉州"。有《岑嘉州诗集》。

③紫陌：指京师长安的道路。

④皇州：帝都，指长安。阑：尽。

⑤金阙：宫殿，这里指大明宫。

⑥仙仗：仙人的仪仗队，此处指皇帝的仪仗。

⑦剑佩：佩剑及玉石等饰物。星初落：繁星刚逝，天刚亮。

⑧凤凰池：也称凤池，指中书省。

⑨阳春：古代楚国歌曲名，《阳春》《白雪》是高雅音乐的代名词，《下里》《巴人》是粗俗音乐的代称。这里"阳春"指贾至的诗。

【精彩解说】●——

五更鸡鸣，京都路上曙光略有一丝寒意，皇宫内苑莺啼婉转，春色阑珊。晨钟敲响，宫殿大门逐一打开，玉阶前仪仗林立，簇拥着上朝的官员。启明星初落，花径恭迎身佩宝剑的朝臣，杨柳轻拂着五彩的旌旗，柳叶上的晨露还未干。在中书省供职的贾至写了一首《早朝大明宫呈两省僚友》诗，艺术高超，使我们难以应和。

【鉴赏】●——

这是一首应制诗，全诗用景物之灿烂来衬托早朝之隆盛，寓情于景，情景交融。这首诗善于运用动感十足的景物和意象，描写早朝的庄严和肃穆，显得有生气，而且对仗工整，"鸡鸣"对"莺啭"，"开万户"对"拥千官"，把早朝这件庄严的事情放在一个令人惬意的环境中，十分自然、巧妙。全诗辞藻丰富，用字精练，浑然天成，在艺术手法上别具一格。

早朝大明宫①

贾至②

银烛朝天紫陌长③，禁城春色晓苍苍④。
千条弱柳垂青琐⑤，百啭流莺绕建章⑥。
剑佩声随玉墀步⑦，衣冠身惹御炉香⑧。
共沐恩波凤池上⑨，朝朝染翰侍君王⑩。

●【字词注解】

①原题为《早朝大明宫呈两省僚友》，两省指分居大明宫宣政殿左右的中书、门下二省。诗作于唐肃宗乾元元年（758）春，唐肃宗大阅诸军后，在含元殿大赦天下，贾至作此诗。早朝：上早朝。大明宫：唐宫殿名，始建于贞观八年（634），初名永安宫，次年改称大明宫，后曾称蓬莱宫。僚友：同僚，如唱和此诗的王维、岑参和杜甫等。

②贾至（718—772）：字幼几，一作幼邻，贾曾之子，洛阳人，唐代诗人。开元间与苏晋同掌制诰，天宝十载（751）明经擢第，为单父尉。安史之乱中随唐玄宗入蜀，迁中书舍人。撰传位肃宗册文，进稿后，玄宗曰："昔先天诰命，乃父为之辞。今兹命册，又尔为之。两朝盛典，出卿家父子手，可谓继美矣。"官终右散骑常侍。贾至工诗，音调清畅，俊逸之气不减鲍照、庾信，格调清畅，且多朴实之辞。《全唐诗》存诗一卷。

③银烛：有银饰的烛台，此指百官早朝时擎的灯火，一说借喻月光。天：代表皇帝，朝见皇帝称为"朝天"。紫陌：紫红泥铺的路，指京师长安的道路。

④禁城：皇城。苍苍：深青色。

⑤弱柳：嫩柳。青琐：古代宫门上雕刻的连环花纹，常涂以青色，故称青琐，后用以借指宫门。

⑥百啭：百般鸣叫。流莺：飞动的黄莺。建章：汉代宫殿名，这里代指大明宫。

⑦剑佩声：大臣佩戴的宝剑和玉佩在行走时的撞击声。玉墀：宫中玉

砌的台阶。

⑧惹：沾染。御炉：宫中的香炉。

⑨沐：沐浴，身受。凤池：凤凰池，指中书省，凤凰池是禁苑中池沼，借指中书省或宰相。

⑩染翰：点染笔墨，指为国家起草诏令。侍：侍奉。

【精彩解说】

银饰烛台上的蜡烛纷纷点亮了，照耀着京城长长的道路，拂晓前的京城笼罩在一片苍苍春色中。宫门前垂挂着纤弱的柳条，黄莺绕着宫殿婉转啼鸣。朝臣们随着宝剑和玉佩撞击时发出的清脆声响走向台阶，御炉里飘出的香味渗进他们的衣冠。早朝开始的那一刻，受到皇帝的恩宠而站在凤凰池上的臣子们，就要按部就班地协助君王治理国家了。

【鉴赏】

这是一首宫廷应制诗，诗人将皇宫豪华的气派以及百官上早朝时严肃隆重的场面写得生动鲜活。首联"银烛"和"晓"字点明早朝时间之早。颔联从京城外转入对宫门内的描写，"弱柳垂青琐""百啭流莺"渲染出一种春意浓浓的气氛，侧面衬托早朝的生动。颈联由景及人，采用细节描写，刻绘出早朝时的庄严、肃穆景象。尾联点明诗人的身份，向皇帝表明忠心。全诗由远及近，由外到内，规整严谨，有条不紊地再现了唐代大明宫早朝的情景。

上元应制①

蔡襄②

高列千峰宝炬森③，端门方喜翠华临④。
宸游不为三元夜⑤，乐事还同万众心⑥。
天上清光⑦留此夕，人间和气阁春阴⑧。
要知尽庆华封祝⑨，四十余年惠爱深⑩。

——●【字词注解】

①上元：农历正月十五为上元节，又称元宵节。应制：奉帝王之命作诗。

②蔡襄（1012—1067）：字君谟，兴化仙游（今属福建）人，北宋诗人，书法家，工正、行、草书，也善章草。与苏轼、黄庭坚、米芾并称"宋四家"。官至端明殿学士，有《蔡忠惠集》。

③高：一作"叠"。千峰：灯山峰峦多。古代元宵节，将彩灯堆叠成山，取名鳌山。宝炬：宝灯。森：林立。

④端门：宫殿的正门，即午门。喜：一作"伫"。翠华：皇帝后面的障扇，借指皇帝的仪仗。

⑤宸游：帝王巡游。三元：指农历正月十五（上元）、七月十五（中元）、十月十五（下元），这里指上元夜。

⑥同万众心：帝王与民众同心。

⑦天上清光：夜空清澄明朗。

⑧和气：祥气，瑞气。阁：同"搁"，留。春阴：春夜。

⑨华封祝：即华封三祝，尧到华州，华州封人（守边疆的人）祝他长寿、富有、多子。

⑩四十余年：嘉祐八年（1063），宋仁宗赵祯已经在位四十年。爱：一作"化"。

——●【精彩解说】

元宵佳节彩灯排列堆积得像一座座山峰，灯里点满精美的蜡烛，皇帝的御驾正来到皇宫的正门口。皇上巡游不是为了元宵之夜赏灯，而是为了同万民同庆乐事。天上的圆月清澈皎洁徘徊不去，人间万民和睦幸福，春意在花木中停留。举国上下向皇帝祝福，在位四十余年给人民带来的恩惠众多。

——●【鉴赏】

元宵节是我国的传统佳节，又是皇帝与民同乐的日子。这首应制诗是为皇帝歌功颂德而作，虽然内容无甚可取，但诗歌采用的铺排手法尽显普天同庆的热闹，读来如身临其境，形象逼真。

上元应制①

王珪②

> 雪消华月满仙台③，万烛当楼宝扇开④。
> 双凤云中扶辇下⑤，六鳌⑥海上驾山来。
> 镐京春酒沾周宴⑦，汾水秋风陋汉才⑧。
> 一曲升平人共乐⑨，君王又尽紫霞杯⑩。

【字词注解】

①此诗原题为《依韵恭和御制上元观灯》，是皇帝《上元观灯》的和诗。据《侯鲭录》载，此诗作于元祐中。

②王珪（1019—1085）：北宋诗人，字禹玉，华阳（今四川成都）人。仁宗庆历二年（1042）进士。通判扬州，召直集贤院。累官知制诰、翰林学士、知开封府、侍读学士。哲宗即位，封岐国公，卒于位，谥文恭。珪仕英宗、神宗、哲宗三朝，以文章致位通显。有集一百卷，已佚。清四库馆臣从《永乐大典》辑成《华阳集》六十卷，附录十卷。

③华月：明亮的月光。仙台：宫中的楼台。

④当楼：对着楼台。宝扇：障扇，皇帝的仪仗。

⑤双凤：服侍皇帝的两个宫女。辇（niǎn）：帝王乘坐的车子。

⑥六鳌：据《庄子》载，海上有三座仙山，下面有六只鳌鱼驮着，这里是说灯景鳌山是仙山。

⑦镐京：镐（今西安）为西周国都，这里指北宋都城。周宴：指宋宴，此处也是将宋比作周。

⑧汾水秋风：汉武帝巡游汾水，赐宴群臣，并赋《秋风辞》。陋汉才：武帝君臣才能浅陋，比不上今日盛会。

⑨升平：太平，或可解作《万岁升平乐》曲，宋代教坊歌曲之一，教坊都知李德昇作，是歌颂天下太平的曲子。共：一作"尽"。

⑩尽：饮尽，一作"进"。紫霞杯：酒杯名，这里借代酒。

【精彩解说】

冰雪消融，皎洁的月光洒满了宫殿楼台。成千上万的蜡烛之光映照着楼台，掌扇的宫人分立在皇帝身后的两旁。双月彩灯仿佛乘着辇车从天而降，六鳌彩灯好像是巨龟背着大山从海上赶来。今日君王赐宴，就像昔日周王在镐京大宴群臣；君臣宴饮赋诗，其诗才远胜当年汉朝。一支歌颂国泰民安的曲子唱完之后，人人欢快，皇帝又拿起紫霞酒杯开怀畅饮。

【鉴赏】

这首诗的题材和上一首诗相同，但诗味更浓。"仙台""宝扇""双凤""六鳌"烘托出皇家气派。颈联运用典故，用周、汉来喻指宋朝的太平盛世，诗意含蓄，而尾联则是公式化的结语。

侍　宴①

沈佺期②

皇家贵主好神仙③，别业初开云汉边④。
山出尽如鸣凤岭⑤，池成不让饮龙川⑥。
妆楼翠幌教春住⑦，舞阁金铺借日悬⑧。
敬从乘舆⑨来此地，称觞献寿乐钧天⑩。

【字词注解】

①诗题一作《侍宴安乐公主新宅应制》，作于唐中宗景龙三年（709）十一月一日。中宗景龙二年（708）于修文馆置太学士四员，学士八员，直学士十二员，象四时、八节、十二月，李峤等为太学士，李适等

为学士，杜审言、沈佺期等为直学士，均为御用文臣。景龙三年十一月一日，安乐公主入新宅，沈佺期奉命作此诗。

②沈佺期（656？—714？）：唐代诗人，字云卿，相州内黄（今属河南）人。上元二年（675）进士及第，由协律郎累迁考功员外郎。神龙三年（707），召拜起居郎兼修文馆直学士，常侍宫中。后历中书舍人、太子少詹事。沈佺期的诗多宫廷应制之作，内容空洞，形式华丽。但他在流放期间诸作多抒写凄凉境遇，诗风为之一变，情调凄苦，感情真实。他还创制七律，被胡应麟誉为"初唐七律之冠"。与宋之问齐名，并称"沈宋"。他们的近体诗格律谨严精密，史论以为是律诗体制定型的代表诗人。

③贵主：安乐公主，唐中宗女，韦后所生，卖官鬻爵，干预朝政，后为玄宗所杀。好神仙：爱好神仙。

④别业：别墅。初开：刚建成。云汉边：云霄中，形容楼阁高大雄伟，上连云天。

⑤鸣凤岭：岐山，今陕西岐山东北，相传周朝兴起时，有凤凰鸣于岐山，所以得名。

⑥不让：不弱于，不差于。饮龙川：沂水，源出今山东沂水，经江苏邳州市流入泗水。

⑦妆楼：梳妆楼。翠幌：绿色的帘幕。

⑧舞阁：专供舞蹈用的台阁。金铺：门环上的铜饰，常做成兽头或龙蛇的形状。

⑨乘舆：天子的车驾。

⑩称觞：举起酒杯。献寿：敬酒祝寿。钧天：古代传说中的天中央，也指神话中天上的音乐。

【精彩解说】

安乐公主喜好神仙之道，她新建的府邸巍峨壮观，直冲云霄。花园中有假山高峻挺秀，像凤凰山一般。池塘里的碧波荡漾摇曳，丝毫不逊于沂水。绣楼上的帘幔一片青翠，看起来四季如春。门上的金花钮光辉映照，看起来像红日悬挂在上面。侍从恭敬地跟随着皇帝的车驾光临此地，众人在"钧天广乐"的仙乐声中向皇帝举杯贺寿。

—•【鉴赏】

这首诗是诗人跟随唐中宗一起游览安乐公主的新府邸时应景而作。诗歌采用夸张、铺陈的手法描绘出公主新宅的富丽豪华，也在一定程度上揭露了公主的奢侈生活。

答丁元珍[①]

欧阳修[②]

春风疑不到天涯[③]，二月山城未见花。
残雪[④]压枝犹有橘，冻雷[⑤]惊笋欲抽芽。
夜闻啼雁生乡思，病入新年感物华[⑥]。
曾是洛阳花下客[⑦]，野芳虽晚不须嗟[⑧]。

—•【字词注解】

①这首诗作于宋仁宗景祐四年（1037），欧阳修于上年作《朋党论》为范仲淹辩护，结果被贬为峡州夷陵（今湖北宜昌）县令，丁元珍作《花时久雨》诗赠他，欧阳修遂以此诗赠答。丁元珍：丁宝臣，字元珍，时为峡州军事判官。

②欧阳修（1007—1072）：字永叔，号醉翁、六一居士，谥文忠。吉州（今属江西）人，吉州原属庐陵郡，故自称庐陵人，北宋著名政治家、文学家、史学家，"唐宋八大家"之一。宋仁宗天圣八年（1030）进士。景祐元年（1034），召试学士院，授任宣德郎，充馆阁校勘。至和元年（1054）八月，奉诏入京，与宋祁同修《新唐书》。嘉祐二年（1057）二月，欧阳修以翰林学士知贡举，提倡平实的文风，录取了苏轼、苏辙、曾巩等人，对北宋文风的转变起了关键作用。熙宁四年（1071）六月，欧阳修以太子少师身份辞职，退居颍州。欧阳修的散文说理畅达，抒情委婉。其诗语言流畅自然，

其词婉丽，承袭南唐余风。撰《新五代史》，又喜收集金石文字，编为《集古录》，对宋代金石学颇有影响。有《欧阳文忠公集》。

③春风疑不到天涯：即"疑春风不到天涯"，怀疑春风吹不到峡州来。天涯，天边，这里指地处边远的峡州。

④残雪：尚未融化的雪。

⑤冻雷：早春的雷。

⑥病入新年：拖着病体进入新年。物华：美好的景物。

⑦洛阳花下客：作者自称，宋仁宗天圣八年（1030）至景祐元年（1034），欧阳修曾任西京（今河南洛阳）留守推官，因洛阳盛产牡丹，北宋时花园最盛，有"天下名园重洛阳"的说法，所以称"洛阳花下客"。

⑧野芳：野花。嗟：叹息。

【精彩解说】

　　我怀疑春风不会吹往这个天涯之边的峡州，早春二月的夷陵山城迟迟不见鲜花盛开的春日美景。还未融化的积雪挂满枝头，枝上还挂着去年未摘的橘子，早春的雷打下之后，新笋发芽钻出地面。夜晚听到归去的大雁的鸣叫，不由得触景生情，开始思念故乡，新的一年还是疾病缠身，看到早春美好的事物内心思绪万千。回忆起往事，我曾经也是洛阳鲜花盛开时候的悠闲看客，我曾见过这么美的春日景色，现在山城的野花开放得再晚我也没有必要叹息了。

【鉴赏】

　　作者被贬官到峡州夷陵任县令时，他的朋友丁元珍写了一首题为《花时久雨》的诗送给他，诗人因此写了这首诗作答。首联破"早春"之题，点出写诗的时间、地点和山城的早春气象，流露出诗人被贬后的抑郁情绪。夷陵是有名的橘乡和竹乡，诗人抓住山城二月最典型的景物展开描写，呈现出一幅山城早春画卷。颈联由景生情，从往事的回忆联想到目前的处境，让人感慨万千。尾联是自我宽慰，淡化了诗人的消极情绪。

插花吟①

邵雍②

头上花枝照酒卮③，酒卮中有好花枝。
身经两世④太平日，眼见四朝⑤全盛时。
况复筋骸粗康健⑥，那堪时节正芳菲⑦。
酒涵花影红光溜⑧，争忍⑨花前不醉归。

——●【字词注解】

①此诗作于宋神宗熙宁三年（1070）左右，诗人六十岁上下。插花：古时男子有发髻，髻边插花。吟：歌。

②邵雍（1011—1077）：字尧夫，北宋文人，著名哲学家，精通理学、数学和文学。祖籍范阳，其父徙衡漳，又迁共城（今河南辉县），隐居苏门山百源上，故后世又称其为"百源先生"。屡授官不仕，隐居洛阳，自名"安乐先生"。喜饮酒，命之曰太和汤，饮不过多，不喜太醉。邵雍甘于淡泊，乐于饮酒著述，代表了古代许多正直的知识分子形象。有《观物内外篇》《渔樵问对》，诗集则有《伊川击壤集》。

③卮：古代的一种酒器。

④两世：古时称三十年为一世，作者已经年过六十，故称两世。

⑤四朝：作者经历真宗、仁宗、英宗、神宗四朝。

⑥况复：何况又。筋骸：筋骨，身体。粗：大致。

⑦芳菲：本指花草的美好，这里指一切事物的美好。

⑧涵：浸。溜：浮动。

⑨争忍：怎忍。

——●【精彩解说】

插在髻边的鲜花倒映在杯中的酒里，酒杯里也有了美丽的花枝。我度过了六十年安定太平的生活，亲眼看见了四个朝代的太平盛世。而且我的身体还非常强健，又刚好赶上这样百花争奇斗艳的好时节，所有的事物都很美好。花影映照在酒杯中使酒更加红光闪动，我当然忍不住要在花前大醉一场了！

【鉴赏】●——

　　古代男女老少都有在头上戴花的习惯，这首诗是诗人插花饮酒时所作。诗人身处北宋太平之时，国势强盛，一种心满意足的感觉油然而生。全诗表达了作者内心极度的欢愉，毫无粉饰太平之嫌，写得真实、健康、开朗。

寓　意①

晏殊②

油壁香车③不再逢，峡云④无迹任西东。
梨花院落溶溶月⑤，柳絮池塘淡淡风⑥。
几日寂寥伤酒后⑦，一番萧索禁烟中⑧。
鱼书欲寄何由达⑨，水远山长处处同。

【字词注解】●——

　　①诗题一作《无题》。寓意：借其他事物寄托本意。
　　②晏殊（991—1055）：字同叔，抚州临川（今江西抚州临川区）人。北宋景德中以神童入试，赐同进士出身。复试，擢秘书省正字，得尽读秘阁藏书，学问益博。继迁翰林学士，深为真宗所倚重，事无巨细，皆咨访之。仁宗即位，益加信任，历居要职，先后拜集贤殿大学士，同中书门下平章事兼枢密使。后出知河南，兼西京留守，进阶至开府仪同三司，勋上柱国，爵临淄公。卒谥元献。晏殊才高学富，识见明决，深知治国本末。范仲淹、宋祁、欧阳修、王安石等均出其门下。晏殊能诗，善词，文章典丽，骈文、书法无不工。尤擅长小令，语言婉丽，颇受南唐冯延巳的

影响。著有文集二百四十卷，但绝大部分已经散佚。今传世有《珠玉词》一卷（约一百三十首），诗百余首，文章十数篇。又编类书《类要》。

③油壁：即油壁车，或谓油轩，一种车壁、车帷用油涂饰的华贵车子，有时驾以二马、三马。这里指美人乘坐的华贵车子。香车：用香木做的车，泛指华美的车或轿。

④峡云：巫峡上空的云，这里暗用楚襄王梦中与巫山神女相会的典故，指心中挂念的女子。典出宋玉《高唐赋》。

⑤梨花院落：开满梨花的院子。溶溶月：月光如水一样明净、皎洁、柔和。

⑥柳絮池塘：飘着柳絮的池塘。淡淡风：风轻轻地吹着。

⑦寂寥：孤寂落寞。伤酒：喝酒过多而使身体不适。

⑧萧索：又作"萧瑟"。萧条，冷落。禁烟：即禁火，寒食禁火。

⑨鱼书：旧时称书信为鱼书，典出汉乐府《饮马长城窟行》："客从远方来，遗我双鲤鱼。呼儿烹鲤鱼，中有尺素书。"何由达：怎么能够寄到。

──●【精彩解说】

心中思念的那个曾经坐在散发着香味的华贵车子里的女子再也不会回来了，只能看着她四处流落。开满梨花的院子里月光如水一样温柔明净地照下来，淡淡微风吹拂在柳絮点缀的池塘上。这几天来我一直借酒消愁，可是酒醒后我却更加孤独无聊；已经到了寒食节，我的生活也还是如往常一样落寞。即使有可以传信的鲤鱼，我的书信又能寄到何处呢？这里四面山水环绕，行路不通，外界的音讯都被隔绝了。

──●【鉴赏】

诗题一作《无题》，说明诗歌主旨含蓄隐晦，可作政治隐喻诗解，也可作爱情诗解，一般从后者。首句"油壁香车"透露出一种富贵气息，借指美丽的青年女子。"不再逢""任西东"说明诗人对女子离别后无处可寻的哀叹。领联是寓情于景的名句，通过梨花、柳絮、溶溶月、淡淡风渲染出惆怅寂寥、千回百转的男女情思，达到高度的情景交融。颈联借酒浇愁，却倍添其哀。末尾两句自问自答，一种无可奈何而又无处逃遁的思念之情尽溢笔下。全诗写得典雅精巧，情真意切。

寒食书事①

赵元镇②

寂寞柴门村落里③，也教插柳纪年华④。

禁烟不到粤人国⑤，上冢亦携庞老家⑥。

汉寝唐陵无麦饭⑦，山溪野径有梨花。

一樽竟藉青苔卧⑧，莫管城头奏暮笳⑨。

【字词注解】●——

①书事：记录事情。

②赵元镇（1085—1147）：解州闻喜（今属山西）人，名鼎，自号得全居士。崇宁五年（1106）进士。绍兴初年两度为相。支持岳飞抗金，并推荐其为统帅，传为千古佳话。后因与秦桧论议不和，被罢相，出知绍兴府。绍兴十四年（1144）再移吉阳军（今海南三亚）。在吉阳三年，知秦桧必欲杀己，自书铭旌曰："身骑箕尾归天上，气作山河壮本朝。"绍兴十七年（1147），不食而卒。天下闻而悲之。孝宗朝，追封为丰国公，赠太傅，谥忠简。其词"清刚沉至，卓然名家"。有《忠政德文集》十卷，《得全词》一卷。

③寂寞：又作"寂寂"，清静冷落的样子。柴门：农家的篱笆门。

④也教：也懂得。插柳：寒食节有门上插柳的习俗。纪年华：门上插柳，表明又一个寒食节来到了。纪，记，标记。

⑤粤人国：今广东、广西一带。

⑥上冢：上坟祭扫。冢，坟。庞老：指东汉末隐居在湖北襄阳鹿门山上的庞德，刘表几次邀请他出山他都不肯，后来清明节携全家上坟祭扫，

然后到鹿门山采药不返。这里是说，这儿的清明节，人们也像庞德一样携全家祭扫坟墓。

⑦汉寝唐陵：即汉唐寝陵，汉朝和唐朝帝王的陵墓。寝，古代帝王陵墓上的正殿，是祭祀的处所。麦饭：磨碎的麦煮成的饭，这里指粗糙的祭品。

⑧一樽：一杯。竟：竟然。藉：凭借，靠着。

⑨莫：不要。暮笳：傍晚的笳声。笳，我国古代的一种管乐器。

——●【精彩解说】

就算是冷清偏僻的村落，也会在门前别上几根杨柳枝来反映出一年之中的不同节气。寒食的传统虽然没有传到遥远的广东，但是每到清明寒食节全家人还是会去扫墓，祭奠祖先。在过了很多年以后的现在，汉唐皇帝的皇陵已经没有人去祭拜了，哪怕是最粗糙的祭品也没有，但是皇陵附近的大山之间的小溪两边还是有很多梨花。世事变迁，朝代更替，这些也并不是你我所能扭转的，那还不如在青苔上喝上一杯酒任自己醉卧其上，不需要去理会守城的士兵吹响了关闭城门的号角。

——●【鉴赏】

这是诗人贬官粤地时逢清明而作。虽然粤地的清明习俗与内地有些不同，但扫墓祭祖却是一样的。诗人触景生情，感慨万千。颈联笔锋突转，视线从老百姓的坟头投射到帝王陵寝，热闹与冷清形成强烈对比，反衬出世事变幻的慨叹。尾联寄情山水，流露出淡然的人生态度和隐隐的愤世之情。

清　明①

黄庭坚

佳节清明桃李笑②，野田荒冢③只生愁。
雷惊天地龙蛇蛰④，雨足郊原草木柔⑤。

人乞祭余[6]骄妾妇，士甘焚死不公侯[7]。
贤愚千载知谁是[8]，满眼蓬蒿共一丘[9]。

①宋徽宗崇宁二年（1103）四月，宋廷以蔡京为左相，重审"元祐学术"，令销毁"三苏"、黄庭坚、秦观等人文集，在各地设立"元祐奸党碑"，妄图将旧党铲尽。黄庭坚以《承天院塔记》被贬官宜州（治所在今广西宜山），十个月后，诗人谢世。

②桃李笑：桃花、李花开花，拟人手法。

③荒冢：荒凉的坟墓。

④龙蛇蛰：龙蛇起动。蛰，本指动物冬眠不食不动，这里用作发蛰、起蛰讲。

⑤郊原：郊外，野外。柔：嫩。

⑥人乞祭余：形容困窘或者为牟利不择手段。典出《孟子·离娄下》："齐人有一妻一妾而处室者。其良人出，则必餍酒肉而后反。其妻问所与饮食者，则尽富贵也。其妻告其妾曰：'良人出，则必餍酒肉而后反，问其与饮食者，尽富贵也，而未尝有显者来，吾将瞯良人之所之也。'蚤起，施从良人之所之，遍国中无与立谈者。卒之东郭墦间，之祭者乞其余，不足，又顾而之他，此其为餍足之道也。其妻归，告其妾，曰：'良人者，所仰望而终身也，今若此。'与其妾讪其良人，而相泣于中庭，而良人未之知也，施施从外来，骄其妻妾。"王安石《破冢二首·其一》："墦间夜半分珠玉，犹是当时乞祭人。"楼钥《题孙谷桥墦间图》："因知义利本殊途，莫笑墦间乞祭徒。"

⑦士甘焚死不公侯：用介子推的典故。春秋时，介子推跟随重耳出生入死，归国后不受封赏，母子隐居。晋文公下令烧山逼他出山，结果介子推宁愿被烧死在山中也不愿出来见他。

⑧是：对，正确。

⑨蓬蒿：野草。共一丘：同是一块土丘。

──●【精彩解说】

清明时节，粉红的桃花和洁白的李花争奇斗艳，犹如倩女的嫣然笑颜，而田野间那些杂草丛生的坟墓却让人觉得满目萧瑟，生出忧愁。早春的惊雷惊扰了冬眠中的龙蛇昆虫，春天的及时雨滋润着郊外原野上鲜嫩的草木。古代的时候，有一齐人到墓园来回游走，向前来祭祀的人乞要祭食，然后回到家里向自己的妻妾炫耀成果，春秋时期的介子推宁愿待在山中被大火烧死也绝不接受晋文公的封赏。现在又有谁知道他们到底是贫贱愚蠢还是贤能清廉呢？历史所遗留下来的也不过是长满野草的坟墓罢了。

──●【鉴赏】

这是诗人触景生情之作，通篇运用对比手法，抒发了人生无常的慨叹。首联以清明节时桃李欢笑与荒冢生愁构成对比，流露出对世事无情的叹息。颔联笔锋一转，展现了自然界万物复苏的景象，正与后面两联的满眼蓬蒿、荒丘构成了强烈对比。由清明扫墓想到齐人乞食，由寒食禁烟火想到介子推甘愿被焚死，不论贤愚，到头来都是一抔黄土。诗人看到大自然的一片生机，想到的却是人世间不可逃脱的死亡命运，表达了一种消极虚无的思想，悲凉的情绪缠绕于诗行间。这与诗人一生政治上的坎坷以及他所受的禅宗思想的浓厚影响是分不开的。但作品体现了作者的人生价值取向，鞭挞了人性丑恶，看似消极，实则愤激。

清　明①

高　翥②

南北山头多墓田③，清明祭扫各纷然④。
纸灰⑤飞作白蝴蝶，泪血⑥染成红杜鹃。
日落狐狸眠冢上，夜归儿女笑灯前。

人生有酒须当醉，一滴何曾到九泉⑦。

【字词注解】●

①据传，明代有人因争坟地大打出手，致死人命，有位秀才将高翥的《清明》诗改换数字，便成一首绝妙的劝谏诗："南北山头争墓田，清明殴斗各纷然。衣衫撕作白蝴蝶，脑袋打成红杜鹃。日落死尸眠冢上，夜归儿女哭灯前。人生有事须当让，寸土何曾到九泉。"

②高翥（1170—1241）：原名公弼，字九万，号菊涧，余姚（今属浙江）人。幼习科举，不第即弃，以教授为业，布衣而终。他游荡江湖，专力于诗，画亦极为出名。晚年贫困潦倒，无一椽半亩，在上林湖畔搭了个简陋的草屋，因慕禽鸟信天翁习性，自署"信天巢"。与诗友唱酬为乐。高翥诗有民歌风，擅长以平易自然之句写出寻常不经意之景色，平易雅淡，脍炙人口。有《菊涧集》二十卷，已佚。清康熙时裔孙高士奇辑为《信天巢遗稿》。

③墓田：坟地。

④祭扫：祭祖扫墓。纷然：纷纷，一群群，众多的样子。

⑤纸灰：古人把钱状的纸烧给去世的亲朋用作他在阴间的钱财，纸灰为风所吹，像蝴蝶一样。

⑥泪血：用杜鹃啼血的典故。

⑦九泉：人死后的葬处。古人相信人死了魂归地下，其地为九泉，又称黄泉。

【精彩解说】●

南北山头尽是埋葬死者的墓田，每当清明节，随处可见前来上坟扫墓祭奠祖先的人。焚烧的纸灰漫天飘飞就像是白色的蝴蝶随风起舞，到处都是痛哭声，这声音就像是杜鹃鸟凄惨啼叫到要咳出血一样。傍晚的时候，这些人全都离开了，坟场上一片清冷孤寂，只有山野的狐狸趴在坟上睡觉。到了晚上，儿女们上坟回家在灯前其乐融融。所以，生前就要有酒当饮，有福当享；去世以后，儿女们前来上坟摆上的酒哪有一滴被九泉之下的你喝到呢？

●【鉴赏】

　　这首以清明为题材的诗歌立意新巧，匠心独具。首联总写清明扫墓的纷乱情景。颔联进一步描写扫墓的场面、气氛和扫墓人的忧戚、悲伤，营造出典型的清明特质。"日落狐狸眠冢上"一反哀伤，点出墓地热闹之后的平静。"夜归儿女笑灯前"笔锋辛辣，饱含讽刺，刻画出人情冷暖，扫墓不过是形式而已。尾联由此得出结论，既然如此，不如及时行乐，开怀畅饮，照应了主题。

郊行即事

程颢

芳原绿野恣行①时，春入遥山碧四围②。
兴逐乱红穿柳巷③，困临流水坐苔矶④。
莫辞⑤盏酒十分劝，只恐风花一片飞。
况是清明好天气，不妨游衍莫忘归⑥。

●【字词注解】

①恣（zì）行：尽情行走。

②遥山：远山。碧四围：山野遍绿。

③兴：高兴时，游性浓时。逐：追逐。乱红：杂乱的花，这里可理解为繁多的花，古人常用乱表示多的意思，如"群莺乱飞"。

④困：与"兴"对举，困乏时。苔矶：长有青苔的石头。矶，水边突出的石头。

⑤莫辞：不要推辞。

⑥游衍：恣意游逛。莫：不要。

【精彩解说】●──

　　我尽情地游玩在开满芳草花卉的原野间，春意已传到遥远的山间，山野间一片碧绿。高兴地追逐着漫天飘洒的红色花瓣，在柳枝随风起舞的小巷里来回穿梭。疲乏的时候，就到小溪边，对着流淌的溪水，卧在长满青苔的石头上小憩。不要推脱这杯酒，也不要拒绝劝酒的人非常真诚的心意，只是恐怕大风把花朵吹落，飞得到处都是。今天是清明节，又赶上了天气这么晴朗，很适合出去游玩赏花，但是不要高兴得忘记了回去的时间。

【鉴赏】●──

　　古人有"清明时节雨纷纷"的句子，根据生活经验，清明这一天常下雨。程颢所写的清明节是一个晴朗的清明，应该是个难得的好日子，所以诗里感叹"只恐风花一片飞"。全诗将春天原野上清新的景致刻画了出来，落花流水虽说不是春天里独有的现象，可是毕竟是会在春日里最先出现的事物，因此诗人将追逐落花这样的游戏也写进了诗里，平添了几许稚趣。也许诗人是想随漂浮的落花找到流水的源头，累了便坐在岸边石头上休憩，临水沉思，就想起朋友相聚的美好时光，遂起了劝说世人珍惜友情和时光的念头，"莫辞盏酒十分劝"的句子许是如此而来。

秋　千

释惠洪①

画架双裁翠络偏②，佳人春戏③小楼前。
飘扬血色④裙拖地，断送玉容人上天⑤。
花板润沾红杏雨⑥，彩绳斜挂绿杨烟⑦。
下来闲处⑧从容立，疑是蟾宫谪降仙⑨。

【字词注解】

①惠洪（1071—1128）：字觉范，俗姓喻，筠州新昌（今江西宜丰）人，北宋诗僧。或谓其为"德洪"，俗姓彭。少时尝为县小吏，后得祠部牒为僧。善画梅竹。黄庭坚喜其聪慧，教之读书，后为海内名僧。其文伟俊，不类佛家语。诗长于七古。又善作小词，时作绮语，有"浪子和尚"之称。与苏轼等交游。有《石门文字禅》三十卷，又有《冷斋夜话》十卷、《天厨禁脔》三卷。周泳先辑其词为《石门长短句》一卷。

②画架：装饰精美而刻有花纹的秋千架。翠络：秋千上翠绿色的绳子。

③戏：游戏，玩耍，即荡秋千。

④血色：鲜红色。

⑤断送：打发。玉容：似玉面容，借代用法，指荡秋千的美女。

⑥花板：秋千上雕花的脚踏板。红杏雨：红杏枝头的露水。

⑦绿杨烟：碧绿的杨柳树上笼罩的烟雾。

⑧闲处：秋千边，也可解释为幽静的地方或闲时。

⑨蟾宫：月宫，传说月中有蟾蜍，故称月宫为蟾宫。谪降仙：贬谪下凡的仙子。

【精彩解说】

秋千架上绘着彩图，翠绿色的丝绳悬吊在两边，春意盎然的小楼前，美丽的女子在荡秋千，她们嬉笑玩乐。红色的拖地长裙随着秋千的摆动而飘飞。美人似乎要被高高荡起的秋千送到天上去。雨点般的杏花花瓣飘洒在秋千架上，彩绳之间缭绕着青翠的杨柳枝，像轻烟一样唯美。女孩子们荡完秋千后，从容自若地下来，神采飞扬地站在幽静芬芳的花荫里，少女们俏丽的倩影就好像月宫里的嫦娥仙子降落凡间一样。

【鉴赏】

诗题名为《秋千》，实是写秋千架上佳人的风姿神韵。首句极言秋千之精致美丽，暗示出女主人公的高贵身份，由此引出在小楼前嬉戏的佳人。三、四句描绘出秋千上下摆动中美人神采奕奕的场面。颈联是景物描写，在烟雨笼罩、如梦如幻的情境中，秋千上的美人更是令人怦然心动。尾联突然刹住，秋千停止，秋千上的人也随之由动态转为静态，与颔联形成鲜明对比，所谓"动若脱兔，静如处子"。全诗从秋千着眼，由秋千带出佳人，由佳人衬出秋千，二者相辅相成，熔于一炉。

曲江（其一）①

杜甫

一片花飞减却②春，风飘万点正愁人③。
且看欲尽花经眼④，莫厌⑤伤多酒入唇。
江上小堂巢翡翠⑥，苑边高冢卧麒麟⑦。
细推物理须行乐⑧，何用浮名绊此身⑨。

【字词注解】•──

①此诗作于唐肃宗乾元元年（758）暮春，杜甫时任左拾遗。此时安史之乱还没有结束，长安依然是一派凋敝景象，诗人游赏了曲江。曲江：曲江池，在长安东南，为唐时长安旅游胜地，今已干涸，故址在今西安南。

②减却：减少。却，语气助词，无义。

③愁人：令人忧愁。

④欲尽：花将开尽。花经眼：花在眼前出现，又解作曾经欣赏过。

⑤莫厌：不要厌烦。

⑥巢翡翠：翠雀筑巢。翡翠，一种水鸟，又名翠雀。

⑦麒麟：我国古代的一种瑞兽，这里指麒麟石像。

⑧推：推寻，推究。物理：万物兴衰变化的道理。行乐：作乐。

⑨浮名：一作"浮荣"，指虚名，虚幻的功名利禄。绊此身：束缚自己。

——●【精彩解说】

一片花瓣被风吹落，让人有一种春意顿减的感觉，可现在成千上万片花朵被风打落在地上，这怎么能不令人为此忧愁呢？且看眼前飞过将尽的落花，再多的酒入口也不再感到厌恶。翠雀把巢筑在曲江边楼堂的屋檐下，这里原来摆放着的瑞兽麒麟的石像现在倒在地上也无人问津。我仔细推想事物兴衰发展的规律，发现人还是要及时行乐，不要让虚浮的荣誉束缚住自己。

——●【鉴赏】

这首诗是杜甫在乾元元年（758）暮春任左拾遗时写的。到了这年六月，他因受宰相房琯兵败牵连受到处罚，被贬为华州司功参军。此诗写诗人在曲江看花吃酒，布局出神入化，抒情感慨淋漓。从写此诗到被贬，不过两个多月的时间。明乎此，就会对这首诗有比较准确的理解。

曲江（其二）

杜甫

朝回日日典春衣①，每日江头尽醉归②。
酒债寻常行处有③，人生七十古来稀④。
穿花蛱蝶深深见⑤，点水蜻蜓款款⑥飞。
传语风光共流转⑦，暂时相赏莫相违⑧。

——●【字词注解】

①朝回：上朝回来。典：典当。

②江头：曲江头。尽：全部，都是。

③酒债：赊欠的酒钱。行处：所到之处。

④古来稀：又称古希、古稀之年，古代为七十岁的代称。

⑤蛱蝶：蝴蝶。深深见：时隐时现。见，现。

⑥款款：缓慢。

⑦传语：寄语，传话。风光：春光。

⑧相违：互相分开。

　　每天上朝回来后都去典当我以前春天里穿的衣服，典当来的钱就到江头买酒，每次都要喝得大醉才肯回家。四处都是我赊欠的酒钱，古往今来，人能活到七十岁已是很难得的了。但见花丛深处的蝴蝶不停飞舞穿梭，时隐时现，蜻蜓在水面上缓缓地飞着，时不时地拍打一下水面。告诉春天我要和春光一起逗留在这美妙的景色中，想暂时欣赏这美妙的春光，不想与它分开。

　　这首诗紧承上一首的"何用浮名绊此身"而来。这两首诗是"联章诗"，两首诗之间有内在的联系。这两首诗总的特点，用我国传统的美学术语说，就是"含蓄"，有"神韵"。所谓"含蓄"，所谓"神韵"，就是留有余地。抒情，写景，力避倾囷倒廪，而要抒写最典型的东西，从而使读者通过已抒之情和已写之景去玩味未抒之情，想象未写之景。

　　通过描写暮春之景抒发惜春、留春之情。而惜春、留春的表现方式，也只是吃酒，只是赏花玩景，只是及时行乐。仔细探索，就发现言外有意，味外有味，弦外有音，景外有景，情外有情，"测之而益深，究之而益来"，真正体现了"神余象外"的艺术特点。

黄鹤楼①

崔颢②

> 昔人③已乘黄鹤去，此地空余④黄鹤楼。
> 黄鹤一去不复返⑤，白云千载空悠悠⑥。

晴川历历汉阳树⑦，芳草萋萋鹦鹉洲⑧。

日暮乡关⑨何处是，烟波⑩江上使人愁。

【字词注解】

①黄鹤楼：故址在武昌黄鹤矶，背靠蛇山，相传始建于三国东吴黄武年间，传说仙人王子安曾乘鹤过此，费祎在此乘黄鹤登仙而去。

②崔颢（704？—754）：汴州（今河南开封）人。唐玄宗开元十一年（723）进士。开元后期曾出使河东（今山西一带）军幕。天宝中为尚书司勋员外郎。他的诗名很大，唐人选编的《国秀集》就收了他的《古游侠呈军中诸将》与《黄鹤楼》等诗，中唐人还将他与王维并称。早年的诗多写妇女生活，虽然有浮艳之作，但大多数内容还比较健康。后来到边塞，诗风一变为慷慨豪迈。有《崔颢诗集》，《全唐诗》录其诗一卷，《全唐诗续拾》补诗五首。

③昔人：乘鹤仙人。

④空余：只剩下。

⑤不复返：不再回来。

⑥悠悠：形容年代久远。

⑦晴川：晴朗的江面，此指汉江。历历：清晰可数。汉阳：在今湖北武汉武昌区西北。

⑧芳草萋萋：出自《楚辞·招隐士》："王孙游兮不归，春草生兮萋萋。"萋萋，草木茂盛的样子。鹦鹉洲：长江中的小洲，在黄鹤楼东北，传说《鹦鹉赋》的作者祢衡葬于此。

⑨乡关：家乡。

⑩烟波：气霭笼罩的江面。

【精彩解说】

传说中的仙人早乘黄鹤飞去，这里只留下空荡荡的黄鹤楼。飞去的黄鹤再也不能复返了，唯有悠悠白云千载依旧。白日下汉江（平原）的碧树清晰可数，鹦鹉洲的芳草长得密密稠稠。时至黄昏不知何处是我家乡，面对烟波渺渺的大江令我发愁。

　　诗即从楼的命名之由来着想，借传说落笔，然后生发开去。仙人跨鹤，本属虚无，现以无作有，说它"一去不复返"，就有岁月不再、古人不可见之憾；仙去楼空，唯余天际白云，悠悠千载，正能表现世事苍茫之慨。诗人这几笔写出了那个时代登黄鹤楼的人常有的感受，气概苍莽，感情真挚。由于此诗艺术上出神入化，取得极大成功，故被人们推崇为题黄鹤楼的绝唱。

旅　怀①

崔涂②

　　水流花谢两无情，送尽东风过楚城③。
　　蝴蝶梦④中家万里，杜鹃⑤枝上月三更。
　　故园书动经年绝⑥，华发⑦春催两鬓生。
　　自是不归归便得⑧，五湖烟景有谁争⑨？

【字词注解】●——

　　①诗题一作《春夕旅梦》，又作《春夕旅游》《春夕旅怀》。旅怀：客居他乡的情怀。

　　②崔涂：字礼山，晚唐诗人。江南桐庐富春（今浙江桐庐）人，唐僖宗光启年间进士，终生漂泊，久在巴蜀、湘鄂、秦陇为客，自称"孤独异乡人"（《除夕有怀》）。工诗，诗以漂泊为题材，多羁愁别恨之作，情调抑郁苍凉。有《崔涂诗集》，《全唐诗》存诗一卷。

　　③楚城：泛指楚地。

　　④蝴蝶梦：典出《庄子·齐物论》："昔者庄周梦为胡蝶，栩栩然胡蝶也。自喻适志与，不知周也。俄然觉，则蘧蘧然周也。不知周之梦为胡蝶

与？胡蝶之梦为周与？周与胡蝶则必有分矣。此之谓物化。"这里泛指梦。

⑤杜鹃：鸟名，声音似"不如归去"，听到杜鹃啼叫声，诗人思乡的心情更为急切。

⑥故园：家乡。书：书信。动：动辄，每每。经年：常年。绝：音信断绝。

⑦华发：花白头发。

⑧自是：本来是。归便得：要回去就可以回去。

⑨五湖：旧称滆湖、洮湖、村湖、贵湖、太湖为五湖，泛指太湖一带。春秋时期范蠡辅佐越王勾践成就霸业后，功成身退，泛舟五湖。烟景：风烟景物。

——【精彩解说】

远去流水和漫天飞花随春归去两无情，送走东风，东风匆匆一路追逐过楚城。蝴蝶梦中双翅欲折，归路迢递家万里，子规枝头血泪几尽，残月朦胧夜三更。家乡的音信动不动经年累月断绝，忽惊觉春来，头上的白发竟然满镜生。天涯漂泊四处转徙有家不得归，一旦归去五湖烟水有谁来相争？

——【鉴赏】

诗人面对着落红满地、柳絮漫天的残春景物，怎能不更加思念故乡？由送春而牵动的思乡之情，笼罩全篇。这首诗情切意深，风格沉郁。诗的前四句通过对暮春之夕特定情景的描绘，缘情写景，因景抒情，景物之间互相映衬，互相烘托，构成一片凄凉愁惨的气氛。诗中没有直接点出思乡，而一片思乡之情荡漾纸上。后四句直抒心曲，感情真切，凄婉动人。尾联自慰自嘲，墨中藏意，饶有情味。

答李儋①

韦应物

去年花里②逢君别，今日花开又一年。

世事茫茫难自料，春愁黯黯^③独成眠。

身多疾病思田里^④，邑有流亡愧俸钱^⑤。

闻道欲来相问讯^⑥，西楼^⑦望月几回圆。

【字词注解】•——

①诗题一作《答李儋元锡》，又作《寄李儋元锡》。诗作于唐德宗兴元元年（784）春。李儋：字元锡，唐朝宗室，甘肃武威人，曾官殿中侍御史，韦应物的好友，两人的唱和诗很多。一说李儋、元锡为二人。元锡：河南洛阳人，字君贶，元抱之子，贞元十一年（795）为协律郎、山南西道节度推官。元和中，历任苏州刺史，福建、宣歙观察使，授秘书监分司，因贪赃贬官壁州，后除淄王傅。

②花里：花开季节，春季。

③黯黯：黯然，沮丧的样子。

④思田里：思念故乡，这里含有盼望归隐的意思。

⑤邑：城市，这里指苏州。愧俸钱：愧对官俸。

⑥闻道：听说。问讯：探望。

⑦西楼：观风楼。

【精彩解说】•——

记得去年春天，在百花盛开的时节与君相逢而又分别。过了一年，又到花开时节。世事茫茫，难以预料；春愁使我心神黯淡，夜晚难以入睡。因身体多病而想念田园乡里。城邑中有百姓流离失所，真是愧对官吏的俸禄。听说你们想来探望我，我常在西楼盼望，已经有好几个月了。

【鉴赏】•——

这首七律是韦应物晚年在滁州刺史任上的作品，它的艺术表现和语言技巧并无突出的特点。有人说它前四句情景交融，颇为唯美，这种评论并不切实。因为首联即景生情，恰是一种相反相成的比衬，景美而情不欢；

颔联以情叹景，也是伤心人看春色，茫然黯然，情伤而景无光，都可谓情景交融。这首诗之所以为人传诵，主要是因为诗人诚恳地披露了一个清廉正直的封建官员的思想矛盾和苦闷，准确地概括出这样的官员有志无奈的典型心情。

江　村①

杜甫

清江一曲抱村流②，长夏江村事事幽③。

自去自来④梁上燕，相亲相近⑤水中鸥。

老妻画纸为棋局⑥，稚子⑦敲针作钓钩。

多病所须惟药物，微躯⑧此外更何求？

━●【字词注解】

①此诗作于唐肃宗上元元年（760）夏成都浣花溪畔。

②江：锦江，岷江的支流，在成都西郊的一段又叫浣花溪。抱：环抱，绕着。

③幽：幽静，安闲。

④自去自来：来去随意的样子。

⑤相亲相近：形容鸥鸟融洽亲近的样子。

⑥棋局：棋盘。

⑦稚子：幼子。

⑧微躯：微贱的身体，诗人谦称。

━●【精彩解说】

清澈的江水曲折地绕村流过，长长的夏日里，村中的一切都显得幽静。梁上的燕子自由自在地飞来飞去，水中的鸥鸟互相追逐嬉戏，亲亲热热。妻子在纸上画着棋盘，小儿敲针做鱼钩。我老了，多病的身体需要的只是治病的药物，除此之外，还有别的什么奢求呢？

　　这首诗写于唐肃宗上元元年（760）。在几个月之前，诗人经过四年的流亡生活，从同州经由绵州，来到了这不曾遭到战乱骚扰、暂时还保持安静的西南富庶之乡成都郊外浣花溪畔。他依靠亲友故旧的资助而辛苦经营的草堂已经初具规模。饱经离乡背井的苦楚、备尝颠沛流离的艰虞的诗人，终于获得了一个暂时安居的栖身之所。时值初夏，浣花溪畔，江流曲折，水木清华，一派恬静幽雅的田园景象。诗人拈来《江村》诗题，放笔咏怀，愉悦之情是可以想见的。

夏　　日

张耒①

> 长夏江村风日清②，檐牙③燕雀已生成。
> 蝶衣晒粉花枝舞④，蛛网添丝屋角晴。
> 落落疏帘邀月影⑤，嘈嘈虚枕纳溪声⑥。
> 久斑⑦两鬓如霜雪，直欲樵渔过此生⑧。

　　①张耒（1054—1114）：宋代诗人，字文潜，号柯山，楚州淮阴（今江苏淮安淮阴区）人。祖籍亳州谯县（今安徽亳州），苏门四学士之一。宋神宗熙宁六年（1073）进士。历任秘书省正字、著作郎、起居舍人，后世因称"张右史"。因入"元祐党籍"移宣州，再贬监黄州酒税。崇宁五年（1106），放还赋闲，寓居陈州（今河南淮阳）至终。陈地古名宛丘，因此世称"宛丘先生"。张耒安置黄州时居东柯山西麓，因号柯山。苏轼称其文"汪洋淡泊，有一唱三叹之声"。诗风平易流丽，颇有白居易、张籍、王建之风。有《柯山集》五十卷、《全唐诗·拾遗》十二卷、《全唐

诗续拾》一卷、《张右史文集》六十卷、《宛丘集》七十六卷。

②清：清爽，晴朗。

③檐牙：屋檐，因边缘呈牙齿状得名。

④蝶衣：蝴蝶翅膀。晒粉：晒翅膀上的粉。

⑤落落：稀疏的样子。邀月影：月影透过帘子，好像受邀请而来，拟人的手法。

⑥嘈嘈：流水声。虚枕：空心的枕头。纳溪声：枕边传来了流水声。

⑦久斑：早已斑白。

⑧直欲：真想，真愿意。樵渔：砍柴打鱼，借指归隐。

—●【精彩解说】

漫长夏季里的江村风和日丽，瓦檐中的空隙早已筑满了燕雀的巢。蝴蝶停在花枝上展翅晒粉，蜘蛛躲在屋角边吐丝织网。日暮时候，窗帘中透进稀疏的月影；夜深时分，枕边听到嘈杂的溪流声。早已花白的双鬓如今越发像霜雪的颜色了，但愿我能像樵夫、渔夫那样，在自然的环境中过一生。

—●【鉴赏】

这首诗写夏日的江村风情。前四句写白天的景象：风和日丽，燕雀筑巢，蝴蝶翩翩起舞，蜘蛛静静吐丝。这些景物都有声有色，动静结合，呈现出一派自然气息。颈联写晚景，月影和溪声越发衬托出夏日之清凉幽静。如此宜人的夏日村庄使得诗人不禁触景生情，生出归隐田园的渴望来。全诗写景自然天成，抒情收放自如，情景交融，妙合无垠。

辋川积雨①

王维

积雨空林烟火迟②，蒸藜炊黍饷东菑③。

漠漠④水田飞白鹭，阴阴夏木啭黄鹂⑤。

山中习静观朝槿⑥，松下清斋折露葵⑦。

野老与人争席罢⑧，海鸥⑨何事更相疑。

【字词注解】●──

①诗选自《辋川集》。王维自唐玄宗天宝三载（744）至十五载（756）常居辋川，作《辋川集》，其间与裴迪诗相往来。辋川：在今陕西蓝田南十余里，水出尧关口，向北流入灞水。诗人在此有辋川别墅。积雨：久雨。

②烟火迟：烟火缓缓地上升。雨后空气湿度大，气压低，又无风，烟火升得慢。

③藜：一种野菜，又名灰菜。黍：黍子，黄米。饷：送饭。东菑：东边耕作者。菑，初耕的田地。

④漠漠：辽阔无边的样子。

⑤阴阴：阴暗潮湿。夏木：夏天的树木。

⑥习静：习惯于幽静的环境。朝槿：即木槿。花朝开暮落，故常用以比喻事物变化之快或时间的短暂。

⑦清斋：素食。露葵：带有露水的葵菜。

⑧野老：居于郊野的人，诗人自称。争席罢：不再争座次，指争名夺利的官场生活已经结束。争席，典出《庄子·寓言》，阳子见老子，"其返也，舍者与之争席"。

⑨海鸥：典出《列子·黄帝》，有海边好鸥者，每天与海鸥相亲。后其父要他捉海鸥来玩。第二天，海鸥再也不与他亲近了。

【精彩解说】●──

久雨不停，林野潮湿，烟火缓缓而升。烧好饭菜，送给村东耕耘的人。水田广漠，一行白鹭掠空而飞。夏日浓荫，传来黄鹂婉转的啼声。山中养性，观赏朝槿晨开晚谢；松下素食，和露折葵不沾荤腥。村夫野老，已经与我没有隔阂；海鸥疑心，为何不信飞舞不停。

——●【鉴赏】

在这首七律中，诗人把自己幽雅清淡的禅寂生活与辋川恬静优美的田园风光结合起来描写，创造了一个物我相惬、情景交融的意境。这首七律，形象鲜明，兴味深远，表现了诗人隐居山林、脱离尘俗的闲情逸致，是王维田园诗的代表作。从前有人把它推为全唐七律的压卷，说成"空古准今"的极致，固然是出于封建士大夫的偏嗜。有人认为"淡雅幽寂，莫过右丞《积雨》"，赞赏这首诗的深邃意境和超迈风格。

东湖新竹

陆游①

插棘编篱谨护持②，养成寒碧映涟漪③。
清风掠地秋先到④，赤日⑤行天午不知。
解箨⑥时闻声簌簌，放梢初见影离离⑦。
归闲我欲频来此⑧，枕簟⑨仍教到处随。

——●【字词注解】

①陆游（1125—1210）：字务观，号放翁，越州山阴（今浙江绍兴）人。二十九岁时赴试，因名次居于秦桧孙子之前，被除名。淳熙五年（1178）春，陆游诗名日盛，孝宗派他到福州、江西提举常平茶盐公事，后任严州（今浙江建德）知州。淳熙十五年（1188），卸职还乡。不久，被召赴临安任军器少监。次年，改任朝议大夫礼部郎中。他谏劝朝廷力图大计，被再度罢官。他将书室命名为"老学庵"，以坐拥书城为乐。有《剑南诗稿》《渭南文集》《老学庵笔记》等。

②谨：小心。护持：卫护。

③寒碧：本指碧玉，因为碧玉晶莹带有凉意，所以称为寒碧，这里用来比喻新竹。涟漪：水纹，这里指微波荡漾的水面。

④掠地：吹拂地面。秋先到：因为新竹的清爽，使得主人提前领略到

秋天的凉爽。

⑤赤日：烈日。

⑥解箨：脱去笋壳。箨，笋壳。

⑦放梢：发枝长杈，枝梢伸展开。离离：竹影纵横交错的样子。

⑧归闲：回乡闲居。频：多次。

⑨枕簟：枕头与竹席。

【精彩解说】•——

竹初种时，用棘条编成篱笆，小心谨慎地保护好新竹，新竹长成，碧绿浓荫，倒映在水面的涟漪中。夏日的清风吹过地面，好像秋天提前而至，赤日当空，也不觉得正午炎热。笋壳脱落时，听到窸窸窣窣的声音，竹子拔节时，初现疏疏落落的倩影。退归闲暇的时候，我经常来这里，来的时候仍然随身带着枕头和竹席，好随地安眠。

【鉴赏】•——

诗的形象性很重要，咏物诗更是如此。一株树、一竿竹、一朵花，看起来是静止的东西，比较平常，但有才华的诗人，通过艺术语言，从各个侧面，以恰当的描画将其形象地表达出来，就会把景物写活，使"静止"的东西也会变得鲜活起来。陆游这首咏竹诗，正是以"多侧面"的形象描写，赋予东湖新竹以生命。

表兄话旧①

窦叔向②

夜合③花开香满庭，夜深微雨醉初醒。

远书珍重何由达④，旧事凄凉不可听⑤。

去日⑥儿童皆长大，昔年亲友半凋零⑦。

明朝又是孤舟别，愁见河桥酒幔⑧青。

【字词注解】

① 诗题一作《夏夜宿表兄话旧》。

② 窦叔向：字遗直，官至工部尚书。窦叔向工五言，名冠时辈。集七卷，今存诗九首。有五子，皆工辞章，有《窦氏联珠集》行于时，窦叔向亦以子而闻名当世。

③ 夜合：即合欢，落叶乔木，叶似槐叶，昼开暮合。

④ 远书：远方亲人的来信。何由达：何曾达到。何由，一作"何曾"。达，一作"答"。

⑤ 旧事：往事。不可听：听不下去。

⑥ 去日：昔日，往日。

⑦ 凋零：本指草木凋落，引申为人的死亡。

⑧ 酒幔：酒旗。

【精彩解说】

夜合花的浓郁芬芳弥漫了整个庭院。深夜时分，我从酒醉中醒来，听到屋外下起了淅淅沥沥的小雨。书信虽然写得情深意切，但家人却因路途遥远从未收到过。过去的事情太悲惨凄凉了，使人无法听下去。昔日的童年伙伴今已长大成人，过去的亲朋好友有半数都已过世。明天我又要乘舟远别，当亲友去河桥相送时，桥头那青布酒旗又勾起我无限哀愁。

【鉴赏】

这是一首抒情诗，描述诗人在微雨夏夜和表兄饮酒叙旧的情景。政治上的挫折，生活的变化，使诗人诗歌创作的内容得到充实。这首诗技巧浑熟，风格平易近人，语言亲切有味，如促膝谈心。诗人抒写自己的亲身体验，思想感情自然流露，真实动人，是十分难得的"情文兼至"的佳作。

偶　成

程颢

闲来无事不从容①，睡觉②东窗日已红。

万物静观皆自得③，四时佳兴与人同。

道通天地有形外④，思入风云变态中。

富贵不淫贫贱乐⑤，男儿到此是豪雄⑥。

【字词注解】

①闲来：闲时。从容：悠闲舒适，不慌不忙。

②睡觉：一觉醒来。

③万物：天地间的事物。静观：静静地观察。

④道：我国古代的一个基本哲学概念，是超乎具体形体以外的范畴，大致相当于道理、真理。通：贯通。

⑤富贵不淫贫贱乐：语出《孟子·滕文公下》："富贵不能淫，贫贱不能移，威武不能屈，此之谓大丈夫。"意思是说富贵不能乱志，贫贱之中仍然怡然其乐。

⑥到此：到达这个境界。豪雄：英雄豪杰。

【精彩解说】

心情闲静安适，做什么事情都是不慌不忙的。一觉醒来，红日已高照东窗了。静观万物，可以得到自然的乐趣，人们对一年四季中美妙风光的兴致都是一样的。天地之间一切有形和无形的事物贯通着真理，思想渗透在风云变幻之中。只要能够富贵而不骄奢淫逸，贫贱而能保持快乐，这样的男子汉就能称作英雄豪杰了。

【鉴赏】

诗人是宋朝有名的理学家。这是一首具有浓郁理性特质的诗。诗的主旨大致是天地万物，客观真理都存在于人的心中，这是作者宣扬的"道"，是静观，去欲，四时佳兴就是去欲之后获得的快感，道通天地，才能够有这种感觉，所以富贵不淫，身处贫贱也感觉到快乐。这是一首"以理入诗，以诗言理"的作品。

游月陂①

程颢

月陂堤上四徘徊②，北有中天③百尺台。

万物已随秋气改，一樽聊为晚凉开④。

水心云影闲相照，林下⑤泉声静自来。

世事无端何足计⑥，但逢佳节约重陪⑦。

──●【字词注解】

① 月陂（bēi）：地处洛阳。陂，水池。

② 四徘徊：四顾徘徊，来回走动。

③ 中天：半空中，形容台高。

④ 樽：一种盛酒的器具。聊：暂且。

⑤ 林下：树林之下。本指清幽处所，常指代隐居所在。

⑥ 无端：没有头绪，没有定准。何足计：不值得计较。

⑦ 但：只要。约：邀请。重陪：再来相陪。

──●【精彩解说】

我在半月形的河堤上四处漫步，堤岸的北面有百尺楼台高耸入云。秋天一来，万物都变得萧条凋零了，姑且趁着水边向晚的凉意来举杯畅饮吧！水中的云影和天上的云朵悠闲地相互映照，在一片静谧中传来林中流泉的声响。世事变幻无常，不要去计较，如果再逢到佳节，我们再约来相伴玩赏。

【鉴赏】●——

　　这是一首纪游诗，也是一首理趣诗。作者在这首诗中，表面在描写较为生动的景物，但其着眼点仍在于抒发自己的人生哲理。"万物已随秋气改"是说理的出发点，说明所有的变化都不可强求。水光、云影、林下、泉声，多么闲静幽雅，构成了一幅生动的闲适秋景图，这正是作者所追求的境界。"世事无端何足计"是诗人的归宿，他认为世上的事情，可以不必去计较，只要在佳节能约几个朋友相聚就是很大的快乐。诗人抒发了随遇而安、不计较得失的淡泊情怀。

秋兴（其一）①

杜甫

玉露凋伤枫树林②，巫山巫峡气萧森③。
江间波浪兼天涌④，塞上风云接地阴⑤。
丛菊两开他日泪⑥，孤舟一系⑦故园心。
寒衣处处催刀尺⑧，白帝城高急暮砧⑨。

【字词注解】●——

　　①唐代宗大历元年（766）秋，杜甫流寓夔州（今重庆奉节），因秋而兴家国身世之感，作《秋兴》八首。秋兴：借秋天的景物抒发情怀。

　　②玉露：白露，指霜。凋伤：摧残，使草木衰败，枝叶凋零。

　　③巫山巫峡：泛指夔州一带的长江和两岸的山峦。萧森：萧瑟阴森，形容深秋景色凄冷。

　　④兼天涌：连天涌起，形容波浪滔天的水势。

　　⑤塞上：边关险要的地方，这里指夔州地处边远，山势险要。地阴：地面的阴暗气象。

　　⑥丛菊两开：两次见到菊花开放，即过了两个年头。开，开放。他日：往日。

⑦一系：永系。

⑧催刀尺：催人赶制冬衣。

⑨白帝：白帝城，在今重庆奉节城外临长江的山上，为三国时刘备托孤之处。暮砧：黄昏时的捣衣声。

―●【精彩解说】

　　枫树在寒霜玉露的侵蚀下逐渐凋零、残伤，巫山和巫峡一派萧瑟阴森的景象。巫江上波浪滔天，边塞的风云笼罩着大地，天地一片阴沉。花开花落已两载，想到两年滞留在外，未曾回家，就不免伤心落泪。虽然我不能东归，飘零在外，心却长系故园归舟上。家家户户都在赶制冬天御寒的衣服，白帝城上捣制寒衣的砧声一阵紧似一阵。又是一年过去了，我对故乡的思念也愈加凝重，愈加深沉。

―●【鉴赏】

　　大历元年（766），杜甫在云安养病半年，然后迁到夔州，即今重庆奉节。他在夔州仍经常卧病在床，《秋兴》八首就是在这时写的一组七律。全诗八首蝉联，前呼后应，脉络贯通，组织严密，既是一组完美的组诗，而各篇又有所侧重。每篇都是可以独立的七言律诗，因景寄情，既抒发了诗人漂泊之感、故国之思，也深深地寄托着诗人对李唐王朝盛衰的感叹与悲哀。全诗以"秋"作为统帅，写暮年漂泊、老病交加、羁旅江湖，面对满目萧瑟的秋景而引发的国家兴衰、身世蹉跎的感慨。

秋兴（其三）

杜甫

千家山郭静朝晖①，日日江楼坐翠微②。
信宿渔人还泛泛③，清秋燕子故飞飞④。
匡衡抗疏⑤功名薄，刘向传经⑥心事违。
同学少年多不贱⑦，五陵裘马自轻肥⑧。

【字词注解】●——

①山郭：靠山的城郭。静：安静，静穆。

②翠微：青绿的山色。

③信宿：再宿，连宿两夜。古代称一宿为宿，二宿叫次，二次以上叫信。还泛泛：仍在水上漂浮。

④清秋：深秋。飞飞：飞动的样子。

⑤匡衡抗疏：汉元帝时，匡衡多次上疏，议论朝政，升光禄大夫、太子少傅。这里诗人慨叹自己任左拾遗时上疏救房琯，结果遭贬。

⑥刘向传经：汉宣帝时，刘向奉命传授《榖梁传》，在石渠阁讲论"五经（《诗经》《尚书》《礼》《易》《春秋》，五部儒家经典著作）"。汉成帝时，刘向又点校内府五经。这里诗人以刘向自比，感叹自己虽有传授经书、辅佐朝廷的愿望，但往往事与愿违，反而被朝廷疏远。

⑦不贱：显贵。贱，贫贱。

⑧五陵：长安北郊五座汉代帝王陵墓，即长陵、安陵、阳陵、茂陵、平陵。汉代每建一座陵墓，都将各地豪族外戚迁到附近。轻肥：轻裘肥马，指代豪贵生活。

【精彩解说】●——

白帝城里千家万户静静地沐浴在秋日的朝晖中，我天天去江边的楼上，坐着看对面青翠的山峰。连续两夜在船上过夜的渔人，仍泛着小舟在江中漂流，虽已是清秋季节，燕子仍然展翅飞来飞去。汉朝的匡衡向皇帝直谏，他把功名看得很淡薄，刘向传授经学，怎奈事不遂心。古人尚且如此，我更是不必说了，年少时一起求学的同学大都已飞黄腾达了，他们在长安附近的五陵，穿轻裘，乘肥马，过着富贵的生活。

【鉴赏】●——

这是本组诗的第三首，诗歌前四句写景，后四句抒情。首联是静态描写，用自然景观之宁静衬托出诗人日坐江楼的无聊寂寞。颔联用渔人泛泛和燕子飞飞的飘忽不定委婉地表达出诗人浪迹江湖、居无定所的凄苦生活。颈联借用匡衡、刘向的典故隐隐倾诉自己在政治上抑郁不得志的苦闷。尾联用他人功成名就、飞黄腾达来做结，愈显诗人的落寞，令人伤感，真可谓"冠盖满京华，斯人独憔悴"。

秋兴（其五）

杜甫

蓬莱宫阙对南山①，承露金茎霄汉间②。
西望瑶池③降王母，东来紫气满函关④。
云移雉尾开宫扇⑤，日绕龙鳞识圣颜⑥。
一卧沧江惊岁晚⑦，几回青琐点朝班⑧。

●【字词注解】

①蓬莱：宫殿名，唐高宗龙朔二年（662），修大明宫，改名蓬莱宫。宫阙：宫殿。阙，皇宫城门前供瞭望的楼。南山：终南山，主峰在长安以南。

②承露金茎：汉武帝时建的金茎承露盘，在长安建章宫西，这里借汉宫比拟唐宫。霄汉间：形容极高。

③瑶池：神话传说中西王母所居之处，在昆仑山上。

④紫气：祥瑞之气。函关：函谷关，在今河南灵宝附近。

⑤云移：宫扇像云彩一样缓缓移动。雉尾：雉尾扇，一种用野鸡尾羽做成的宫中仪仗。

⑥日绕龙鳞：皇帝穿的龙袍上有龙浮江海、旭日东升的图像。也可理解为皇帝的龙袍光彩夺目，如日光缭绕。圣颜：皇帝的面容。

⑦沧江：长江。岁晚：秋天，暗指自己已近晚年。

⑧青琐：宫门上刻着连琐，有纵横交错的花纹，涂以青色，所以叫青琐，这里借指朝房。点朝班：上朝点名，依次入班。

蓬莱宫正对着终南山，承接玉露的铜柱高耸入云。向西瞭望，仿佛看到西王母降临瑶池仙境，自东而来的祥瑞之气萦绕着函谷关。锦簇般的雉羽扇缓缓移开，金光照耀下的龙袍闪闪发亮，这才看见皇帝的容颜。病卧沧江，惊然醒觉，发现已是暮年岁晚，依稀记得列班上朝的情景。

【鉴赏】●━━

这是本组诗的第五首，诗歌描绘的是安史之乱之前唐皇宫的恢宏壮丽和朝仪之盛。诗歌前四句用华丽的辞藻铺叙朝仪排场，体现出唐王朝的国势强盛，其中"降王母"又暗讽了杨贵妃。五、六两句引出下文诗人对往昔列班上朝的回忆。尾联一"惊"字传达出物是人非、恍若一梦的沧桑感。诗歌语意波澜起伏，含蓄蕴藉。

秋兴（其七）

杜甫

昆明池①水汉时功，武帝②旌旗在眼中。
织女机丝虚夜月③，石鲸鳞甲动秋风④。
波漂菰米⑤沉云黑，露冷莲房⑥坠粉红。
关塞极天惟鸟道⑦，江湖满地一渔翁⑧。

【字词注解】●━━

①昆明池：汉武帝为增强水军力量，于元狩三年（前120）在长安城西仿照云南昆明滇池，凿池训练水师，所以叫昆明池。

②武帝：汉武帝刘彻，这里指唐玄宗。

③织女：昆明池有牛郎、织女的石雕像，分别在池的东西侧。虚夜月：昆明池畔的织女不能纺织，虚度月光照耀的秋夜。

④石鲸：昆明池中玉石雕刻的鲸鱼。动秋风：石刻鲸鱼形象逼真，好

像在秋风里摆动。

⑤菰米：菰又称雕胡、茭白，生水中，秋季结实，色白而滑。其实称菰米，可食。

⑥莲房：莲蓬。

⑦关塞：险隘关口，指夔州。极天：形容极高。鸟道：只有鸟可以飞过去的道路，指险峻狭窄的山路。

⑧江湖满地：形容漂泊在无穷无尽的江湖上，无所归宿。渔翁：诗人自称。

——●【精彩解说】

看到昆明池水就想起汉武帝的功劳，朝廷军队的旌旗仿佛飘荡在我的眼中。石刻的织女每夜虚度，荒废了织锦的工作。玉石雕成的鲸鱼似乎在水中摆动首尾，吐水鸣吼。秋天时，昆明湖上的菰米因成熟散落而满湖漂动，像乌云密布在水上。荷花经露冷霜冻而纷纷坠落，好像红粉撒入湖中。边塞之道，四处高山连天，只有鸟儿才能飞过，而我就像一个渔翁那样四处漂泊，没有安身之处。

——●【鉴赏】

这是本组诗的第七首，诗人寄情于景，写出对长安的怀念。首句"昆明池"是写景状物的中心点。第二句写汉武帝的文治武功意在喻指唐朝。中间四句具体写昆明池之景，用织女虚度光阴既暗指唐王朝的施政不力，又暗示出自己怀才不遇、壮志难酬的苦闷。诗人留心观察生活，无论是菰米漂浮还是红粉坠落，无论是暗淡的黑色还是鲜亮的红色，都让人感到浓浓的秋意。全诗即景生情，慨叹长安的遥不可及，"遥"不仅指路途之远，还意指诗人和长安心理上的隔阂与障碍。诗人的情感跌宕起伏，思绪万千，跃然纸上。

月夜舟中①

戴复古②

满船明月浸虚空③，绿水无痕夜气冲④。

诗思浮沉樯影里⑤，梦魂摇曳⑥橹声中。

星辰冷落碧潭水，鸿雁悲鸣红蓼风⑦。

数点渔灯⑧依古岸，断桥垂露滴梧桐。

【字词注解】●—

①诗题一作《月中泛舟》。

②戴复古：（1167—？）南宋诗人。字式之，号石屏，台州黄岩（今浙江台州市黄岩区）人。长期浪游江湖，卒年八十余。有《石屏诗集》《石屏词》。今人有点校本《戴复古诗集》。

③浸虚空：月色笼罩天空。浸，侵润，笼罩。虚空，天空。

④绿水无痕：形容水清浪平。冲：弥漫。

⑤诗思：诗歌创作过程中的情思。浮沉：隐现。樯影：帆影。

⑥摇曳：摇摆不定。

⑦红蓼风：红蓼花开时的风，指秋风。蓼，一种草本植物，花小，红色或白色，生长在水中或水边。

⑧渔灯：渔船上的灯火。

【精彩解说】●—

月夜，装载着明月清光的船在水上漂浮，好像沉浸在虚空中一样，平静澄澈的江水，散发着秋夜逼人的寒气。我的诗兴在浮沉的帆影中起伏，梦魂在恍惚不定的橹声中动荡。碧潭水中静静地映照出天上星辰，蓼草风声伴随着鸿雁悲鸣。古来停船靠岸的地方闪耀着几点渔家灯火，梧桐叶上坠落下来的露珠滴在断桥上。

【鉴赏】●—

这首诗描写的是凄凉冷清的月夜秋景。"浸虚空""夜气冲"描绘出月色弥漫、寒气四溢的景象，一种密不透风的凄凉笼天地于无形，让人无处遁逃。诗人的愁情烦绪就在光与影、舟与桨的流转中起伏波动。中间两联对仗工整，极力渲染了秋天的萧瑟。尾联从岸边写到船上，以景取胜，烘托心境。全诗融情于景，情景相生，达到了理想的效果。

长安秋望①

赵嘏

云物凄凉拂曙流②，汉家宫阙动高秋③。

残星几点雁横塞④，长笛一声人倚楼。

紫艳⑤半开篱菊静，红衣落尽渚莲愁⑥。

鲈鱼正美⑦不归去，空戴南冠⑧学楚囚。

─●【字词注解】

①诗题一作《长安秋夕》，又作《长安晚秋》。唐文宗大和初年（827），诗人客游浙东，后至宣城，数应举，不第。诗作于赵嘏滞留长安未第时。

②云物：云雾。凉，一作"清"。拂曙：拂晓，天刚亮。流：流动，指拂晓的光亮在逐渐延伸。

③汉家宫阙：借汉喻唐，指唐代宫殿。动高秋：巍然耸立的宫殿，似乎触动了高高的秋空。

④残星：晨星，因为天色将亮，星辰已经稀疏暗淡，所以称为残星。雁横塞：雁飞过边塞。横，度，越过。

⑤紫艳：艳丽的紫色菊花。

⑥红衣：这里指红色的莲花瓣。渚（zhǔ）：水中的小块陆地。

⑦鲈鱼正美：《世说新语·识鉴》载，晋时吴郡（今江苏苏州）张翰在洛阳做官。一次见秋风起，便想起家乡鲈鱼莼羹正是味美时候，便弃官而归。后被传为归隐美谈。这里流露出诗人思乡心切。

⑧南冠：囚犯，用楚国钟仪被囚于晋国的典故，表现身不由己，难以

归乡。

拂晓时分，灰蒙蒙的云雾中夹带着丝丝寒意，汉家宫殿开始呈现出秋天的景象。几颗稀疏的晨星点缀在空中，鸿雁从边塞飞越而来；倚楼而望的人忽闻笛声悠悠，更加牵动了思乡之情。艳丽的紫色菊花在寂静中绽放，水中的荷花已凋零殆尽。家乡的鲈鱼味道鲜美，我却不能回去，只好仿效钟仪戴着南冠思念楚地。

这首七律通过描述诗人秋望中的见闻，抒发羁旅思归的心情。诗中的景物不仅有广狭、远近、高低之分，而且体现了天色随时间推移由暗而明的变化。特别是颔颈两联的写景，将典型景物与特定的心情结合起来，景语即情语。雁阵和菊花，本是深秋季节的寻常景物，南归之雁、东篱之菊又和思乡归隐的情绪形影相随。诗人将这些形象入诗，意在给人以丰富的暗示。加之以拂曙凄清气氛的渲染，高楼笛韵的烘托，思归典故的运用，全诗意境深远而和谐，风骨峭峻而清新。

新　秋①

杜甫

火云②犹未敛奇峰，欹枕初惊一叶风③。
几处园林萧瑟④里，谁家砧杵⑤寂寥中。
蝉声断续悲残月，萤焰⑥高低照暮空。
赋就金门⑦期再献，夜深搔首叹飞蓬⑧。

①这首诗大约作于唐肃宗上元二年（761），这年八月杜甫寓居成都

西郊草堂。新秋：初秋。

②火云：彩云，一说是火烧云，也可理解为夏季炽热的云彩。

③欹：倾斜，斜靠着。一叶风：传说立秋时节，梧桐就要落下第一片叶子，后人用此指代秋风。

④萧瑟：树木为秋风吹拂所发出的声音。

⑤砧杵：捣衣具。砧，捣衣石。杵，捣衣棒。

⑥萤焰：萤火。

⑦金门：汉代宫殿门，又叫金马门。汉武帝得大宛马，命人铸铜像，立于鲁班门外，所以称作金马门。汉代征召来的人中才能优异者，令待诏金马门。这里是说，想献策于朝廷，以求进仕，建功立业。

⑧飞蓬：指枯后根断遇风飞旋的蓬草，比喻自己漂泊的身世。

——•【精彩解说】

火烧云变化而成的奇山异峰还未消散，我倚枕而憩，一阵凉风吹来，才发现秋天已经来临。好几处园林都呈现出花木凋零的景象，冷落寂静中传来的不知是谁家的捣衣声。断断续续的蝉叫声好像为月亮残缺而悲鸣，忽高忽低的萤火光映照在黄昏的空中。我希望能再次被皇上召见，以便献策于前。深夜里，我思绪烦闷，悲叹自己像蓬草那样到处飘零。

——•【鉴赏】

这首诗既写了新秋季节的物候特征，也表露了诗人感叹时光易逝、功名难就的苦闷心情。诗题名为《新秋》，确实写出了新秋的特点。有意思的是诗人把自己的感受也融进了秋色中。"欹枕初惊一叶风"和"夜深搔首叹飞蓬"，他的一惊一叹，正是诗人在夏秋交替时的独特感受。他功名未就，心有苦衷，眼看夏去秋来，难免有时不我待之感，所以深夜搔首，感叹不已。这样写就使得诗人的形象和诗中秋景物我一体，情景交融。

中　秋

李朴①

皓魄②当空宝镜升，云间仙籁③寂无声。

平分秋色④一轮满，长伴云衢⑤千里明。

狡兔空从弦外落⑥，妖蟆⑦休向眼前生。

灵槎拟约同携手⑧，更待银河彻底清⑨。

【字词注解】●

①李朴（1063—1127）：字先之，人称章贡先生，兴国（今江西兴国）人。宋哲宗绍圣元年（1094）进士，任国子监教授，为官敢于直言，不惧权奸。宋高宗即位后，任秘书监。有才名，善诗歌，有著作《章贡集》传世。李朴父子兄弟一门七进士，均以理学诗文见称。

②皓魄：月亮。魄，古人称月光初生或将灭时的微光。

③仙籁：仙境的声音。

④平分秋色：八月十五正值秋季之半，所以说平分秋色。也可理解为月与大地平分它的光亮。

⑤云衢：云海中月亮运行的轨迹。衢，四通八达的道路。

⑥狡兔：传说月中捣药的白兔，据说它可以使月亮生光。弦：农历初七、初八，月亮缺上半部分，叫上弦月；二十二、二十三，缺下半部分，叫下弦月。

⑦妖蟆：传说中月里的蟾蜍，能食月，使月亮产生圆缺变化。

⑧灵槎（chá）：仙槎。槎，木筏。拟约：打算邀请。

⑨更待银河彻底清：用比喻的修辞手法，表达了对清平政治的渴望。

【精彩解说】●

月亮像圆镜一样悬挂在空中，四处都寂静无声。中秋满月伴着随风飘荡的白云，远看就像是月亮和白云一起行走。空中月明如水，月面空明，狡兔看起来要从弦外落下一样，食月的蛤蟆也休想在这个时候出现。我想等到银河彻底澄清的那一天，约个同伴一起乘灵槎去天河游玩一番。

——●【鉴赏】

诗题虽为《中秋》，实是写中秋之月。首联写月之形状，圆如宝镜；颔联写月之亮光，普照千里。颈联由眼前之景联想到有关月亮的神话，进一步丰富了月之神韵。尾联即由神话而生出畅游天河的美好愿望。全诗条理清晰，写景状物与传说想象融为一体，展现了一个清新明亮的中秋之夜。

秋　思

陆游

利欲驱人万火牛①，江湖浪迹②一沙鸥。

日长似岁闲方觉③，事大如天醉亦休④。

砧杵敲残深巷月，井梧摇落故园秋⑤。

欲舒⑥老眼无高处，安得元龙百尺楼⑦。

——●【字词注解】

①利欲：追求利禄的欲望。驱人：驱使人。万火牛：战国时燕、齐交战，燕军攻破齐国七十多座城池，只有莒、即墨没有攻破。齐将田单在牛角上捆绑利刃，牛尾纵火，驱使牛冲向燕军，大败燕军，保全了齐国。这里是说利欲可以使人疲于奔命，无所顾忌。

②浪迹：到处漂泊，行踪不定。

③日长似岁：度日如年。方：才会，才能。觉：觉察，意识到。

④休：完结，忘却。

⑤"砧杵"两句：写深巷月光下砧杵声不停，给人一种凄惨的感觉，下句写看到桐树叶子飘落，心里不由自主地产生思乡的愁绪。井梧，又作

"梧桐"。摇落，凋残，零落。

⑥舒：舒展。

⑦安得：哪里能够。元龙：即陈登，字元龙，三国时魏人。百尺楼：《三国志·魏书·陈登传》载，陈登曾任广陵太守，为人豪放不羁，客至，常自上大床卧，使客人睡下床。一日，刘备、许汜在刘表处品评人物，许汜对陈登有所贬词。刘备说："君有国士之名，今天下大乱，帝主失所，望君忧国忘家，有救世之意。而君求田问舍，言无可采，是元龙所讳也，何缘当与君语！如小人，欲卧百尺楼上，卧君于地，何但上下床之间耶？"

【精彩解说】●——

世人追名逐利的劲头比火牛阵还要厉害，我愿像鸥鸟一样自由自在，到处漫游。闲暇无事时，发觉度日如年，即使有天大的事情，喝醉之后也就忘了。小巷深处传来砧杵的捣衣声，天边残月清冷如许；井边梧桐叶落，才知故乡也是秋天了。想要登高望远却没有去处，怎样才能得到像陈元龙那样的百尺高楼？

【鉴赏】●——

诗人陆游是南宋著名的爱国诗人，他主张抗金，收复失地，但这种理想却一再落空，这首诗是诗人壮志难酬的苦闷心情的表达。诗歌开门见山地批判那些热衷功名之人，与自己的浪迹江湖、淡泊名利形成了强烈对比，为颔联进一步写诗人之"闲"做了铺垫，讽刺了世人之"忙"。颈联用砧杵、巷月、梧桐描绘了一幅冷落的清秋图，"摇落"二字把抽象的愁思具象化，生动传神。尾联一"舒"字说明诗人沉郁已久，不得开怀。

与朱山人①

杜甫

锦里先生乌角巾②，园收芋栗未全贫③。

> 惯看宾客儿童喜，得食阶除鸟雀驯④。
>
> 秋水才深四五尺，野航恰受两三人⑤。
>
> 白沙翠竹江村暮，相送柴门月色新⑥。

—•【字词注解】

①诗题一作《南邻》，当时杜甫居住在成都浣花溪草堂，南邻有朱山人朱希真。

②锦里：锦江附近。乌角巾：一种隐士常戴的黑色头巾。

③芋栗：芋头和栗子。未全贫：不算是很贫困，暗指朱希真安贫乐道。

④阶除：台阶。驯：驯服。

⑤野航：野外水道里航行的船只。恰受：刚刚能够承受。

⑥月色新：月亮刚出来。

—•【精彩解说】

锦官城里的朱先生头戴着黑色头巾，他的园子里种着芋头和栗子，生活不算贫困。朱先生习惯有客人经常来访，也喜欢看着小孩们玩闹嬉笑，他还经常在台阶上撒谷食来训练鸟雀。秋水涨至四五尺深，野渡的小船刚好坐下两三个人。日暮时分，江边的白沙滩和翠绿的竹林全都笼罩在夜色中，一轮新月送我走出柴门。

—•【鉴赏】

诗歌用白描手法展现了朱山人清闲的隐士生活。前四句写拜访朱山人的情景，刻画出朱山人的安贫乐道，幽居好客；后四句写朱山人殷勤送客和主宾道别的情形。全诗自然清新，轻快明丽，体现了诗人访客的轻松和喜悦之情。

闻　笛①

赵嘏

谁家吹笛画楼②中，断续③声随断续风。
响遏行云横碧落④，清和冷月⑤到帘栊。
兴来三弄有桓子⑥，赋就一篇怀马融⑦。
曲罢⑧不知人在否，余音嘹亮尚⑨飘空。

【字词注解】●—

①本诗不见于《全唐诗》赵嘏集中，《分门纂类唐宋时贤千家诗选》卷十八署名刘后村，但也不见于《后村居士诗》，《全宋诗》未收，作者待考。

②画楼：装饰精美的楼。

③断续：断断续续。

④响遏行云：形容笛声响彻云霄，阻挡住了流动的云彩。遏，阻止。碧落：碧空，天空。

⑤清和冷月：清冷柔和的月色。

⑥三弄：三支曲子。弄，乐曲称作弄。桓子：指东晋桓伊，善音乐。

⑦马融：东汉人，字季长，才学博洽，善鼓琴，好吹笛，著有《长笛赋》。

⑧曲罢：曲终。

⑨尚：还。

【精彩解说】●—

不知从谁家的楼台画阁中传出悦耳的笛声，随着风吹而忽高忽低，若有若无。嘹亮动听的笛声飞越碧空，连行云都被吸引住而不动了，清悠高扬的笛音伴随着寒冷的月光一起透进窗户。兴致高涨时吹奏的三段乐曲丝毫不逊于桓伊，赋诗作词就想起东汉的马融。一曲终了，不知听者是否还在，只有嘹亮的声响回荡在空中。

──•【鉴赏】

　　这是一首意境优美的诗歌，写作者月夜闻笛的感受。悠扬缥缈的笛音处于风声、行云和冷月的背景之下，愈发显得空灵、动听。颈联由笛声联想到桓伊的三弄玉笛和马融的《长笛赋》，并进一步思量那只闻其声不见其人的吹笛者，扩展了读者的想象空间。"余音嘹亮尚飘空"照应开头，收束全文。

冬　景①

刘克庄

晴窗早觉爱朝曦②，竹外秋声渐作威③。
命仆安排新暖阁④，呼童熨贴⑤旧寒衣。
叶浮嫩绿⑥酒初熟，橙切香黄蟹正肥⑦。
蓉菊满园皆可羡⑧，赏心⑨从此莫相违。

──•【字词注解】

　　①诗题一作《晚秋》，由"竹外秋声渐作威"可知吟咏的是晚秋初冬的景物。

　　②觉：睡醒。朝曦：早晨的阳光。

　　③秋声：秋天自然界的声响。渐作威：逐渐猛烈。

　　④仆：仆人。暖阁：设炉取暖的楼阁。

　　⑤熨贴：把衣服熨平。

　　⑥叶浮嫩绿：比喻新酒酒色像嫩绿的竹叶浮在上面那样鲜绿清亮。

　　⑦橙切香黄蟹正肥：橙子香气扑鼻，蟹黄味道鲜美。

　　⑧蓉菊：木芙蓉和菊花。可羡：值得玩赏。

　　⑨赏心：畅快的心情。

──•【精彩解说】

　　一觉醒来尤其喜爱照在窗棂边的晨光，同时也发觉竹林里传来的秋声渐趋猛烈。我吩咐仆人准备好取暖用的阁楼，并把冬天的衣服熨烫整齐。新酿好的酒表面泛起如竹叶一样嫩绿的泡沫，黄澄澄的橙子切开来香气扑鼻，正当时令的秋蟹肥大而甘美。木芙蓉和菊花开满园内，千万不要错过这赏心悦目的美景。

【鉴赏】●———

　　诗歌描写的是有闲士大夫的秋末冬初生活，充满情趣。首联写景，朝阳暖照大地，秋风日趋寒冷。颔联和颈联叙事，展现出一幅衣食富足、其乐融融的画面。尾联抒情，充分表达出诗人尽情享受，及时行乐的闲适心情。全诗条理分明，风格自然，给人轻松之感。

冬　景①

杜甫

天时人事②日相催，冬至阳生春又来③。
刺绣五纹添弱线④，吹葭六管⑤动飞灰。
岸容待腊将舒柳⑥，山意冲寒⑦欲放梅。
云物不殊乡国异⑧，教儿且覆⑨掌中杯。

【字词注解】●———

①诗作于唐代宗大历元年（766），时杜甫流寓夔州。

②天时人事：自然界的时序与人世间的事情。

③冬至：节令名，一般在农历十一月间，此节过后，逐渐日长夜短。阳生：阳气上升。

④五纹：花纹。添弱线：据《唐杂录》载，唐代宫中根据日影长短安排纺织工作量，冬至后，日晷渐长，比常日增一线的工作量。弱线，细丝。

⑤吹葭六管：古代预测节令，将芦苇茎中的薄膜制成灰，放在十二乐

律的玉管中，将玉管放在木案上，到了某一节气，相应律管内的灰就会自动飞出。六管，十二节气中的六律、六玉管。

⑥岸容：河边的物色。腊：腊月。舒柳：柳树将发新芽，舒展枝条。

⑦冲寒：迎着寒气，冲破寒气。

⑧云物：景物。乡国：故乡。

⑨覆：倾，倒。

——●【精彩解说】

天时人事，每天变化得很快，转眼又到冬至了，过了冬至白日渐长，天气日渐回暖，春天即将回来了。刺绣女工因白昼变长而可多绣几根五彩丝线，吹管的六律已飞动了葭灰。堤岸好像等待腊月的到来，好让柳树舒展枝条，抽出新芽，山也要冲破寒气，好让梅花开放。我虽然身处异乡，但这里的景物与故乡的没有什么不同之处，因此，让小儿斟上酒来，一饮而尽。

——●【鉴赏】

这首诗是诗人大历元年（766）在夔州写的。那时杜甫生活比较安定，心情也比较舒畅。此诗写冬至前后的时令变化，不仅用刺绣添线写出了白昼增长，还用河边柳树即将泛绿、山上梅花冲寒欲放两种现象，生动地写出了冬天孕育着春天的景象。诗的末二句写他由眼前景物唤起了对故乡的回忆。虽然身处异乡，但云物不殊，所以诗人叫儿斟酒，举杯痛饮。该举动和诗中写冬天里孕育着春天气氛的基调是一致的，都反映出诗人难得的舒适心情。

梅　花①

林逋②

众芳摇落独暄妍③，占尽风情④向小园。

疏影横斜水清浅，暗香浮动月黄昏。⑤

霜禽欲下先偷眼⑥，粉蝶如知合断魂⑦。
幸有微吟⑧可相狎，不须檀板共金樽⑨。

【字词注解】

①诗题一作《山园小梅》，原作二首，此选一。这首咏物诗从多方面描写梅花的神韵。随着咏梅风气的盛行，林逋之名与孤山梅花也广为人知，故明朝诗人王淇有"只因误识林和靖，惹得诗人说到今"之句。

②林逋（967—1028）：北宋诗人，字君复，宁波奉化黄贤村人。后人称其为"和靖先生"。出生于儒学世家，早年曾游历于江淮等地，四十多岁开始隐居于杭州西湖孤山之下。据传足不出户，终生未娶，以植梅养鹤为乐，人称"梅妻鹤子"。今杭州西湖的小孤山有许多梅花，有放鹤亭及林逋墓。

③众芳：百花。暄妍：原指景物明媚，这里形容梅花鲜艳夺目。

④风情：风采，风光。

⑤"疏影"两句：是林逋化用五代南唐诗人江为"竹影横斜水清浅，桂香浮动月黄昏"而来，由原作咏竹、咏桂转而吟咏梅花的神韵，从此"暗香疏影"就成为梅的代名词。疏影，梅花疏朗的影子。暗香，幽香，清香。黄昏，形容月色朦胧。

⑥霜禽：冷天的鸟。偷眼：偷看。

⑦合：应该。断魂：痴痴呆呆、失魂落魄的样子。

⑧微吟：轻声念新作的诗。

⑨檀板：演奏音乐用的檀木拍板，这里借指音乐。共：与。金樽：珍贵的酒杯，这里借指美酒。

【精彩解说】

百花凋零的时候，只有梅花风采依然、艳丽夺目，小园里的风光全被梅花占尽了。梅花稀疏的影子斜照在清浅的水里，清幽的香气通过朦胧的月光四处飘散。冬鸟停下来栖息，也会情不自禁地先偷看一眼这寒梅冷艳的风姿；粉蝶如果知道冬天有这样的香花，定会高兴得忘乎所以。幸好我还可以轻声地吟诵诗歌，与梅花亲近，而无须敲着檀板唱歌，执着酒杯来欣赏它了。

─●【鉴赏】

林逋是宋初山林隐逸诗人之佼佼者，其诗除赠答之作外，多写西湖美景及隐居生活，尤以咏梅诗著称。这首诗的妙处在于它抛开花之形迹的吟诵，着意于写意传神。诗人运用正面描写与侧面烘托相结合的写作手法，从多个角度渲染梅花清逸高洁的神韵和风骨，这其实正是诗人幽独清高、自甘淡泊的人格的自我写照。此诗一出，即被后人奉为咏梅的绝唱。

左迁至蓝关示侄孙湘[①]

韩愈

一封朝奏九重天[②]，夕贬潮阳路八千[③]。

欲为圣明除弊事[④]，敢将衰朽惜残年[⑤]。

云横秦岭[⑥]家何在，雪拥蓝关[⑦]马不前。

知汝[⑧]远来应有意，好收吾骨瘴江[⑨]边。

─●【字词注解】

①此诗作于唐宪宗元和十四年（819）。当年正月，宪宗派人到凤翔（今陕西境内）法门寺迎接佛骨入宫供养。韩愈上《论佛骨表》劝谏，触怒宪宗，被贬为潮阳（今广东潮州一带）刺史。

②封：奏章，呈给皇帝的意见书，即《论佛骨表》。奏：向皇帝上书。九重天：这里指皇帝。

③贬：贬官。潮阳：即潮州，今广东潮州。八千：长安到潮州的估计距离，是说路途遥远。

④圣明：朝廷。弊事：有害的事。

⑤敢：一作"肯"，岂敢，岂肯。衰朽：体弱年迈。惜残年：爱惜残

余的岁月。

⑥秦岭：泛指陕西南部的山岭。

⑦蓝关：蓝田关，在今陕西蓝田东南。

⑧汝：你，指韩湘。

⑨瘴江：泛指岭南河流，当时岭南多瘴疠之气，所以称瘴江。

【精彩解说】●—

　　早晨我上书给皇上，晚上就被贬到八千里外的潮州。本想替皇帝除去弊事，哪顾得我年老体衰力不支。回顾京师，乌云弥漫不见家；展望前景，积雪遍野苍茫茫。我知道你远道而来有打算，正好在瘴江边收殓我的尸骨。

【鉴赏】●—

　　此诗虽追步杜甫，但能变化而自成面目，表现出韩愈以文为诗的特点。律诗有严谨的格律要求，而此诗仍能以"文章之法"行之，而且用得较好。好在虽有"文"的特点，如表现在直叙的方法上，虚词的运用上（"欲为""敢将"之类）等；同时亦有诗歌的特点，表现在形象的塑造上（特别是五、六一联，于苍凉的景色中有诗人自己的形象）和诚挚深厚感情的抒发上。全诗叙事、写景、抒情融合为一，诗味浓郁，诗意盎然。

干　戈

王中①

干戈未定欲何之②，一事无成两鬓丝③。
踪迹大纲王粲传④，情怀小样杜陵诗⑤。
鹧鸪⑥音断人千里，乌鹊⑦巢寒月一枝。
安得中山千日酒⑧，酩然⑨直到太平时。

──●【字词注解】

①王中：字积翁，南宋诗人。

②干戈：古代的两种兵器，泛指兵器、战争、战乱。欲何之：想要到哪里去。之，去，往，到。

③两鬓丝：两个鬓角上长满了白发。

④踪迹：脚印，行迹，行为。大纲：大致，大的方面。王粲：字仲宣，东汉人，生逢战乱，长期过着颠沛流离、不得重用的日子。

⑤小样：略似。杜陵：杜甫，杜甫常自称杜陵野老、杜陵布衣、少陵野老，后人称之为杜陵或杜少陵。杜诗多感时伤事、忧国忧民之作。

⑥鹡鸰：一种鸟。后世用鹡鸰比喻兄弟。

⑦乌鹊：化用曹操《短歌行》："月明星稀，乌鹊南飞。绕树三匝，何枝可依？"说自己漂泊不定。

⑧千日酒：酒名。古代传说中山人狄希能造千日酒，饮后醉千日。晋张华《博物志》卷十："昔刘玄石于中山酒家酤酒，酒家与千日酒，忘言其节度，归至家当醉，而家人不知，以为死也，权葬之。酒家计千日满，乃忆玄石前来酤酒，醉向醒耳。往视之，云玄石亡来三年，已葬。于是开棺，醉始醒。俗云：'玄石饮酒，一醉千日。'"

⑨酩然：大醉的样子。

──●【精彩解说】

战争没完没了，无处可以避难；我一事无成，只是两鬓平添了白发。王粲作赋感怀，杜甫吟诗自遣，深深哀叹战争祸乱，我的心迹与他们大体相同。鹡鸰离群失所，也懂得飞鸣哀叫以救同类，而我与兄弟却相隔千里，音讯全无；我在外颠沛流离，就像月夜里的乌鸦找不到栖息的树枝。哪里能买到中山酿造的千日好酒，让我一醉到天下太平的时候再醒来呢？

──●【鉴赏】

这首以战争为题材的诗歌没有对战争进行正面描写，而是抒写对战争的感受。身处乱世，一事无成，实是对战争的控诉。接下来借王粲、杜甫表明自己的心迹，哀叹战争祸乱，使人骨肉分离。面对现实，前途堪忧，唯有借酒消愁，表达出对平安美好生活的渴望。

归　隐①

陈抟②

十年踪迹走红尘③，回首青山入梦频④。

紫绶纵荣争及睡⑤，朱门⑥虽富不如贫。

愁闻剑戟扶危主⑦，闷听笙歌聒醉人⑧。

携取旧书归旧隐⑨，野花啼鸟一般春。

【字词注解】

①相传诗人在后唐长兴年间应进士举，落第，乃归隐，作此诗。

②陈抟：字图南，自号扶摇子，亳州真源人。年四五岁时，戏于涡水岸侧，有青衣妇人乳之，自此之后聪明颖悟。及长，读经史百家之言，过目成诵，颇有诗名。后唐长兴中，陈抟因举进士不第，遂不求禄仕，以山水为乐。有《指玄篇》《三峰寓言》《高阳集》及《钓潭集》。

③红尘：人世间。

④回首：回想，回忆起。频：频繁。

⑤紫绶：系印的紫色绶带。只有官阶高的人才用紫色，这里泛指高官厚禄。纵荣：纵然荣耀。争及：怎及。

⑥朱门：古代王侯权贵的大门常漆成红色，所以朱门也就成了豪贵之家的代称。

⑦剑戟：古代的两种兵器，借指武力。扶危主：辅佐拯救危难中的君主。

⑧闷听：厌烦听，不喜听。聒：吵闹。

⑨旧隐：以前隐居的地方。

——●【精彩解说】

十年来，为着功名利禄到处奔走，家乡的青山绿水经常出现在梦境中。高官厚禄怎及得上睡安稳觉？王公贵族虽然富贵，却比不上清贫而安闲的生活。社会动荡不安，连皇上都需要军队的保护，想起这些心中倍添哀愁。以酒解闷，却厌倦笙管歌声的喧扰，心中更加烦闷。携带着旧时书籍回到原来隐居的地方，那里野花烂漫，百鸟啼鸣，自有一派春色。

——●【鉴赏】

这是诗人在华山修道时作的一首归隐诗。大自然的生机是诗人向往的，他要远离腐败和颓废的环境，用朴素的生活历练自己，以达到修道的本来目的。诗歌虽竭力否定世俗红尘，否定功名利禄，但诗人又经常关心世事，关心时政，因而在诗中不自觉地流露出仕与隐的矛盾，反映了他对现实的极度不满，以及与理想人生形成的冲突。

时世行①

杜荀鹤②

夫因兵死守蓬茅③，麻苎衣衫鬓发焦④。
桑柘废来犹纳税⑤，田园荒尽尚征苗⑥。
时挑野菜和根煮⑦，旋斫生柴带叶烧⑧。
任是⑨深山更深处，也应无计避征徭⑩。

——●【字词注解】

①诗题又作《山中寡妇》《时世行赠田妇》。

②杜荀鹤（846—904）：字彦之，号九华山人，池州石埭（今安徽石台）人。大顺进士，以诗名，自成一家，尤长于宫词。官至翰林学士。大顺二年（891），第一人擢第，复还旧山。自序其文为《唐风集》十卷，今编诗三卷。《唐风集》卷首《春宫怨》，被推为"宫词为唐第一"。

③蓬茅：简陋的茅草房。

④麻苎：粗麻布。焦：焦黄，因吃不饱，身体缺乏营养而头发变成枯黄色。

⑤柘：一种树，叶子可喂蚕。废来：荒废。

⑥征苗：征青苗税，唐中叶以后田赋的一种附加税，在粮食成熟前征收。

⑦挑：拣。和根：带根。

⑧旋：不久。斫：砍。

⑨任是：任凭是。

⑩无计：没有办法。征徭：赋税和徭役。

【精彩解说】●—

丈夫因战乱而死，逃避到山中的寡妇守着茅草屋度日，她穿着苎麻做成的粗糙裙衫，鬓发又黄又焦，面容憔悴。桑树、柘树荒芜了，无法养蚕，却还要交纳丝税，田地荒芜了却还要征收青苗税。山中寡妇经常去挖野菜，连根一起煮，刚砍下的湿柴带着叶子一起烧。即使是躲在深山老林里，也无法逃脱赋税和徭役。

【鉴赏】●—

行是诗歌中一种体裁的名称。此诗又名《山中寡妇》，借写一个山中寡妇的穷困生活，反映了晚唐时期劳动人民的疾苦，并指出其疾苦所造成的原因是兵役和征徭的繁重。全诗并不直接抒情，而是把感情诉诸对人物命运的刻画描写之中。诗人描写寡妇的苦难，都是通过生活场景自然地流露出来，由此产生了感人的艺术力量，使诗的意蕴更加深厚。

送天师①

朱权②

霜落芝城③柳影疏，殷勤送客出鄱湖④。

黄金甲锁雷霆印⑤，红锦韬缠日月符⑥。

天上晓行骑只鹤⑦，人间夜宿解双凫⑧。

匆匆归到神仙府⑨，为问蟠桃⑩熟也无。

【字词注解】

① 天师：对道士的尊称，这里指元末明初的张正常。张正常，字仲纪，汉张道陵四十二世孙，元时赐号天师，明太祖朱元璋攻下南昌，他曾派人去拜贺。不久又两次入朝。1368年，朱元璋即位，改授正一嗣教真人，赐银印。

② 朱权（1378—1448）：明太祖朱元璋第十七子，神姿秀朗，慧心敏悟，精于义学，旁通释老，号大明奇士、臞仙、涵虚子。朱权深得朱元璋宠信。太祖洪武二十四年（1391），朱权十四岁，被封为宁王，十五岁就藩大宁（今内蒙古宁城），掌握强兵猛将，镇守北边军事要塞。谥献王，故史称"宁献王"。著有《宁国仪范》《家训》《文谱》《诗谱》《史断》《通鉴博论》《汉唐秘史》《琴阮启蒙》《神奇秘谱》《琼林雅韵》《神隐》《太和正音谱》等数十种，主要琴曲作品有《平沙落雁》和《秋鸿》等。

③ 芝城：今江西鄱阳，因城北有芝山故名。

④ 鄱湖：鄱阳湖。

⑤ 黄金甲：金贵精美的装印斗的外套。雷霆印：具有雷霆般威力的印。

⑥ 红锦韬：装符表的红丝套。缠：缠绕，这里是收藏的意思。日月符：能够驱动日月的符篆。

⑦ 鹤：仙鹤，传说中仙人的坐骑。

⑧ 双凫：《后汉书·王乔传》载，东汉明帝时王乔为叶县令，有神术，虽远离京师，却能够按时来朝。人见其每至必有双凫从东南飞来。后设网捕得一凫，原来是一只木鞋。

⑨ 神仙府：对张正常住所的美称。

⑩ 蟠桃：神话中的仙桃。

　　寒霜降临芝城，柳条日渐稀少，我把张天师殷勤地送出鄱阳湖。张天师的护身法衣里装着他的道符印章，红色锦缎包裹着捆扎好的日月符。清晨，他就骑着仙鹤在空中穿梭行走，晚上脱下那双可变化为双凫的鞋子到人间住宿。他急匆匆地赶往神仙府，为的是看那里的蟠桃成熟没有。

【鉴赏】●——

　　这是一首送别诗。朱权在南昌与道士过从甚密，这首诗就写他送别张天师的事。诗的一、二句叙述霜落芝城，秋色渐深，表达作者殷勤送别依依难舍之意；三、四句言天师印若雷霆，符比日月，称其道术之高、符咒之奇；五、六句说他跨鹤而来，乘凫而去，赞其来去如风仙踪迅速；末二句写他匆匆回府，问讯仙桃，极言天师居住仙府，洞府之奇。全诗尽以仙家生活形容天师，对仗工稳，想象丰富。

送毛伯温①

朱厚熜②

　　大将南征胆气豪③，腰横秋水雁翎刀④。
　　风吹鼍鼓⑤山河动，电闪旌旗日月高。
　　天上麒麟⑥原有种，穴中蝼蚁⑦岂能逃。
　　太平待诏⑧归来日，朕⑨与先生解战袍。

【字词注解】●——

　　①诗作于明世宗嘉靖十八年（1539）毛伯温出征前。嘉靖十五年（1536），安南（今越南）世孙黎宁派人向明世宗诉说莫登庸叛逆之事，十八年（1539），毛伯温率兵征讨安南，次年进驻南宁。毛伯温：字汝厉，吉水人，正德进士，嘉靖间为兵部尚书兼右都御史，有《毛襄懋集》《东塘诗集》。

②朱厚熜（cōng）（1507—1567）：明宪宗之孙，明武宗堂弟。明武宗死，无嗣，乃至京即位，为世宗皇帝，年号嘉靖。朱厚熜早年勤于朝政，斩杀权贵，还田于民，但到晚期，迷信道教，祈求长生不老，长期不视朝政，由严嵩执掌大权，政治腐败，使国势日趋没落，政治和经济都出现深重危机。

③大将：指毛伯温。南征：嘉靖十八年（1539），毛伯温率兵征讨安南，次年进驻南宁，兵不血刃而安南平定。

④秋水：形容宝刀如秋水般明亮。雁翎刀：形似雁翎的刀。

⑤鼍（tuó）鼓：鼍皮制成的鼓。鼍，扬子鳄。

⑥麒麟：古代传说中的一种瑞兽，这里指毛伯温。

⑦蝼蚁：形容安南叛军莫登庸部。

⑧待诏：待命。

⑨朕：朱厚熜自称。

─●【精彩解说】

毛大将军征伐南方，胆气豪迈无比，腰间的雁翎刀如同一泓秋水般明亮。旌旗飘扬，战鼓槌击，震动着天地，好似电光闪闪映照着日月。毛伯温神勇天生，犹如天上麒麟的后代，敌人如同洞里的蝼蚁，又怎么能逃出毛将军的手掌心。等到将军平定叛乱，朕会下诏，令你班师回朝，亲自为将军解下战袍，为将军接风。

─●【鉴赏】

这首诗写送人出征，表现了皇帝对南征必胜的信心和对主将的殷切期望。首联写主将气概和出师时的装束，充满豪壮之气；颔联写鼓鸣旗展，以衬军威；颈联言麒麟有种，蝼蚁难逃，写出作者的必胜信念；尾联写他等待班师凯旋，到时将亲自为主将解下战袍，勉励中含有期望。整首诗声势雄壮，意气高扬，送臣子而有真实感情，没有皇帝居高临下的态势，不同于一般的御制诗。

卷三 五绝

〔题解〕

　　五言绝句最早在汉代出现，也称为"五绝"。五言绝句包括五言律绝和五言古绝两种，五言古绝为古体诗，五言律绝为近体诗。五绝最早出现是在南朝陈徐陵《玉台新咏》中，其中出现了四首五言古绝。古人作诗一个意思的表达一般需要四句，也因为这样，只有四句的诗就被称为绝句。五言绝句每一句都有五个字，全诗由四句组成，其中五言律绝有着严格的平仄、押韵要求。

春　　眠①

孟浩然②

春眠不觉晓③，处处闻啼鸟④。
夜来风雨声，花落知多少。

【字词注解】

①诗题一作《春晚绝句》，又作《春晓》。

②孟浩然（689—740）：唐代著名诗人。襄州襄阳（今属湖北）人，世称"孟襄阳"。前半生主要居家侍亲读书，以诗书自适。曾隐居鹿门山。四十岁游京师，应进士不第，返襄阳。诗歌以五言诗为主，多写山水

田园和隐逸、行旅等内容，冲淡自然，继陶渊明、谢灵运、谢朓之后，开盛唐山水田园诗派之先声。有《孟浩然集》。

③眠：睡觉。不觉晓：不知不觉天亮了。

④处处：到处。啼鸟：鸟叫声。

—●【精彩解说】

春天的夜晚不知不觉睡到天亮，扰醒我的是窗外一片鸟鸣啁啾。回想起昨夜风雨声不断，那娇美的春花不知又落了多少。

—●【鉴赏】

这首诗描写了春天早晨绚丽的图景，抒发了诗人热爱生活、珍惜美好春光之情。

这首小诗仅仅四行二十个字，写来却回环波折，别有意趣。首句破题，"春"字点明季节，写春眠的香甜，以至旭日临窗才甜梦初醒。次句写春景，鸟噪枝头，一派生机勃勃的景象。三句转为写回忆，诗人追忆昨晚的潇潇春雨。末句又回到眼前，联想到春花被风吹雨打、落红遍地的景象，由喜春翻为惜春，诗人把爱春和惜春的情感寄托在对落花的叹息上。

《春晓》的语言平易浅近，自然天成，一点儿也看不出人工雕琢的痕迹，但言浅意浓，景真情真，灌注着诗人的生命。整首诗就像行云流水一样平易自然，又悠远深厚，独臻妙境。

访袁拾遗不遇①

孟浩然

洛阳访才子②，江岭作流人③。
闻说梅花早④，何如此地春⑤。

—●【字词注解】

①诗题一作《洛中访袁拾遗不遇》。袁拾遗：袁瓘，洛阳人，诗人好

友，曾任拾遗。

②才子：有才华的人，这里指袁瓘。

③江岭：大庾岭，位于今广东、江西交界处。流人：获罪流放之人，这里是说袁瓘因罪流放到岭外。

④梅花早：南方气候温暖，梅花开得早。

⑤何如：怎比得上。此地：一作"北地"，指洛阳。

【精彩解说】●──

　　到洛阳是为了和才子袁拾遗相聚，没想到他已成为江岭的流放者。听说那里的梅花开得早，但又怎么能比得上洛阳的春天呢。

【鉴赏】●──

　　这是一首访友不遇诗，诗里包含了相当复杂的情绪，既有不平，也有伤感；感情深沉，却含而不露，精练而含蓄。全诗四句，贯穿着两个对比：用人对比，从而显示不平；用地对比，从而显示伤感。结尾一个诘问句，使得作者的真意更加鲜明，语气更加有力，伤感的情绪也更加浓厚。

送郭司仓①

王昌龄②

映门淮水③绿，留骑④主人心。
明月随良掾⑤，春潮夜夜深。

【字词注解】●──

①司仓：管理仓库的小官。

②王昌龄（约690—756）：字少伯，盛唐著名诗人。开元十五年（727）登进士第，任秘书省校书郎。开元二十二年（734），中博学鸿词科，授汜水县尉。二十七年（739），被贬岭南，途经襄阳，孟浩然有诗

相送；经岳阳，有诗送李白。次年回长安，又出为江宁县丞。数年后被贬为龙标县尉，李白有诗遥寄。安史之乱起，由贬所赴江宁，为濠州刺史闾丘晓所杀。世称王江宁或王龙标。有《王昌龄诗集》。

③淮水：淮河，发源于河南桐柏山，流经安徽、江苏，注入长江。

④留骑：留客的意思。骑，坐骑。

⑤良掾（yuàn）：好官。掾，古代府、州、县属官的通称。

─●【精彩解说】

春夜的淮水碧波荡漾，映照着屋门，我挽留客人的心意十分诚恳。客人没留住，连明月也好像随着他的车骑一同而去，我的思念就像这淮水的春潮，夜夜翻滚不能平静。

─●【鉴赏】

这是一首送别诗。诗的开头用画意般的描写，点明送别的时间和地点。诗人以淮水之绿表明主人留客之心殷殷切切，以明月、春潮来表达分别之愁，以景寓情，让周围景物表达出自己的心情和思想，诗人的思念一下子变生动了。"映门淮水绿"与"春潮夜夜深"首尾呼应，用春水比喻绵绵不绝的友情，形象生动。

洛阳道①

储光羲②

大道直如发③，春日佳气④多。
五陵⑤贵公子，双双鸣玉珂⑥。

─●【字词注解】

①本诗是《洛阳道五首献吕四郎中》组诗的第三首。洛阳道：汉横吹

十八曲之一。

②储光羲（706—763）：唐代诗人。润州延陵（今江苏丹阳）人，一说祖籍兖州（今属山东）。开元十四年（726）进士，授冯翊县尉，转汜水、安宜等县尉。仕宦不得意，隐居终南山别业，与王维为友。后出山任太祝，世称储太祝，迁监察御史。天宝末，奉使至范阳。安史之乱起，叛军攻陷长安，他被迫受伪职，后脱身归朝，贬死岭南。储光羲的诗以描写田园山水著名，风格朴实，能够寓细致缜密的观察于浑厚的气韵之中。有《储光羲集》五卷，《全唐诗》编为四卷。

③大道直如发：语出鲍照《代陆平原君子有所思行》："层阁肃天居，驰道直如发。"

④佳气：指阳气，温和晴暖的天气。

⑤五陵：在长安附近，因汉代高祖、惠帝、景帝、武帝、昭帝五个皇帝葬于此，故名，附近多权贵所居。后人用"五陵"来泛指贵族的居住地。

⑥双双：言其成群结队。玉珂：马络头上的装饰物，多为玉制，也有用贝制的。

【精彩解说】

洛阳大道宽广平整，笔直如伸展的长发，春天更是风景宜人，景色优美。聚集在一起的富豪公子们成群结队地驾车出游，车马行走时，玉珂相互撞击发出清脆的声响。

【鉴赏】

诗人以洛阳道为题材，既写大道，又写贵族们的悠闲生活。首句用"直如发"比喻洛阳道，看似信手拈来，却十分贴切，既形似又神似。第二句用一个"多"字，言简意赅，概括了春临大道的美不胜收。三、四句转入对大道上贵族公子的描写，刻画出他们悠闲自得、旁若无人的得意神态，引人遐想。本诗含蓄蕴藉，颇具匠心。

独坐敬亭山①

李白

众鸟高飞尽②，孤云独去闲③。
相看两不厌④，只有⑤敬亭山。

【字词注解】

①此诗作于唐玄宗天宝十二载（753）秋，这一年，李白在长安对朝政极度失望，预感到将有动乱，遂离开长安，秋至宣城，第二次漫游宣城。敬亭山：一名昭亭山，在今安徽宣城北，东临皖溪，山顶有敬亭，为南齐谢朓吟咏处。

②高飞尽：群鸟高飞，消失在遥远的天际。

③孤云：片云。闲：悠闲。

④两不厌：山与诗人互不厌烦，情意相随，是拟人的手法。厌，满足。

⑤只有：一作"唯有"。

【精彩解说】

鸟儿们飞得没有了踪迹，天上飘浮的孤云也不愿意留下，慢慢向远处飘去。只有我看着高高的敬亭山，敬亭山也默默无语地注视着我，我们彼此互不厌烦。谁能理解我此时寂寞的心情，只有这高大的敬亭山了。

【鉴赏】

长期漂泊使李白饱尝人间辛酸滋味，看透了世态炎凉，从而加深了对现实的不满，增添了孤寂之感。此诗写独坐敬亭山时的情趣，正是诗人带着怀才不遇而产生的孤独与寂寞的感情，到大自然的怀抱中寻求安慰的生活写照。"静"是全诗的血脉。这首平淡恬静的诗之所以如此动人，就在于诗人的思想感情与自然景物的高度融合而创造出来的"寂静"的境界，无怪乎沈德潜在《唐诗别裁集》中要夸这首诗是"传'独坐'之神"了。

登鹳雀楼①

王之涣②

白日依山尽③，黄河入海流。
欲穷千里目④，更⑤上一层楼。

【字词注解】

①鹳雀楼：旧址在今山西永济蒲州镇，是唐代河中府名胜，因常有鹳雀栖息其上，故名。

②王之涣（688—742）：盛唐著名诗人。字季陵，并州晋阳（今山西太原）人。始任冀州衡水主簿，受人诬告，弃官还乡。晚年任文安县尉，卒于任上。少有侠气，豪放不羁，常击剑悲歌，其诗多被当时乐工制曲歌唱，名动一时。其诗以描绘边塞风光著称。存诗仅六首，但艺术成就很高。

③白日：太阳。依：依傍。尽：消失。这句话是说太阳依傍山峦沉落。

④穷：穷尽。千里：很远的地方。鲍照《还都道中诗三首》："夕听江上波，远极千里目。"

⑤更：再。

【精彩解说】

夕阳依傍着西山慢慢沉没，滔滔黄河朝着东海汹涌奔流。若想把千里的风光景物看够，那就要登上更高的一层城楼。

【鉴赏】

这首诗在写法上有一个显著的特点，它是一首全篇用对仗的绝句。沈德潜在《唐诗别裁集》中选录这首诗时曾指出："四语皆对，读来不嫌其排，骨高故也。"绝句总共只有两联，而两联都用对仗，如果不是气势充沛，一意贯连，很容易雕琢呆板或支离破碎。这首诗，前一联用的是正名对，所谓"正正相对"，语句极为工整，又厚重有力，就更显示出所写景象的雄大；后一联用的是流水对，虽两句相对，但没有对仗的痕迹。诗人运用对仗的技巧是十分成熟的。

观永乐公主入蕃①

孙逖②

> 边地莺花③少，年来④未觉新。
> 美人⑤天上落，龙塞⑥始应春。

—•【字词注解】

①诗题一作《同洛阳李少府观永乐公主入蕃》。作于唐玄宗开元五年（717），唐玄宗将永乐公主嫁给当时来朝的契丹王李失活。永乐公主：唐玄宗时东平王的外孙女杨氏，开元五年（717）被封为永乐公主，嫁给当时来朝的契丹王李失活。入蕃：帝王宗室女子出嫁外藩。蕃，古代称少数民族为蕃，此指契丹。

②孙逖（696？—761）：唐代诗人，河南洛阳人。幼而英俊，文思敏速。开元十年（722），应制登文藻宏丽科，拜左拾遗。历官考功员外郎、集贤修撰、权判刑部侍郎。孙逖掌诰八年，制敕所出，为时流叹服。尤善思，文理精练，加之谦退不伐，人多称之。以疾沉废累年，转太子詹事。

③莺花：莺啼花放，泛指春天景色。

④年来：新春到来时。

⑤美人：指永乐公主。

⑥龙塞：龙城，泛指边远地区。

　　边塞之地终年苦寒，春花少见，莺燕罕至。新春到来时，还没有春意春色。永乐公主来到边塞，好像仙女从天上降临人间，应该使荒凉的塞上感到春意盎然了。

【鉴赏】●━

　　唐玄宗开元五年（717），契丹王李失活朝见李隆基，李隆基封东平王外孙女杨氏为永乐公主，并赐配给李失活，本诗即咏此事。"边地莺花少，年来未觉新"用白描手法刻画出塞外的荒凉冷漠，春光难见。这为永乐公主入蕃做了铺垫。后两句强调公主入蕃给边地带来焕然一新的景象，而这里春光似乎又不止自然光景，因而诗歌言近而意远，令人回味无穷。

春　　怨①

金昌绪②

打起③黄莺儿，莫教④枝上啼。
啼时惊妾⑤梦，不得到辽西⑥。

【字词注解】●━

　　①该诗构思与南朝乐府民歌《读曲歌》有异曲同工之妙。"打杀长鸣鸡，弹去乌臼乌。愿得连冥不复曙，一年都一晓。"《读曲歌》写与所爱的人尽欢而希望长夜不明，而金昌绪诗歌中的思妇却只能与丈夫在梦中相聚。

　　②金昌绪：唐代诗人，今浙江杭州人，余不详，《全唐诗》存其诗一首。

　　③打起：赶走。

　　④莫教：不让。

　　⑤妾：谦辞，古代女子自称。

⑥辽西：辽河以西的地方，今辽宁省中西部，是诗中被思妇思念者滞留之地。

──•【精彩解说】

快赶走树上的黄莺，别让它在枝头长啼。啼声会惊破我的好梦，害我梦不到那辽西。

──•【鉴赏】

这首诗，语言生动活泼，具有民歌色彩，而且在章法上还有特点：它通篇词意连属，句句相承，环环相扣，四句诗形成了一个不可分割的整体，达到了王夫之在《夕堂永日绪论》中为五言绝句提出的"就一意中圆浮成章"的要求。这一特点，人所共称。从思想意义去看，它看来只是一首抒写儿女之情的小诗，但实则蕴含深刻的时代内容，它是一首怀念征人的诗，反映了当时兵役制下广大人民所承受的痛苦。

左掖①梨花

丘为②

> 冷艳全欺雪③，余香乍④人衣。
> 春风且莫定⑤，吹向玉阶⑥飞。

──•【字词注解】

①左掖：唐代称门下省为左掖，中书省为右掖，两者都是当时的中央政权机构，设在禁宫附近。

②丘为（694？—784？）：嘉兴人。中唐天宝二年（743）进士，累官太子右庶子。与刘长卿善，与王维为友。诗工五言，所写大多咏田园风物，为盛唐山水田园诗派的作者之一。著有《丘为集》，现存诗十八首。

③冷艳：形容梨花洁白夺目，颜色如雪，气度高傲，似含有寒意。欺：压服，超过。

④乍：刚。

⑤定：停。

⑥玉阶：原指玉石砌成的台阶，这里暗指皇宫。

【精彩解说】●——

梨花的洁白冷艳超过晶莹的白雪，它飘散出来的香气浸透衣服。早春乍暖还寒，风向变化不定，飘落在宫廷台阶上的梨花随风飞舞。

【鉴赏】●——

这是一首托物言志诗。首句气势盛大，写出梨花的冷艳特征，举世无双。"余香乍入衣"把清晰可闻的清香写得动感十足，突出了花香之馥郁。后两句希望借助春风之力到达所向往之处。诗人借咏梨花来表达自己希望得到朝廷重用，一展抱负。

题袁氏别业①

贺知章②

主人③不相识，偶坐为林泉④。
莫谩愁沽酒⑤，囊⑥中自有钱。

【字词注解】●——

①诗题一作《偶游主人园》。别业：别墅。

②贺知章（659？—744？）：字季真，晚号四明狂客，会稽永兴（今浙江杭州萧山区）人。武则天证圣元年（695）进士，为国子四门博士，又迁太常博士。开元中入丽正殿书院，参撰《大唐六典》及《文纂》等，后转太常少卿。累迁至太子宾客、银青光禄大夫兼正授秘书监。性放旷，

善谈笑，当时贤达皆倾慕之。与张旭、包融、张若虚并称"吴中四士"，又善草隶书。诗清新晓畅，有《贺秘监集》。

③主人：别墅主人。

④偶坐：偶然游览。为：为了。林泉：山林与泉石，指景物幽深的地方，也用来指退隐。

⑤谩（màn）：通"慢"，怠慢，轻视。沽：买。

⑥囊：袋。

【精彩解说】

我和主人互不相识，偶然来此坐坐，只为观赏这儿的林泉景色。主人别愁没钱买酒请客，我的袋中自有买酒钱。

【鉴赏】

这首诗是作者心胸豁达的一个突出表现。诗人与别墅主人素不相识，仅为林木泉石所吸引便来此游览，从侧面暗示出林园之可观。接下来诗人自言自语，拂去主人对他的担心，道出自己饮酒玩赏的雅兴。诗人对别墅不着一字，却处处显露别墅的身影，于此之中，诗人自身形象也呼之欲出。诗歌写得活泼清新，富于情趣。

夜送赵纵①

杨炯②

赵氏连城璧③，由来④天下传。
送君还旧府⑤，明月满前川⑥。

【字词注解】

①赵纵：诗人友人，赵州（今河北赵县）人。

②杨炯（650—692）：陕西华阴人，显庆四年（659）（一说显庆六

年，即661年）举为神童，待诏弘文馆。上元三年（676）应制举及第，授校书郎。后又任崇文馆学士，迁詹事司直。天授元年（690），任教于洛阳宫中习艺馆。如意元年（692）秋后改任盈川县令，吏治以严酷见称，死于任所，世称杨盈川。有《盈川集》。

③连城璧：价值连城的玉，比喻赵纵人才难得。

④由来：从来。

⑤还旧府：指赵纵回赵。

⑥川：平野，平地。

【精彩解说】●——

赵氏的和氏璧价值连城，天下闻名，由来已久。今夜送你回赵国故乡，皎洁的月光铺满眼前的水面。

【鉴赏】●——

《夜送赵纵》是一首送别诗，但却写得别致新颖。正如清人毛先舒在《诗辩坻》里所指出的："第三句一语完题，前后俱用虚境。"诗的情意真挚，神韵绰约，极臻妙境。这首诗的突出特色是深入浅出，比喻设譬通俗易懂，写景极其自然贴切，"猝然相遇，借以成章，不假绳削"，借情写景，情景交融，蕴藉而不乏深致。

竹里馆①

王维

> 独坐幽篁②里，弹琴复长啸③。
> 深林人不知，明月来相照。

【字词注解】●——

①诗为《辋川集》收录的作品之一。王维自唐玄宗天宝三载（744）

至十五载（756）常居于辋川，作《辋川集》，其间与裴迪诗相往来。竹里馆：王维建在辋川的别馆。

②幽篁（huáng）：幽深的竹林。篁，竹林。

③复：又。长啸：撮口发出长而清晰的声音，古代雅士常借此抒情。

──●【精彩解说】

我独自坐在幽静的竹林中，拨弄琴弦，又长声呼啸。在幽深的竹林里，无人知晓，只有明朗的月亮来与我相伴。

──●【鉴赏】

这首小诗总共四句。拆开来看，既无动人的景语，也无动人的情语；既找不到哪个字是诗眼，也很难说哪一句是警策。可以想见，诗人是在意兴清幽、心灵澄净的状态下，与竹林、明月本身所具有的清幽澄净的属性悠然相会而命笔成篇的。从全诗的组合看，诗人在写月夜幽林的同时，又写了弹琴、长啸，是以声响托出静境。至于诗的末句写到月来照，不仅与上句的"人不知"有对照之妙，也起了点破暗夜的作用。这些音响与寂静以及光影明暗的衬映，在安排上既是妙手天成，又有匠心运用。

长干行①

崔颢

> 君②家何处住，妾住在横塘③。
> 停船暂借问④，或恐⑤是同乡。

──●【字词注解】

①诗题一作《长干曲》，乐府杂曲歌词名。长干：长干里，在今江苏南京秦淮河南，古时送别之地。

②君：敬称，您。首句用君，次句用妾，表现了女子对对方的尊敬与

诚意。

　　③横塘：地名，在秦淮河南岸，靠近长干里。

　　④借问：请问。

　　⑤或恐：恐怕是。

　　请问您家住何处？我家住在横塘。暂且把船停靠一下，或许我们还是同乡呢！

　　这首抒情诗抓住了人生片段中富有戏剧性的一刹那，用白描的手法，寥寥几笔就使人物、场景跃然纸上，栩栩如生。它不以任何色彩映衬，也不用任何妆饰烘托，它不凭任何布景借力，而是截头去尾，突出主干，又很像独幕剧。题材是那样的平凡，而表现手法却是那样的不平凡。这首诗还表现了女主角的境遇与内心的孤寂，诗人不仅在纸上重现了女主角外露的声音笑貌，也深深挖掘了她的个性和心情。

罢相作①

李适之②

避贤③初罢相，乐圣④且衔杯。
为问门前客⑤，今朝几个来。

　　①罢相作：被罢免丞相职位后所作的诗歌。

　　②李适之（？—747）：一名昌，李唐宗室，恒山愍王李承乾之孙，开元中，累官通州刺史，擢秦州都督，转陕州刺史。入为河南尹，拜御史大夫，历刑部尚书。天宝元年（742）代牛仙客为左相，累封清和县公，

遭李林甫陷害被罢相。

③避贤：让贤，让位于李林甫，是讽刺的手法。

④乐圣：爱酒。

⑤为问：询问。门前客：以前任丞相时登门拜访的宾客。

——•【精彩解说】

让贤刚辞去宰相的官位，爱喝酒暂且就多喝几杯吧！试问当年门前的访客，如今来了几个呢？

——•【鉴赏】

这是一首因事而写的讽刺诗。由于使用反语、双关语和俚语，此诗具有插科打诨的打油诗格调，因而前人认为它并未见佳。但杜甫《饮中八仙歌》写到李适之时却特地称引此诗，有"衔杯乐圣称避贤"句，可算知音。而这诗能传诵至今，更重要的原因在事不在诗。由于此诗，李适之在罢相后被李林甫诬告为与韦坚等结成朋党，被贬后自杀，这首诗便更为著名。

逢侠者①

钱起

燕赵悲歌士②，相逢剧孟③家。
寸心④言不尽，前路日将斜。

——•【字词注解】

①侠者：侠客。

②燕赵：战国时两个诸侯国，在现在的河北省北部和山西东部、河北南部一带。悲歌士：激昂慷慨的侠士。古人认为燕赵多出豪侠，有"燕赵多慷慨悲歌之士"的说法。

③剧孟：西汉侠士，洛阳人。

④寸心：因心位于胸中方寸之地，故称寸心。

【精彩解说】●——

　　燕赵之地的侠客剑士多带有慷慨悲壮的色彩，今日在大侠剧孟的故乡遇到你这位壮士，我格外高兴。我们倾心交谈平生遇到的不平之事，无奈语未尽而天色将晚，又要各奔东西了。

【鉴赏】●——

　　这是作者遇到侠士剑客一类的人而作的诗歌。首句点出侠士普遍带有慷慨悲壮的特质，而"相逢剧孟家"则突出了所遇侠者的高大形象，几乎可以与闻名的剧孟媲美。后两句陡然一转，由游侠想到人间的不平事，千言难尽。全诗结构完整，一气呵成。

江行望匡庐①

钱起

　　咫尺②愁风雨，匡庐③不可登。
　　只疑云雾窟④，犹有六朝⑤僧。

【字词注解】●——

　　①此诗是《江行无题一百首》之一。诗作者一作钱起曾孙钱珝（xǔ）。钱珝，字瑞文，善文辞。宰相王溥荐知制诰，进中书舍人，后贬抚州司马。有《舟中录》二十卷。

　　②咫（zhǐ）尺：比喻很近。咫，古代称八寸为咫。

　　③匡庐：庐山，在今江西九江南。据说此山原名为南障山，周朝匡俗曾在这里隐居，周定王征召不出，派人访求，已成仙而去，仅有庐存。后人称此山为庐山、匡山。庐，小屋。

④云雾窟：云雾笼罩的山顶小屋。

⑤六朝：指于222—589年间，建都于建康（今江苏南京）的东吴、东晋、宋、齐、梁、陈六个朝代。六朝时佛教盛行，僧人多在名山胜水处居住。

●【精彩解说】

因为风雨所阻，庐山虽近在眼前却无法攀登。整个庐山都笼罩在云雾之中，我怀疑那深山幽谷中还有六朝的高僧在修道。

●【鉴赏】

本诗以艺术的想象，再现了诗人内心的高远情致。写法上，似用了国画中的"瀚"写技法，以淡淡的水墨来渲染烟雾迷蒙的云水，虚虚实实，将庐山写得扑朔迷离，从而取代了正面写山的有形笔墨，可视为山水诗中别具神情的一首佳作。

答李浣①

韦应物

林中观易②罢，溪上对鸥闲。
楚俗饶词客③，何人最往还④。

●【字词注解】

①约作于唐代宗大历初秋日洛阳。时李浣已罢洛阳主簿，将归楚州。唐代宗永泰元年（765），韦应物任洛阳丞，大历元年（766），请告闲居洛阳，大历四年（769）夏至长安，秋自长安返洛阳，经楚州去扬州，大历六年（771）在洛阳，冬赴长安。李浣：诗人朋友，在楚地为官任满返回，曾写诗赠韦应物，所以韦应物写此诗酬答。

②易：《周易》，又称《易》或《易经》。

③楚：春秋战国时期诸侯国名，在今湖北一带。饶：多。词客：诗人。

④最往还：来往最多。

【精彩解说】———●

在树林中读过《易经》后，又去小溪边悠闲地观看水鸟。楚地诗人非常多，你同哪一位往来唱和最密切呢？

【鉴赏】———●

这是诗人和朋友的唱和应酬诗。前两句应为诗人酬答友人的内容，描述自己的生活情景。后两句是针对友人提出的新问题：楚地的诗人很多，你同谁来往比较密切呢？这是典型的唱和格式。

秋风引①

刘禹锡

何处②秋风至，萧萧③送雁群。
朝来入庭树④，孤客最先闻⑤。

【字词注解】———●

①秋风引：乐府琴曲歌词的一种。诗作于唐宪宗元和中郎州。唐顺宗永贞元年（805）十一月，刘禹锡贬官郎州司马，赴郎州。宪宗元和元年（806）至元和九年（814）在郎州，冬奉诏还京。

②何处：什么地方，从什么地方来的。

③萧萧：风吹草木声。

④入庭树：吹动了庭院里的树木。

⑤孤客：羁旅在外的人。闻：听到。

—●【精彩解说】

从哪里吹来了秋风，风声萧萧送走了南飞的雁群。清晨风吹动了庭院的树，我这孤独的旅客最先听到。

—●【鉴赏】

这首诗最想表达的其实正是羁旅之情和思归之心，但妙在不从正面着笔，始终只就秋风做文章，在篇末虽然推出了"孤客"，也只写到他"闻"秋风而止。至于他的旅情归思则是以"最先"两字来暗示的。苏颋有首《汾上惊秋》诗："北风吹白云，万里渡河汾。心绪逢摇落，秋声不可闻。"这里，从全诗看来，却必须说"不可闻"，才与它苍凉慷慨的意境、高亢劲健的风格相融。两个结句，内容相似，一用曲笔，一用直笔，却各尽其妙。对照之下，可悟诗法。

秋夜寄丘员外①

韦应物

怀君属秋夜②，散步咏凉天③。
山空松子落，幽人④应未眠。

—●【字词注解】

①诗题一作《秋夜寄丘二十二员外》。诗作于唐德宗贞元五年（789）至贞元七年（791）间，韦应物时任苏州刺史，丘丹隐居临平山，两人多有唱和。丘员外：即丘丹，诗人丘为的弟弟，在家族中排行二十二，嘉兴（今浙江嘉兴）人，曾官仓部员外郎。

②怀君：怀念您。属：正当。

③咏：歌咏。凉天：秋天。

④幽人：隐士，此处指丘丹。

秋天的夜晚我怀念着您，我一边散步一边吟咏这清凉的天气。寂静的山谷中有松子落下来的声音，您应该还没有睡吧？

【鉴赏】●——

如果就构思和写法而言，这首诗还另有值得拈出之处。本诗是一首怀人诗。前半首写作者自己，即怀人之人；后半首写正在临平山学道的丘丹，即所怀之人。它不以强烈的语言打动读者，只是从容下笔，淡淡着墨，而语浅情深，言简意长，使人感到韵味悠永，玩味不尽。

秋　日

耿沣①

返照入闾巷②，忧来③谁共语。
古道④少人行，秋风动禾黍⑤。

【字词注解】●——

①耿沣：字洪源，河东（今山西永济）人。登宝应二年（763）进士第，历任大理寺司法、左拾遗。工诗，与钱起、卢纶、司空曙诸人齐名，为"大历十才子"之一。耿沣诗不事雕琢，而风格自成一家，诗集为《耿沣诗集》。

②返照：太阳的余晖，落日斜照。闾（lú）巷：街道。

③忧来：一作"愁来"。

④古道：古老的道路。一说指古代崇尚的节操风义。

⑤禾黍：谷子之类的农作物，这里暗用典故。《诗经·王风·黍离》载，周幽王遭犬戎之难后，周平王迁都洛邑。东周大夫行役，经过宗庙宫室，满眼禾黍，大发感慨："彼黍离离，彼稷之苗。行迈靡靡，中心摇摇。知我者谓我心忧，不知我者谓我何求。"黍离之悲或禾黍之悲也就成

了凭吊兴亡感慨的代名词。

──●【精彩解说】

夕阳的余光照在村落小巷中，我的忧愁能说与谁听呢？古老的道路上无人行走，只见阵阵秋风吹动田里的庄稼。

──●【鉴赏】

这是一首触景生情的秋日感怀诗。夕阳、古道、秋风营造出浓浓的秋意，渲染出诗人心中的淡淡哀愁，无处可诉的忧伤得以自然流露。

秋日湖上

薛莹①

> 落日五湖②游，烟波③处处愁。
> 浮沉④千古事，谁与问东流。

──●【字词注解】

①薛莹：唐文宗时人，有《洞庭诗集》一卷。今存诗十首。

②五湖：这里指太湖。

③烟波：烟雾笼罩的水面。

④浮沉：胜败兴亡。太湖一带是战国时期吴越争霸的地方，后又有六朝争雄。

──●【精彩解说】

日落时分，泛舟太湖，烟波浩渺，使人生出种种愁情。历史的兴亡更替，又何必去问太湖呢？

【鉴赏】

　　这首诗浅显易懂，文情并茂。诗人既点出了世事变幻莫测的原理，也道出了对人生价值观的思考和探索。千百年来人们对它议论不一。诗的妙处在于要言不烦，寥寥数语就将今与古、虚与实、景与情融合起来，古今一概，寓虚于实，情景交融。

宫中题①

李昂②

　　辇路③生秋草，上林④花满枝。
　　凭高何限意，无复侍臣知。

【字词注解】

　　①诗作于唐文宗太和九年（835）秋。李昂即位后，力图改变宦官专权的局面，在太和九年与翰林学士李训、太仆卿郑注谋诛宦官，事败，李、郑、宰相王涯被诛，史称"甘露之变"。此后宦官更加专权跋扈，文宗心中异常苦闷，这首诗便是这种心境的写照。

　　②李昂（809—840）：唐文宗，为穆宗第二子，初名涵。始封江王，宝历二年（826）被宦官拥立为帝。出宫女三千多人，裁汰官员一千二百余人。开成五年（840），被宦官杀死在大明宫太和殿。

　　③辇路：帝王、后妃坐车走过的路。

　　④上林：古代宫苑，秦定都咸阳时置，汉初荒废，汉武帝时扩建。

【精彩解说】

　　宫中辇道上长满秋草，上林苑里花开满枝头。登高远望生起无限感慨，不再有近臣了解我的心意。

—•【鉴赏】

诗的作者是唐代文宗皇帝，这是他在"甘露之变"后被囚期间写的诗。诗歌用皇宫的路径长满杂草和上林繁花无人欣赏，说明自己处境不佳，情绪低落。末两句抒怀，写出心中的无限苦闷。作者贵为天子，却遭宦官软禁，这种滋味是常人难以想象的，诗歌中渗透了作者彷徨、失意、孤独、痛苦的复杂心情。

寻隐者不遇①

贾岛

松下问童子②，言师采药去。
只在此山中，云深不知处③。

—•【字词注解】

①不遇：没有见到。

②童子：隐者的童仆。

③不知处：不知道在什么地方。

—•【精彩解说】

在松树底下询问童子，他的师父到哪里去了，童子回答说师父采药去了。隐者就在这座山中，可是山高林密，云雾缭绕，寻不着隐者的踪迹。

—•【鉴赏】

贾岛是以"推敲"两字出名的苦吟诗人。一般认为他只是在字句方面下功夫，其实他的"推敲"不仅着眼于锤字炼句，在谋篇构思方面也是同样煞费苦心。此诗就是一个例证，诗中隐者采药为生，济世活人，是一个真隐士。所以贾岛对他有高山仰止的钦慕之情。诗中白云显其高洁，苍松赞其风骨，写景中也含有比兴之义。唯其如此，钦慕而不遇，就更突出其怅惘之情了。

汾上^①惊秋

苏颋^②

北风吹白云，万里渡河汾。
心绪逢摇落^③，秋声不可闻^④。

【字词注解】

①汾上：汾河上。汾河，又称汾水，在今山西南部。

②苏颋（670—727）：字廷硕，京兆武功（今属陕西）人。武后朝进士，官监察御史。景云中，袭封许国公，转中书侍郎。唐玄宗爱其文，开元四年（716），由工部侍郎进紫微侍郎，知政事，修国史。官终吏部选事。诗骨力高峻，韵味深醇，情景声华俱佳。有《苏许公集》。

③心绪：心境，心情。摇落：凋残，零落，喻指秋天。

④不可闻：不忍听。

【精彩解说】

北风吹散了天上的白云，我千里迢迢地来到这凄凉萧瑟的汾河边上。愁闷不堪的心情偏又遇到凋残万木的秋风，我再也不愿听到这萧瑟的秋风声。

【鉴赏】

这首诗的表现手法和抒情特点，都比较接近阮籍的咏怀诗。读者从它的抒情形象中可以感觉到诗人有寄托，有忧虑，有感伤，但究竟为什么，是难以确切肯定的。他采用这种手法，可能是以谙于政事的经验，熟悉历史知识，意识到汉武帝和唐玄宗之间有某种相似，仿佛受到历史的某种启示，隐约感到某种忧虑，然而他还说不清楚，也无可奈何，因此只能写出这种感觉和情绪。而恰是这一点，构成了一种独有的艺术特点：以形象来表示，让读者去理会。

蜀道后期①

张说②

客心争日月③，来往预期程④。
秋风不相待⑤，先至洛阳城。

——【字词注解】

①后期：失期，晚于预定的时间。

②张说（667—730）：唐代文学家，字道济，一字说之。原籍范阳（今河北涿州），世居河东（今山西永济），徙家洛阳。武后垂拱四年（688）举贤良方正，授太子校书。累官至凤阁舍人。因忤旨被流配钦州，中宗朝召还，官兵部尚书、同中书门下三品，迁中书令，后授右丞相，至尚书左丞相。谥号文贞。有《张燕公集》。

③客心：客居他乡的人的心情。争日月：争夺时间，抢时间。

④预期程：预先设计路途所需时间。

⑤不相待：不肯等待。

——【精彩解说】

客居在外的人对于时间总是抱着分秒必争的心情，未出发前就已经先把往返的时间与路程规划好了。谁知原先约好同行的秋风它却不肯放慢脚步等我，所以只好让它独自先到洛阳城去了。

——【鉴赏】

这首诗是张说在校书郎任内出使西川时写的，虽只寥寥二十字，却颇能看出他写诗的技巧和才华。

一个接受任务到远地办事的人，总是怀着对亲人的眷恋，一到目的地，就掐指盘算着回归的日期，这种心情是很自然的。但张说能把这种幽隐的心情"发而为诗"，而且压缩在两句话里，很不简单。张说早些时候就写过一首《被使在蜀》诗："即今三伏尽，尚自在临邛。归途千里外，秋月定相逢。"归期定在秋月，即此诗所谓"预期程"。不料时届秋令，秋风已起，比诗人"先至洛阳城"，他却落后了，即诗题所谓"后期"。秋风本是按时而起，无所谓"先"，只因诗人归期"后"了，便显出秋风的"先"来。两首合看，于诗中的情味当有更深的体会。

静夜思①

李白

床前明月光，疑②是地上霜。
举头望③明月，低头思故乡。

【字词注解】

①静夜思：指在幽静的夜晚对家乡的思念。
②疑：疑心，怀疑是。
③望：一作"看"。

【精彩解说】

床前照着明月光，怀疑是地上结了霜。抬头仰望明月，不禁低下头思念故乡。

【鉴赏】

这首小诗，既没有奇特新颖的想象，又没有精工华美的辞藻，它只是用朴素的笔触，写远客思乡之情。然而它却意味深长，耐人寻味，千百年来，广泛地吸引着读者。短短四句诗，写得清新朴素，明白如话。它的内容是单纯的，但同时又是丰富的。它是容易理解的，却又是体味不尽的。诗人没有说的比他已经说出来的要多得多。它的构思是细致而深曲的，但又是脱口吟成、浑然无迹的。从这里，我们不难领会到李白绝句的"自然""无意于工而无不工"的妙境。

秋浦歌①

李白

白发三千丈，缘愁似个长②。
不知明镜里，何处得秋霜③。

——【字词注解】

①《秋浦歌》共十七首，作于唐玄宗天宝十三载（754）李白长安赐金遣还后漂泊于宣州时，这是第十五首。秋浦：唐时县名，属池州，在今安徽池州贵池区西，境内有秋浦湖。

②缘：因为。个：这样。

③何处：何时。秋霜：形容头发像秋霜一样白。

——【精彩解说】

我满头的白发好像有三千丈，就跟我离乡背井的愁绪一样长。不知为什么明亮的镜子里却有一片白色的秋霜，它是从哪里来的呢？

——【鉴赏】

这是一首抒愤诗。诗人以奔放的激情、浪漫主义的艺术表现手法，塑造了"自我"形象，把积蕴极深的怨愤和抑郁宣泄出来，迸发出强烈感人的艺术力量。写这首诗时，诗人已经五十多岁了，壮志未酬，怎能不倍加痛苦！所以揽镜自照，触目惊心，发出"白发三千丈"的孤吟，使天下后世识其悲愤，并以此奇想奇句流传千古，可谓善鸣不平者了。

赠乔侍御①

陈子昂②

> 汉廷荣巧宦③，云阁薄边功④。
> 可怜骢马使⑤，白首为谁雄⑥。

【字词注解】

①诗题一作《题祀山烽树赠乔十二侍御》。乔侍御：即诗人乔知之，时任御史。

②陈子昂（659—700）：字伯玉，梓州射洪（今属四川）人。家世富贵，少任侠。文明元年（684）进士，官麟台正字，转右拾遗。万岁通天元年（696）从建安王伐契丹，参谋军事。圣历元年（698）自请解职。诗歌反对齐梁风气，推崇汉魏风骨，是唐朝诗风转变的关键人物之一。有《陈拾遗集》。

③汉廷：这里借指唐朝。巧宦：善于钻营的官员。

④云阁：云台、麒麟阁，汉代悬挂名将功臣图像的地方。薄：轻视。

⑤可怜：可叹。骢（cōng）马使：汉桓典为御史，有威名，常骑骢马，人称"骢马御史"，这里代指戍守边地的将领。

⑥为谁雄：为谁而称雄，意思是说，一片雄心无法舒展。

【精彩解说】

汉朝统治者对投机取巧、行贿钻营的官吏给予莫大的荣耀，而对卫国杀敌、戍边立功的将帅却刻薄寡恩。可惜像桓典那样忠诚正直的人，到老都只封了个骢马御使，得不到重用，他的一片雄心壮志又当去为谁效劳呢？

─●【鉴赏】

　　这是一首讽喻诗。诗人借古讽今，用汉代桓典终老不得志的典故来讽刺唐王朝的政治昏聩，统治者的用人不公，赏罚不明，表达了对乔侍御的同情和惋惜，也抒发了自己怀才不遇的愤懑和感慨。

答武陵太守①

王昌龄

　　仗剑②行千里，微躯③敢一言。
　　曾为大梁客④，不负信陵⑤恩。

─●【字词注解】

　　①诗题一作《答武陵田太守》。武陵：武陵郡，在今湖南常德。太守：唐代郡的最高行政长官。

　　②仗剑：持剑，拿着剑。

　　③微躯：微贱的躯体，谦辞，诗人自称。

　　④大梁客：战国时魏国侠士侯嬴，原来是看守大梁（魏都，今河南开封）东门的官吏，后受信陵君魏公子无忌的赏识，待为上宾。后秦兵围赵，赵向魏求救，魏王按兵不动。侯嬴为无忌谋划窃取兵符救赵，解了其围。这里诗人以侯嬴自许，暗喻自己知恩必报，不辜负武陵太守之恩。

　　⑤信陵：信陵君魏公子无忌，这里将武陵太守比作信陵君。

─●【精彩解说】

　　我即将携带宝剑行走千里，临行前，微贱的我冒昧地用一句话来报答您的好意。我像信陵君的门客侯嬴那样得到您的礼遇，今后一定不忘知遇之恩。

【鉴赏】●——

　　诗人将从武陵返回金陵，武陵田太守设宴为他饯行，诗人以诗酬答。诗歌开篇即充满了豪情壮志，并诚恳感谢朋友的深厚情意。三、四两句用信陵君礼贤下士的典故来比喻田太守对自己的知遇之恩，又一次表明了二人真挚的友谊。诗歌风格豪放，一气呵成。

行军九日思长安故园①

岑参

强欲登高去②，无人送酒③来。
遥怜④故园菊，应傍⑤战场开。

【字词注解】●——

　　①诗作于至德二载（757）农历九月九日重阳节。天宝十五载（756），安禄山攻陷长安。七月，李亨在灵武即位，改元至德。至德二载（757）二月，肃宗李亨由灵武进至凤翔。六月，诗人由杜甫等举荐，任右补缺谏官。九日：九月九日重阳节。

　　②强欲：勉强要。登高：旧时风俗，重阳节携亲友登高，饮酒，赏菊。

　　③送酒：暗用陶渊明的事。《南史·陶潜传》载，陶渊明素喜饮酒，家贫，重阳无酒，空坐菊花丛中。太守王弘知道后，叫人给他送酒。

　　④怜：怜惜。

　　⑤应傍：应该挨着。

【精彩解说】●——

　　九月九日重阳节，我勉强登上高处远眺，然而在这战乱的行军途中，没有谁能送酒来。我心情沉重地遥望我的故乡长安，那菊花大概挨着战场开放了。

—•【鉴赏】

作者写思乡，没有泛泛地、笼统地写，而是特别强调思念、怜惜长安故园的菊花。这样写，以个别代表一般，以"故园菊"代表整个故园长安，显得形象鲜明，具体可感；可以说是切时切地，紧扣诗题。"应傍战场开"，这样的想象扣住诗题中的"行军"二字，结合安史之乱和长安被陷的时代特点，写得新巧自然，真实形象，寄托着诗人对饱经战争忧患的人民的同情，对早日平定安史之乱的渴望。这一结句朴实无华，但是寓巧于朴，余意深长，耐人咀嚼，顿使全诗的思想和艺术境界出现了一个飞跃。

婕妤怨①

皇甫冉②

花枝出建章③，凤管发昭阳④。
借问承恩⑤者，双蛾几许长⑥。

—•【字词注解】

①婕妤怨：乐府旧题。婕妤，妃嫔的称号，汉成帝妃子班婕妤，失宠后曾写有《怨歌行》（又作《怨诗》）抒写其苦闷与忧愤。

②皇甫冉（718—约770）：字茂政，晋代高士皇甫谧之后裔，润州丹阳（今江苏丹阳）人，著名诗人，"大历十才子"之一。天宝十五载（756）进士，官无锡尉。安史之乱时，为避战乱寓居义兴（今江苏宜兴），入阳羡山建别墅隐居。大历初，皇甫冉累迁右补阙，奉使江表，病卒丹阳。五七律诗风格清丽，为人所重。有《皇甫冉诗集》三卷，《全唐诗》收其诗二卷，《全唐诗外编》及《全唐诗续拾》补遗六首。

③花枝：美人，指得宠的嫔妃。出：出现，显露。建章：汉宫殿名，在未央宫西。

④凤管：笙箫或笙箫之乐的美称。昭阳：汉宫名，在未央宫中。

⑤承恩：受皇帝宠爱。

⑥双蛾：古代称女子眉毛为蛾眉，并以眉毛细长为美。几许：几多，有多长。

花枝招展的美女走出了建章宫，那昭阳宫里又传出悠扬的音乐声。借问这新得恩宠的美女，你那一双蛾眉有多长？

这首诗以一个失宠宫妃的眼光和口吻，描写她见到一个新得宠的宫妃的得意场面后，所产生的心理活动。"花枝"喻写灿烂的春光，"凤管"喻指欢乐的歌舞。开头两句描绘了得宠宫妃的得意和欢乐情状。后两句是失宠宫妃的质问，"双蛾几许长"意即打扮得如何美丽。这是对"承恩者"乔装巧扮的讽刺。诗人借失宠宫妃的怨愤来抒发怀才不遇、郁郁不得志的情怀，是"言近旨远"之作。

题竹林寺①

朱放②

岁月人间促③，烟霞④此地多。
殷勤⑤竹林寺，更得⑥几回过。

①竹林寺：寺名，在庐山仙人洞旁，为晋代"竹林七贤"游赏之处。一说是江苏丹徒的竹林寺。

②朱放（？—788？）：字长通，襄州襄阳（今属湖北）人。当时江浙名士都仰慕朱放的高义而从之游，如皇甫冉、皇甫曾兄弟，释皎然、灵彻上人，都是朱放的良友。贞元二年（786），朝廷诏举韬晦奇才，特下

聘礼，拜朱放为左拾遗，辞不就。朱放工诗，风度清越，神情萧散，有诗名。《全唐诗》存其诗一卷。

③岁月：时光。促：短促，短暂。

④烟霞：山水景物。

⑤殷勤：亲切，流连眷恋之情。

⑥更得：再得，再能够。

——•【精彩解说】

人生苦短，岁月匆匆，烟霞缭绕，清新幽静，此处美景甚多。情深意厚的竹林寺啊，我这一生能有几次游访？

——•【鉴赏】

诗人因眼前的庐山美景而引发联想，感叹人生短促，转瞬即逝。尤其是末尾两句，既表达了诗人对竹林寺风景的深深留恋，又流露出诗人对世事难料、不可捉摸的伤感情怀，诗情深长。

过三闾庙①

戴叔伦②

沅湘③流不尽，屈子怨何深④。
日暮秋风起，萧萧枫树林。

——•【字词注解】

①三闾庙：屈原庙，故址在今湖南汨罗。屈原是战国时楚人，曾官左徒、三闾大夫等，三闾即楚宗室昭、屈、景三姓聚居之所，三闾大夫应当就是春秋战国以来晋、鲁等国的公族大夫，职务是管理宗族事务，教育贵族子弟。屈原因受谗被流放沅湘一带，自沉于汨罗江。

②戴叔伦（732—789）：字幼公，一字次公。一说名融，字叔伦。润州金坛（今江苏常州金坛区）人。广德元年（763）刘晏表荐其为秘书省

正字，延入幕中，后改广文博士。兴元元年（784）任抚州刺史。以政绩卓异，封谯县开国男。贞元四年（788），授容州刺史，兼御史中丞，充容管经略使，世因称戴容州。戴叔伦为"大历十才子"之一，作品以反映农村生活见长，大多采取七言歌行的形式，是白居易新乐府体的先声。有《戴叔伦集》。

③沅湘：湖南的沅江、湘江。

④屈子：屈原。怨：哀怨，悲怨。何深：何其深。

【精彩解说】•——

沅水、湘水滚滚向前，无穷无尽，屈原遭到奸佞小人打击，不能实现自己的宏图大业，哀怨像沅水、湘水那样深远流不尽。日暮黄昏，一阵阵秋风吹起，三间庙边的枫林萧萧作响。

【鉴赏】•——

此诗为凭吊屈原而作。大历年间，奸臣当道，嫉贤妒能，排斥异己。在这种时代背景下，诗人来往于沅湘之上，面对秋风萧瑟之景，不由兴起怀古吊屈的幽情。江上秋风，枫林摇落，时历千载而三间庙旁的景色依然如昔，可是，屈子沉江之后，而今到哪里去呼唤他的冤魂归来？诗人抚今追昔，触景生情，更觉幽怨不尽，情伤无限。

易水送别①

骆宾王②

此地别燕丹③，壮士发冲冠④。
昔时人已没，今日水犹寒。

【字词注解】•——

①诗题一作《于易水送人》。唐高宗仪凤四年（679）六月改元调露，

秋天，骆宾王出狱，后离开长安奔赴定襄（今属山西），诗作于此时。一说作于唐高宗开耀元年（681）诗人出使燕齐时。易水：水名，发源于河北易县。

②骆宾王（638？—685？）：字观光，婺州义乌（今属浙江）人，唐代诗人，与王勃、杨炯、卢照邻并称"初唐四杰"。他七岁即以《咏鹅》诗出名。曾从军西域，久戍边疆。调露二年（680），出任临海县丞，世称"骆临海"。光宅元年（684），武则天废中宗李显，准备改唐为周。徐敬业据扬州起兵，骆宾王任艺文令，掌管文书机要，起草《讨武曌檄》。徐敬业兵败，骆宾王下落不明。有《骆宾王集》。

③燕丹：燕太子丹。

④壮士：指荆轲。发冲冠：愤怒得头发直竖，将帽子顶起来。

─●【精彩解说】

燕太子丹在易水送别荆轲时，荆轲怒发冲冠，豪迈悲壮。如今荆轲早已亡故，但今天的易水仍然寒气逼人。

─●【鉴赏】

这是一首送别诗，又是一首咏史诗。诗人在送别友人之际，发思古之幽情，表达了对古代英雄的无限仰慕，寄托了他对现实的深刻感慨，倾吐了自己满腔热血无处可洒的极大苦闷。这首诗题为送别，但它并没有叙述朋友别离的情景，也没有告诉我们送的是何人。然而，我们却完全可以由它的内容想象出那种"慷慨倚长剑，高歌一送君"的激昂壮别的场景。此诗题为送别，却纯是抒怀咏志。

别卢秦卿①

司空曙②

知有前期③在，难分④此夜中。
无将故人酒⑤，不及石尤风⑥。

①诗题一作《留卢秦卿》。

②司空曙（720？—790？）：字文明，一说字文初，广平（今河北永年）人，唐代诗人，"大历十才子"之一，又是同为"大历十才子"的卢纶的表兄。屡次赴试，后登进士第，官至虞部郎中。司空曙磊落有奇才，在长安曾与卢纶、独孤及和钱起吟咏唱和。其诗多赠别、羁旅之作，善于表现异乡流落之感和穷愁失意之情，诗风"婉雅闲淡，语近性情"（《唐音癸签》卷七），意蕴深长。有《司空曙集》二卷。《全唐诗》录其诗二卷。

③前期：前约，约定以后见面的时间。

④难分：难以割舍，不忍别离。

⑤无将：莫使，不要用。故人：老朋友。

⑥石尤风：逆风。《江湖纪闻》载，一位姓石的女子嫁给一位尤姓商人，丈夫在外经商，一直没有回家。妻子忧郁成疾，临终前叹息说，没有阻止他出去，真是终生遗憾啊！今后要有商船远行的话，她都会化为大风阻止它。后称逆风、顶风为石尤风。

我知道你有约在先，不能耽搁，明天你就要走了，然而在这离别之夜，我们仍然感觉难舍难分。老朋友再留一留吧，我的这杯酒未必不如那阻挡你船行的逆风。

这是一首临别赠友诗，诗中直接道出了与友人难舍难分之情，感情诚挚，用语婉转。诗人明知友人将别，却幻想能用一阵石尤风阻挡他前行，从侧面衬托出诗人对友人的挽留之情，也表达出两人的深厚友谊，读来真切感人。

答　人①

太上隐者②

偶来松树下，高枕石头眠。
山中无历③日，寒尽不知年。

━●【字词注解】

①答人：回答别人的问话。据说人们对一位追求闲适恬淡生活的隐者好奇，就当面问他的姓名，他笑而不答，写了这首诗作为回答。

②太上隐者：唐代钟南山隐士，自称太上隐者。太上，太古、远古时代，相传那时人们生活在一个理想社会中。

③历：日历。

━●【精彩解说】

我偶尔来到松树底下，用石头当枕头自在安眠。山中没有历书，暑去寒来，不知今夕是何年。

━●【鉴赏】

唐代道教流行，此诗的作者大约是其皈依者。前两句"偶来松树下，高枕石头眠"，表面看是"答人"，实际上是传神写照，为自己画的特写小像。"偶来"，写隐者行踪自由无羁，不可追踪。"高枕"，则表现了隐者恬淡无忧的自得乐趣。"松树""石头"，简朴自然，却富于深山情趣。在这"别有天地非人间"的山中，如同生活在想象中的远古社会，"虽无纪历志，四时自成岁。""寒冬"二字，就含有四时成岁之意。此诗字字无虚设，语语古淡，无用力痕迹，其妙处尤在含义丰富，令人神往，有"羚羊挂角，无迹可求"之感。

卷四　五律

〔题解〕

　　五言律诗，最早出现于南北朝时期，在初唐逐渐趋于成熟。五言律诗也可简称"五律"，五律也是近体诗的一种，五言律诗这种体裁是由五言古诗演变而来。五律由五个字组成一句，又由八句组成一首，五律讲究严谨的格律，对平仄有着严格的要求，一般为四韵或五韵。五律的四联分别为首、颔、颈、尾，第二联和第三联讲究对仗工整，第二、四、六、八句的最后一个字讲究押韵。

幸蜀回至剑门①

唐玄宗②

剑阁横云峻③，銮舆出狩回④。
翠屏千仞合⑤，丹嶂五丁开⑥。
灌木萦⑦ 旗转，仙云拂马来。
乘时方在德⑧，嗟尔勒铭才⑨。

【字词注解】

①此诗作于唐肃宗至德二载（757）。唐玄宗天宝十四载（755），

安史之乱爆发，天宝十五载（756），唐玄宗入蜀避难，太子李亨在灵武即位。次年，李亨迎玄宗回京，车驾到剑门，玄宗作此诗。幸蜀：到达四川，指安史之乱中到四川避难，是委婉的说法。幸，古代称帝王到某处为幸。蜀，四川。剑门：剑门关，又名剑阁，在今四川剑阁东北，得名于剑门山，是大剑山和小剑山之间的栈道，三国时诸葛亮所建，关口险峻，有"一夫当关，万夫莫开"之说。

②唐玄宗（685—762）：即李隆基，是睿宗李旦第三子。始封楚王，后为临淄郡王，延和元年（712）即位。即位后励精图治，任用姚崇、宋璟为相，使唐朝在经济、政治、文化等诸多领域的发展达到了顶峰，出现了开元盛世的辉煌局面。晚年纵情声色，重用权臣李林甫、杨国忠，国政日非，酿成安史之乱。他是唐朝在位时间最长的皇帝。李隆基多才多艺，精通音律，工书法。《全唐诗》存诗一卷。

③横云峻：形容剑门关极高，横过云层。峻，高峻。

④銮（luán）舆：皇帝的车驾。出狩：皇帝离开京师到外地巡狩，又称作巡守，这里是李隆基对自己出逃的一种委婉说法。

⑤翠屏：绿色的屏风。千仞：形容山势高峻。仞，古代长度单位，古时八尺或七尺叫作一仞。

⑥丹嶂：赤红色的像屏障一样直立的陡峭山崖。五丁：典出《水经注·沔水》："秦惠王欲伐蜀而不知道，作五石牛，以金置尾下，言能屎金。蜀王负力，令五丁引之成道。"五丁后喻指功勋卓著的功臣名将。

⑦萦：绕。

⑧乘时方在德：《史记》中吴起说魏国的宝"在德不在险"。乘时，顺应时势。

⑨嗟尔：赞叹你们。一说"尔"指张载。勒铭才：称赞随侍大臣们有张载一样的才华。张载，西晋人，著有《剑阁铭》，其中有"兴实在德，险亦难恃"之语。勒铭，刻石记功。

剑门山高耸入云，无比险峻，我的车驾避乱到蜀，今日得以回京。青翠的高山像层层屏障排列着，千峰万峦合抱在一起，红色的山岩像一座座门户锁闭着，只有五丁的巨力才能开通这条栈道。旌旗辗转在山峦间，到处被灌木丛环绕遮蔽，车骑行进在峻岭之上，冉冉行云犹如飞仙拂马而来。过去的事实表明，国家的稳固和强大不是靠天然险阻，而在于施行仁政，你们这些平定战乱的功臣，才德事迹足以刻石铭记。

本诗融叙事、写景、抒情于一体，格调庄严，具有大唐气象。"灌木萦旗转，仙云拂马来"，落笔于人物的行动描写。"灌木"句写道路之曲折。仪仗左转右转，旌旗摇动，乘舆前行，反觉是路边的树木山石在转移倒退。"仙云"呼应首联"横云"，云层远看层层叠叠，等到近前一看，却丝丝缕缕，轻灵洁白，使人看了顿觉澄洁清爽，如入仙境。"乘时方在德，嗟尔勒铭才"，是就剑阁石壁所勒张载铭文发议论，天命所钟，在德不在险，表现了唐玄宗在安史之乱后的悔恨心情。

和晋陵陆丞早春游望[①]

杜审言[②]

独有宦游[③]人，偏惊物候新[④]。
云霞出海曙[⑤]，梅柳渡江春。
淑气[⑥]催黄鸟，晴光转绿蘋[⑦]。
忽闻歌古调[⑧]，归思欲沾巾[⑨]。

①诗题一作《和晋陵陆丞相早春游望》，陆丞即陆元方，武后时曾任

宰相。陆有《早春游望》，杜审言就写了这首和作。晋陵：县名，昆陵郡治所，在今江苏常州。

②杜审言（约645—708）：字必简，祖籍襄州襄阳（今属湖北），父亲迁居巩县（今河南巩义），晋征南将军杜预的远裔。咸亨元年（670）擢进士第，曾拜著作郎，迁膳部员外郎。神龙初年流放岭南，不久召还，任国子监主簿、修文馆直学士。与李峤、崔融、苏味道合称"文章四友"。他的诗以浑厚见长，精于律诗，尤工五律，与同时的沈佺期、宋之问齐名。他对律诗的定型做出了杰出的贡献，由此也奠定了他在诗歌发展史中的地位。有《杜审言集》。

③宦游：在外做官的人。

④偏：特别。物候：自然界气象和季节变化的现象。

⑤曙：曙光。

⑥淑气：温暖的气候。

⑦晴光：晴朗的阳光。蘋：浮萍，蕨类植物，多年生水草，又名田字草。

⑧古调：古时传统曲调，这里指陆丞的《早春游望》。

⑨归思：思乡的念头。巾：手巾。

【精彩解说】

远离故乡到外地做官的人，对当地自然景物和四季更替的变化特别敏感。拂晓时分，旭日即将东升，海上云霞灿烂。江南的春天来得早，梅红柳绿，江北却才回春。和暖的春气催促着黄莺歌唱，晴朗的阳光下绿蘋颜色转深。忽然听到你歌吟古朴的曲调，勾起归思情怀令人落泪沾襟。

【鉴赏】

这是一首和诗。原诗已不可知。杜审言这首和诗主要抒发自己宦游江南的感慨和归思。全诗一二句直接发出感慨，说只有离别家乡、奔走仕途的游子，才会对异乡的节气物候格外敏感，并常感新奇而大惊小怪。这句话的言外之意是说，如果在家乡，或是当地人，对本地的节气物候已经习以为常，见而不怪了。中间两联写江南新春伊始至仲春二月的物候变化特点，表现出江南春光明媚、鸟语花香的水乡景色。"古调"是尊重陆丞原唱的用语。诗人用"忽闻"以示意外语气，巧妙地表现出陆丞的诗在无意中触到诗人心中思乡之痛，因而感伤流泪。整首诗意象丰满，别有情趣。

蓬莱三殿侍宴奉敕咏终南山①

杜审言

北斗②挂城边，南山③倚殿前。
云标金阙迥④，树杪玉堂悬⑤。
半岭⑥通佳气，中峰绕瑞烟。
小臣持献寿⑦，长此戴尧天⑧。

【字词注解】

①本诗作于唐中宗景龙三年（709）十一月十五日，时中宗诞辰，长宁公主满月，中宗在蓬莱三殿赐宴群臣，杜审言奉命而作，当时李峤的应制诗有"神龙见像日，仙凤养雏年"句。蓬莱三殿：大明宫内有紫宸、蓬莱、合元三殿，统称蓬莱三殿。奉敕：奉皇帝之命写诗。敕，帝王诏令。终南山：在今陕西西安南，不少修道之人隐居于此。

②北斗：北斗星。

③南山：终南山。

④云标：云端。标，本为树梢，此指云层表面。金阙（què）：皇宫，天子居住的宫殿。迥（jiǒng）：高远。

⑤树杪（miǎo）：树梢。玉堂：本为汉代宫殿，后成为宫殿的代称。

⑥半岭：半山腰。

⑦小臣：诗人自称。持：持酒。献寿：祝寿。

⑧戴：头顶着，引申为生活在什么情况下。尧天：如同尧帝时代一样的太平盛世。

──●【精彩解说】

北斗星高悬在京城天边，终南山仿佛倚靠在宫殿前面。巍峨绵延的宫殿高耸入云，明净的殿堂远远望去像挂在树梢上边。京城中一派欢乐祥和的气氛，城外连大半个秦岭都沐浴在这无边的喜庆之中；吉祥的香烟，袅袅飘向天空，连终南山的高峰也缭绕着这种烟雾。我双手献上诗歌前来贺寿，希望皇上治理的天下永远政治清明、国泰民安。

──●【鉴赏】

这首应制诗是为皇帝诞辰而作，全诗意象宏大，用词妥帖。诗人用"北斗""南山""金阙""玉堂"等词加以形容，具有多重含义，既显示出皇宫的巍峨气派和富丽堂皇，又衬托出皇帝的九五之尊和无比威严，达到了很好的描写效果。"佳气"和"瑞烟"则进一步颂赞皇帝治理下的太平盛世。尾联点出此诗乃奉敕而写，呼应了题意。

春夜别友人①

陈子昂

> 银烛②吐清烟，金尊对绮筵③。
> 离堂思琴瑟④，别路⑤绕山川。
> 明月隐高树，长河⑥没晓天。
> 悠悠⑦洛阳去，此会⑧在何年。

①诗作于武则天垂拱四年（688）前后，诗人准备离开故乡，前往洛阳，友人张筵为他饯行，陈子昂赠诗二首，本诗为第一首。一说作于武则天光宅元年（684），诗人离蜀赴洛阳应试。

②银烛：白色蜡烛。

③金尊：酒樽的美称，精美的酒杯。绮筵：丰盛的宴席。

④离堂：设宴饯别的客厅。琴瑟：指朋友宴饮之乐，典出《诗经·小雅·鹿鸣》："我有嘉宾，鼓瑟鼓琴。"

⑤别路：朋友分别后踏上的路程。

⑥长河：银河。

⑦悠悠：遥远，漫长。

⑧此会：这样的聚会。

【精彩解说】●—

燃烧的蜡烛吐出缕缕青烟，丰盛的筵席摆放着精美的金杯。在饯别的厅堂里弹琴鼓瑟，引发了我离别的哀思，分别后要绕山过水，路途遥远。宴席一直在持续，直到天色渐明，月亮隐蔽在高树之后，银河消失在苍茫的天色之中。我即将踏上悠长的洛阳道，不知什么时候才能相会。

【鉴赏】●—

这首诗道出与友人分手在即的撩人心绪和寂静状态。筵席虽然丰盛，但是为送行而设立，不免笼罩了一层离别的忧伤气氛，使在座的人在欢声笑语之外逐渐产生惆怅与伤感之意。诗歌在表达上婉转细腻，先以秾丽之笔铺写宴会之盛，次以婉曲之调传达离别之愁，再以宏大的时空背景烘托出宴会之久与友情之深，最后以展望征途来结束全篇，层次分明。全诗通篇情景合一；从优美的意象描写中自然地流露感情，比一般的离别之作显得更为真挚动人。

长宁公主东庄侍宴①

李峤②

> 别业临青甸③，鸣銮降紫霄④。
> 长筵鹓鹭集⑤，仙管凤凰调⑥。
> 树接南山⑦近，烟含北渚⑧遥。
> 承恩咸已醉⑨，恋赏未还镳⑩。

——•【字词注解】

①诗作于唐中宗景龙四年（710）四月一日，中宗幸长宁公主庄园，诗人奉命而作。长宁公主：唐中宗李显的女儿，韦后所生。东庄：唐中宗为长宁公主建造的别墅，唐中宗和韦后曾数度临幸。

②李峤（约644—约713）：字巨山，赵州赞皇（今河北赞皇）人。二十举制策甲科进士，历高宗、武则天、中宗、玄宗四朝，累迁给事中、吏部尚书、中书令等职。李峤文学造诣很深，诗多咏物之作，与苏味道合称苏李，又与苏味道、崔融、杜审言并称"文章四友"。晚年被尊为文章宿老。代表作《汾阴行》颇为时人推崇。有《李峤集》。

③别业：别墅。青甸：青色的郊原。

④銮：皇帝车驾上用的铃。紫霄：本指天，此指皇宫。

⑤长筵：长排的宴席。鹓鹭：本为两种鸟名，因为飞行有序，所以用来比喻百官朝见皇帝时秩序井然。

⑥仙管：管乐的美称。凤凰调：形容音调优美，像凤凰鸣叫。

⑦南山：终南山。

⑧渚：水中陆地。

⑨承恩：蒙受恩典。咸：全，都。

⑩恋赏：流连玩赏。还镳（biāo）：返回。镳，马嚼子，这里代指马。

　　长宁公主的东庄别墅在遍地青草的城郊，皇上的御驾好像从天而降来到这里。公主排开筵席，随行百官像鹓鹭那样井然有序地朝见，奏起的曲子像凤凰鸣叫一样优美动听。山庄别墅树木高耸，仿佛能与终南山相接。庄园烟霞缭绕，弥漫延伸到渭水边。官员们得到皇上的赐宴，都已喝醉。皇上留恋东庄美景，要继续欣赏，还没有回宫。

　　全诗用铺陈夸张的手法极力渲染了长宁公主别墅的豪奢胜景，以及皇帝驾临筵宴的盛况。诗歌写得华丽、生动，气势阔大，虽然内容仍不脱应制诗之窠臼，但整体气象上稍为胜出。

恩赐丽正殿书院赐宴应制得林字①

张说

东壁②图书府，西园翰墨林③。

诵诗闻国政④，讲易见天心⑤。

位窃和羹重⑥，恩叨⑦醉酒深。

载歌春兴曲⑧，情竭为知音⑨。

　　①诗题又为《恩制赐食于丽正殿书院宴赋得林字》。唐玄宗开元十三年（725）建丽正殿书院，命张说为书院使，执掌儒臣讲读经史诸事。张

说在宴席上，奉唐玄宗之命作诗，得"林"字韵。制：古代称皇帝的命令为制。得林字：押林字韵。

②东壁：二十八星宿之一，由飞马座和仙女座组成，古人认为它是掌管天上文事的秘府，后世称皇家藏书秘府为东壁。

③西园：三国时魏国的园林，曹丕、曹植与"建安七子"等多在此筵集赋诗，后世称为西园雅集。翰墨：笔墨，这里指文人雅士。

④诗：《诗经》。闻：从中听到。国政：国家政事，治国道理。

⑤易：《易经》。天心：天意。

⑥位窃：诗人自谦的说法，居官。和羹：调和羹汤，比喻宰相辅佐皇帝理政。

⑦恩叨：即叨恩，受到恩惠。

⑧春兴曲：充满春意的曲子，指本诗。

⑨情竭：尽情。知音：知己，知遇，这里指唐玄宗。

──●【精彩解说】

东边是藏书馆舍，正应天上东壁文章的星象；西边是学士雅集，巧合曹植当年名人相聚的典故。诵读《诗经》以晓治国之道，讲解《易经》以知天地之妙。我窃居宰相高位，身负着重任，因蒙受皇恩而开怀畅饮。宴会上载歌载舞，春意融融，引起了我作诗的雅兴，希望竭尽所能报答皇上的知遇之恩。

──●【鉴赏】

这也是一首应制诗，按皇帝规定用林字韵。当时作者身为宰相，又逢皇帝赐宴，自然豪情满怀。诗中大量用典，抒写了自己一心辅君治国的情怀。

送友人①

李白

> 青山横北郭②，白水③绕东城。
> 此地一为别，孤蓬④万里征。
> 浮云游子⑤意，落日故人⑥情。
> 挥手自兹⑦去，萧萧班马鸣⑧。

【字词注解】

①此诗约作于唐玄宗天宝十三载（754），李白在安徽宣城与游人送别。一说作于唐玄宗开元二十六年（738），李白漫游江淮。

②郭：外城。古人称城外为郭，郭外为郊，郊外为野。

③白水：清澈的河水。

④蓬：蓬草，又名飞蓬，枯后根断，遇风飞旋，多用来比喻漂泊在外的旅人。

⑤游子：旅居他乡的人。

⑥故人：老朋友，指诗人自己。

⑦兹：此。

⑧萧萧：马鸣声。班马：离群的马，此指离别的马。班，别，分开。

【精彩解说】

北城门外青山横亘，东城之外白水环绕。在此地一分别，你就要像孤蓬一样漂泊，到万里之外远行去了。白云飘浮如游子一样行踪不定；太阳缓缓落山，像我一样依依不舍。彼此挥手，从此别离，萧萧马鸣，不忍离去。

—•【鉴赏】

这是一首充满诗情画意的送别诗。诗人与友人策马辞行，情意绵绵，感人肺腑。这首送别诗写得新颖别致，不落俗套。诗中青翠的山岭，清澈的流水，火红的落日，洁白的浮云，相互映衬，色彩璀璨，班马长鸣，形象新鲜活泼。自然美与人情美交织在一起，写得有声有色，气韵生动。诗的节奏明快，感情真挚热诚而又豁达乐观，毫无缠绵悱恻的哀伤情调。

送友人入蜀①

李白

见说蚕丛路②，崎岖③不易行。

山从人面起，云傍马头生。

芳树笼秦栈④，春流绕蜀城。

升沉⑤应已定，不必问君平⑥。

—•【字词注解】

①这首诗大约作于天宝二年（743），李白在长安送友人回四川时。这年春天，李白游坊州（今属陕西），不久归长安，适逢友人王炎入蜀，便作此诗及《剑阁赋》送之。入蜀：到蜀地（今四川）去。

②见说：听说。蚕丛：古蜀国国王，借指蜀地。

③崎岖：形容道路高低不平。

④笼：笼罩。秦栈：秦时的栈道，这里是说栈道的古老。栈，在陡岩峭壁之上凿岩架木，上铺木板以通行。

⑤升沉：宦途得失。

⑥君平：汉代严遵，字君平，隐居成都，以占卜为生。

　　听说从这里去蜀国的道路，崎岖艰险自来就不易通行。山崖从人的脸旁突兀而起，云气依傍着马头上升翻腾。花树笼罩从秦入川的栈道，春江碧水绕流蜀地的都城。你的进退升沉都命中已定，用不着去询问善卜的君平。

　　这是一首以描绘蜀道山川的奇美而著称的抒情诗。天宝二载（743）李白在长安送友人入蜀时所作。

　　全诗从送别和入蜀这两方面落笔描述。首联写入蜀的道路，先从蜀道之难开始："见说蚕丛路，崎岖不易行。"首联入题，提出送别意。颔联就蜀道做进一步的具体描画："山从人面起，云傍马头生。"生动地表现了栈道的狭窄、险峻、高危，想象诡异，境界奇美，写得气韵飞动。颈联"芳树笼秦栈，春流绕蜀城"。形象地表达了春林长得繁盛芳茂的景象。"笼秦栈"与对句的"绕蜀城"，字凝语炼，恰好构成严密工整的对偶句。尾联忽又翻出题旨："升沉应已定，不必问君平。"李白借用君平的典故，婉转地启发他的朋友不要沉迷于功名利禄之中，可谓循循善诱，凝聚着深挚的情谊，而其中又不乏自身的身世感慨。尾联写得含蓄蕴藉，语短情长。这首诗，风格清新俊逸，曾被前人推崇为"五律正宗"（《唐宋诗醇·卷一》）。

次北固山下①

王湾②

客路青山外，行舟绿水③前。

潮平④两岸阔，风正⑤一帆悬。

海日⑥生残夜，江春⑦入旧年。

乡书⑧何由达，归雁⑨洛阳边。

—●【字词注解】

①诗题一作《江南意》。

②王湾（693—751）：洛阳人，玄宗先天年间进士。开元初，授荥阳主簿。后奉命参与编纂《群书四部录》。书成之后，与陆绍伯等同校丽正院书，终洛阳尉。王湾博学工诗，但作品流传不多。

③绿水：长江。

④潮平：江水高涨而又平静。

⑤风正：顺风。

⑥海日：从海上升起的红日。

⑦江春：江南的早春。

⑧乡书：家信。

⑨归雁：我国古代有鸿雁传书的说法，源于《汉书·苏武传》。

—●【精彩解说】

旅客要走的道路呀，正从青青北固山向远方伸展。江上碧波荡漾，我正好乘船向前。潮水上涨，与岸齐平，江面变得开阔无边。和风吹拂，风向不偏，一叶白帆好像悬挂在高远的江天。红日从东海上诞生了，冲破残夜，驱尽大地的黑暗；还在旧年时分，江南已有了春天的气息。我多么思念亲爱的故乡，书信早已写好，如何寄回家园？掠过晴空的北归鸿雁啊，拜托你们，把信捎到洛阳那边。

—●【鉴赏】

这首诗描绘了江南的美景，抒发了诗人的思乡之愁。首联为对偶句，"青山""绿水"展现出了一幅恬淡悠然的景色。"青山"点题中"北固山"。颔联两句展现了一幅壮阔的图景，江水浩渺，视野开阔。颈联指出诗人是连夜行舟，此时红日将升，春入旧年，写出了时序的交替，由此引出诗人的乡愁，自然巧妙。"海日生残夜，江春入旧年"已成为千古绝句，"日"与"春"象征了新生的美好事物，用"生"字和"入"字使之拟人化，赋予它们以人的意志和情思，可谓精妙至极，意蕴深远。尾联见雁思亲，与首联呼应。全诗用笔自然，写景鲜明，情感真切，情景交融，笼罩着一层淡淡的乡思愁绪，极富韵致。

苏氏别业

祖咏①

别业居幽处②，到来生隐心③。

南山当户牖④，澧水⑤映园林。

竹覆经冬雪，庭昏未夕阴。

寥寥⑥人境外，闲坐听春禽。

【字词注解】

①祖咏（699—746?）：洛阳人。唐开元年间进士及第，屡遭迁谪，仕途落拓，遂无意于政治，归隐汝坟别业，以渔樵隐居生活终。祖咏与王维交情颇深，往来酬唱频繁。其诗作以描写隐逸生活、山水风光为主，辞意清新、文字洗练，是盛唐山水田园诗派代表人物之一，有《祖咏集》。

②幽处：幽静的地方。

③隐心：归隐山林的心思。

④南山：终南山。当：对着。户牖：门窗。

⑤澧水：又作"丰水"，渭水的支流，发源于终南山。

⑥寥寥：空寂，人迹罕至。

【精彩解说】

苏氏的别墅在非常清幽的地方，人们到此一看就会顿生隐居之心。终南山正对着别墅的门窗，澧水围绕着庄园的园林。经冬未化之雪覆盖在竹梢上，天还未到黄昏但庭院已昏暗。别墅幽深寂静仿佛是世外桃源，可以悠然闲坐谛听春鸟的啼鸣。

──●【鉴赏】

　　这首五言律诗描写了诗人到深山中的苏氏别墅游览的情景。全篇语言洗练，造语新奇，格律严谨，意境清幽，是盛唐五言律诗的一首杰作。开始两句点明别墅坐落在深山幽僻之处，并抒写自己一到别墅就产生了隐逸之情。中间四句写景极美妙。高峻辽阔的终南山，充当了这座别墅窗外之景。住在这座别墅的人，推开门窗就能尽览奇秀的山色。最后两句，"寥寥人境外，闲坐听春禽"，写诗人的感受。置身在这清幽的深山别墅之中，他感到自己仿佛已脱离了尘世，整个身心融入空阔的太虚境中，一切烦恼、杂念全都消失了。

春宿左省①

杜甫

花隐掖垣②暮，啾啾③栖鸟过。
星临万户动④，月傍九霄⑤多。
不寝听金钥⑥，因风想玉珂⑦。
明朝有封事⑧，数问⑨夜如何。

──●【字词注解】

　　①诗约作于唐肃宗乾元元年（758），杜甫时任左拾遗。宿：值宿，值夜班。左省：左掖，古时称门下省为左掖，在皇宫东边，临近左掖门。

　　②掖垣：皇宫的旁垣，偏殿的短墙，也用来称中书、门下两省，这里指门下省。

　　③啾啾：鸟鸣声。

　　④星临：星光下照。动：灿然欲动。

　　⑤九霄：九天，天的最高处，这里指宫殿。

⑥金钥：本指门上的钥匙，这里指开宫门的钥匙声。

⑦玉珂：马饰物，马铃。

⑧封事：臣下上书奏事，一律封缄，防止泄密。

⑨数问：多次问。

【精彩解说】●──

　　左偏殿矮墙遮隐花丛，日已将暮，投宿的鸟儿，一群群鸣叫着飞过。星临宫中，千门万户似乎在闪烁，靠近天庭所得的月光应该更多。夜不敢寝，听到开启宫门的锁钥声，晚风飒飒，想起上朝马铃的音波。明晨上朝，还有重要的大事要做，心里不安，多次探问夜漏几何。

【鉴赏】●──

　　这首诗多少带有应制诗的色彩，写得平正妥帖，在杜甫五律中很有特色。全诗八句，前四句写宿省之景，后四句写宿省之情。自暮至夜，自夜至将晓，自将晓至明朝，叙述详明而富于变化，描写真切而生动传神，体现了杜甫律诗结构既严谨又灵动，诗意既明达又蕴藉的特点。

题玄武禅师①屋壁

杜甫

何年顾虎头②，满壁画沧洲③。

赤日石林气，青天④江海流。

锡飞常近鹤⑤，杯渡⑥不惊鸥。

似得庐山路，真随惠远游⑦。

【字词注解】●──

①玄武禅师：玄武庙中的僧人。玄武，山名，又名宜君山、三嵎山，

在玄武县东二里，一说是大雄山玄武庙。禅师，对和尚的尊称。

②顾虎头：东晋著名画家顾恺之，字长康，小字虎头，晋陵无锡（今属江苏）人，人称"才绝、画绝、痴绝"。

③沧洲：临水的地方。

④青天：蓝天。

⑤锡飞常近鹤：化用梁武帝时高僧宝志与白鹤道人斗法的典故。《高僧传》载，舒州潜山风光奇绝，梁高僧宝志与白鹤道人都想到那里住。梁武帝知道后，就让他们各带自己的法宝一比高低。于是白鹤道人放鹤先飞，宝志随后将锡杖抛向空中。待白鹤飞到时，锡杖已经先立到山上了。最后梁武帝分别在杖、鹤所停的地方建立了寺院和道观。锡，锡杖，僧人化缘时用来叩门的挂杖，顶头装着锡环。

⑥杯渡：以木杯渡海。《神僧传》卷一〇："杯渡者，不知姓名，常乘木杯渡水。人因目之。初在冀州，不修细行。神力卓越，世莫测其由。……至于孟津河，浮木杯于水，凭之渡河，不假风棹，轻疾如飞，俄而及岸达于京师。"后喻指高僧。

⑦真随：真愿意跟随。惠远：东晋高僧，曾在庐山修行，与陶渊明有交往。这里以惠远比玄武禅师，以陶渊明自比。

【精彩解说】

顾恺之什么时候在禅师房的两壁上画满了图画，画中的一轮红日从海上升起，光芒映照在石泉林木间，气势十分雄壮。江海绿波横流，与蓝天连接在一起，浩浩荡荡。和尚的锡杖飞动，超过了道人的白鹤，高僧乘木杯渡海而来。他们好像找到了进入庐山的道路，真的要追随惠远修道远游。

【鉴赏】

这首诗是诗人在观赏了玄武禅师寺中的壁画后，一方面再现壁画的内容，一方面抒发观画后的感想。诗以发问开始，赞美满壁幽美的山水画，不知是顾恺之何年所绘，首联起得很不平常。第二联才以精练的语言具体地再现出壁画。寥寥十字描绘了一幅青天赤日、江海奔流、石林山岚的雄浑图景，概括力和表现力都很高。第三联因为要切合寺院中的壁画这一特点，所以连用《神僧传》和《高僧传》中两个典故而绝不显堆砌。最后表现了一种消极出世的思想。这是因为当时杜甫因兵乱避居梓州，寄人篱下，生活窘困，前途渺茫，所以产生归隐山林的想法。

终南山^①

王维

> 太乙^②近天都，连山到海隅。
>
> 白云回望合，青霭^③入看无。
>
> 分野中峰变^④，阴晴众壑殊^⑤。
>
> 欲投人处宿，隔水问樵夫。

【字词注解】●——

①唐玄宗开元末天宝初，王维在终南别业过着亦官亦隐的生活，这首诗大约写于这一时期。

②太乙：又名太一，终南山的别名。

③青霭：青色云气。

④分野：古人将天上的星宿和地上的区域相对应，叫作分野，此指终南山很大，一峰之隔便区域不同。中峰：最高处。

⑤壑：山谷。殊：不同。

【精彩解说】●——

巍巍的太乙山高接天都星，山连着山一直蜿蜒到海边。白云缭绕回望中合成一片，青霭迷茫进入山中都不见。中央主峰把终南山东西隔开，各山间山谷迥异阴晴多变。想在山中找个人家去投宿，隔水询问那樵夫可否方便。

—●【鉴赏】

这首诗传神地描绘了终南山的景致。首联"太乙近天都,连山到海隅",运用夸张的手法勾画了终南山的轮廓,是远景。颔联"白云回望合,青霭入看无",采用了互文手法,"回望"与"入看"对偶,描绘的是近景。颈联"分野中峰变,阴晴众壑殊",高度概括了终南山的壮丽风景。尾联"欲投人处宿,隔水问樵夫",写出了诗人流连于山景,想要留宿山中,明日再游的心情。

送杜少府之任蜀川①

王勃②

城阙辅三秦③,风烟望五津④。
与君⑤离别意,同是宦游人。
海内存知己,天涯若比邻。
无为⑥在歧路,儿女共沾巾。

—●【字词注解】

①诗题一作《送杜少府之任蜀州》,这是王勃供职长安时写的一首送别诗。少府:县尉,地位仅次于县令,掌管一县治安。之任:赴任。

②王勃(约650—676):字子安,绛州龙门(今山西河津)人,初唐诗人。与杨炯、卢照邻、骆宾王以诗文齐名,并称"初唐四杰"。王勃的祖父为著名学者王通。王勃自幼聪敏,十几岁就被司刑太常伯刘祥道赞为神童,对策高第,授朝散郎。咸亨三年(672)补虢州参军,因擅杀官奴被贬。上元二年(675)或三年(676),王勃南下探亲,渡海溺水,惊悸而死。王勃创作了大量诗文,尤擅五律和五绝,今存诗八十多首,有《王子安集》传世。

③城阙:本指宫门前的望楼,这里指唐代京都长安。三秦:指长安附

近的关中一带，秦朝灭亡以后，项羽曾将秦国故地分给三个秦朝降将，并封他们为雍王、塞王、翟王，故称三秦。

④五津：四川岷江的五个渡口，即白华津、万里津、涉头津、江南津、江首津。

⑤君：您，指杜少府。

⑥无为：不要。

【精彩解说】●——

　　古代三秦之地，拱护长安城垣宫阙，透过弥漫的风烟似乎能望见巴蜀的五大渡口。我之所以有依依惜别的情意，是因为你我都是远离故乡出外做官之人。四海之内只要有了知己，即使远在天涯海角，感觉就像近邻一样。不要在分手时徘徊忧伤，不要儿女情长，任泪水打湿衣裳。

【鉴赏】●——

　　这是一首离别诗，但意境开阔，音调爽朗，历来被广为传诵。首联属"工对"中的"名对"，对仗精整，气势雄伟，点出了送别之地。颔联抒发了离别之情，欲吐还吞。颈联"海内存知己，天涯若比邻"，气势豪迈，感情洒脱，富有深刻的哲理，不愧为千古名句。尾联表达了王勃的劝慰之情，语句恳切，感情真挚。整体来看，这虽然是一首送别诗，但并没有沉溺于悲情，而是独标高格，蕴藉高远。

寄左省杜拾遗①

岑参

联步趋丹陛②，分曹限紫薇③。
晓随天仗④入，暮惹御香归⑤。
白发悲花落，青云⑥羡鸟飞。
圣朝无阙事⑦，自觉谏书⑧稀。

—•【字词注解】

①诗作于唐肃宗至德二载（757）至乾元元年（758）初，杜甫时任左拾遗，岑参任右补阙，二人都是谏官。左省：门下省，因在宫殿左侧而得名。杜拾遗：杜甫，任左拾遗之职。

②联步：同步，并行，这里是说自己与杜甫一起上朝。趋：碎步上朝，极为谨慎的样子。丹陛（bì）：宫中的红色台阶，借指朝廷。

③分曹：分班，各立左右。限：分隔。紫薇：紫薇省，即中书省，诗人时任右补阙，属中书省，杜甫任左拾遗，属门下省，一左一右，分班办公。

④天仗：皇帝的仪仗。

⑤惹：沾染，带着。御香：朝会时金殿上的炉香。

⑥青云：比喻高官显爵，以鸟飞青云上比喻杜甫很快就要得到显贵的官职。

⑦圣朝：圣明的朝代，说当世。阙事：缺点，过失。阙，同"缺"。

⑧谏书：规劝皇帝的上书。

—•【精彩解说】

和你一起小跑着登上红色的台阶，隔着中书省，分署办公。早晨跟着天子的仪仗入朝，晚上带着御香回家。满头白发哀伤花儿落下，羡慕在青云中高飞的鸟儿。圣明的朝廷没有什么过失和缺点，劝谏皇帝的奏章也日渐稀少了。

—•【鉴赏】

诗题中的"杜拾遗"，即杜甫。岑参与杜甫在唐肃宗至德二载（757）至乾元元年（758）初，同仕于朝。岑任右补阙，属中书省，居右署。杜任左拾遗，属门下省，居左署，故称"左省"。"拾遗"和"补阙"都是谏官。岑、杜二人，既是同僚，又是诗友，这是他们的唱和之作。这首诗，采用的是曲折隐晦的笔法，寓贬于褒，绵里藏针，表面颂扬，骨子里感慨身世遭际和倾诉对朝政的不满。用婉曲的反语来抒发内心的忧愤，使人有寻思不尽之妙。

登总持阁①

岑参

> 高阁逼诸天②，登临近日边。
> 晴开万井③树，愁看五陵烟。
> 槛④外低秦岭，窗中小渭川。
> 早知清净理⑤，常愿奉金仙⑥。

【字词注解】•——

①总持阁：总持寺阁，故址在终南山上。总持，佛教用语，意思是持善不失，持恶不生，无所缺漏。

②逼：迫近。诸天：佛教术语，指众神佛居住的地方。诸，也可解作之于、于。天，天空。

③井：指长安街道四方如井。

④槛：栏杆。

⑤清净理：佛教中所说的远离罪恶与烦恼的禅理。

⑥奉：侍奉。金仙：佛像。传说汉明帝梦见一仙人身长一丈六尺，紫金身，就问是何人。有人回答说是西方的佛。明帝就派蔡愔等到西域（今印度）求佛，佛教就此传入中国。

【精彩解说】•——

总持寺阁高峻直逼云天，登上楼阁好像靠近日边。晴天俯视，万井之树尽收眼底，烟雾笼罩五陵无限愁思。凭靠栏杆，看那秦岭低矮；站在窗边，看那渭水细流。早知佛教清净之理，希望经常侍奉佛像。

---• 【鉴赏】

这是一首登高抒怀诗。首联用夸张的手法突出寺阁的高耸入云。额联写登高远望之景，一个"愁"字牵出了诗人的无限情思。颈联运用反衬进一步烘托出寺阁之高，气势盛大，有"会当凌绝顶，一览众山小"的神韵。尾联即景抒情，写出诗人对参禅悟道的心领神会，既呼应了主题之"寺"，又不显突兀。

登兖州城楼[①]

杜甫

东郡趋庭[②]日，南楼纵目初[③]。

浮云连海岱[④]，平野入青徐[⑤]。

孤嶂秦碑在[⑥]，荒城鲁殿[⑦]余。

从来多古意，临眺独踌躇[⑧]。

---• 【字词注解】

①唐玄宗开元二十三年（735），杜甫赴京兆贡举下第，开元二十五年（737）漫游齐赵，其间到兖州看望父亲，作此诗。兖州：古称东郡，唐代州名，在今山东济宁兖州区西。

②趋庭：典出《论语·季氏》载："鲤（孔子的儿子）趋而过庭。"意为随侍父母，这里指杜甫到兖州看望父亲杜闲。

③南楼：兖州南城楼。纵目：放眼远望。初：首次。

④海岱：东海和泰山。岱，泰山的别名，泰山又称岱宗、岱山。

⑤平野：平旷的原野。入：一直延伸。青徐：青州（今属山东）和徐

州（今属江苏）。

⑥孤嶂：孤立的山峰，指泰山。秦碑：秦代的碑刻，据《史记》载，秦始皇二十八年（前219）东游泰山，于山上刻石颂德。

⑦鲁殿：鲁灵光殿，汉景帝刘启的儿子鲁恭王刘余所建，旧址在今山东曲阜东二里。

⑧临眺：登高远望。踌躇：犹豫不决的样子。

【精彩解说】●──

我在来到兖州看望父亲的日子里，初次登上南城楼放眼远眺。飘浮的白云连接着东海和泰山，一马平川的原野直入青州和徐州。秦始皇的石碑像一座高高的山峰屹立在这里，鲁恭王修的灵光殿只剩下一片荒芜的城池。我从来就有怀古伤感之情，在城楼上远眺，独自徘徊，心中十分感慨。

【鉴赏】●──

杜甫写这首诗时二十五岁，这是他的早期作品。诗人登楼远眺，看到的是雄壮的东海，巍峨的泰山，辽阔的平原，一切都气势磅礴。接下来的镜头由远及近，历历可见秦碑鲁殿，悠悠历史，触人心怀。全诗意境浑融，结构严谨，充分显示出杜甫的写诗才华。

送崔融①

杜审言

君王行出将②，书记③远从征。
祖帐④连河阙⑤，军麾⑥动洛城。
旌旗朝朔气⑦，箫⑧吹夜边声。
坐觉烟尘扫，秋风古北平⑨。

━●【字词注解】

①此诗作于武则天万岁登封元年（696）（一说万岁通天元年，即696年），当时契丹李尽忠在营州（今辽宁境内）反叛，朝廷派武三思率兵讨伐，崔融任节度使幕府掌书记随军出征，临行前朝廷设宴饯行，诗人赋诗赠之。崔融（653—706）：字安成。唐代诗人，齐州全节（今山东济南东）人。武后长安间任著作佐郎，迁右史。久视元年（700），被贬婺州（治今浙江金华）长史。长安二年（702），再迁凤阁舍人。长安四年（704），贬袁州（今江西宜春）刺史，不久召回，授国子司业，兼修国史。

②出将：派将出征。

③书记：指崔融。

④祖帐：饯别时在野外临时搭建的帐篷。

⑤河阙：即伊阙，在今河南洛阳西南，因龙门山（西山）和香山（东山）隔伊水夹峙如阙门，故称。

⑥军麾：军中旗帜，此处指军旅。

⑦朔气：北方的寒气。

⑧笳：管乐器胡笳，军中用吹笳发布号令。

⑨古北平：古代的北平郡，秦汉时叫右北平郡，西晋时称北平郡，唐初改称平州，治所在今河北卢龙东。

━●【精彩解说】

君王命令将士出师讨伐，作为书记官，你也跟随远征。饯行的朝臣很多，自宫阙之外一直绵延到河洛，军旗飘扬震动了整个洛阳城。出征边地，早上要迎着北方来的寒风，夜里能听到警卫的胡笳之声。你稳坐中军筹划灭敌计谋，不久战争就会胜利结束，古老的北方边地秋风来得早，来得猛，请你多加保重。

【鉴赏】●——

　　这首诗是杜审言送崔融出征的诗作，但全诗并无伤感的离情别绪，而是着重描写了军队和战场，景致壮阔，意境殊异。首联点明诗题。颔联描写了军队出征的情景。颈联是诗人的想象，描绘了出征后的军旅生活。尾联是诗人对友人出征胜利的期盼。整体来看，这首诗由实而虚，以虚衬实，虚实相生，格调古朴苍劲，没有悲悲切切的话语，而是充满着胜利的信心和鼓舞人心的力量。

扈从登封途中作①

宋之问②

帐殿③郁崔嵬，仙游实壮哉。

晓云连幕卷④，夜火杂⑤星回。

谷暗千旗出，山鸣万乘来。

扈从良可赋⑥，终乏揽天⑦才。

【字词注解】●——

　　①武则天于天册万岁二年（696）祭祀河南嵩山，将年号改为万岁登封，将嵩山所在的阳城县改名为登封县。宋之问随驾前往，在登山途中作了这首诗来颂扬此事。

　　②宋之问（656？—712？）：一名少连，字延清，汾州西河（今山西汾阳）人，一说虢州弘农（今河南灵宝）人。初唐诗人，与沈佺期并称"沈宋"。宋之问出身显赫，自幼工专文词。上元二年（675）进士及第。初与杨炯分直内教，不久授洛州参军，入崇文馆充学。累转尚方监丞，预修大型类书《三教珠英》。中宗增置修文馆学士，宋之问与薛稷、杜审言首膺其选，后任越州长史。睿宗即位，徙宋之问于钦州，寻赐死。宋之问精音律，在近体诗定型中起了重要作用。有《宋之问集》。

③帐殿：皇帝出巡时用帐幔搭建的临时宫殿。

④卷：缠绕。

⑤杂：杂同，连同。

⑥良可赋：实在值得赋诗。

⑦掞天：光芒照天。

——•【精彩解说】

锦帐围成的宫殿坐落在郁郁葱葱的高山上，有如神仙一样的出游实在壮观。清晨的云彩和帐幕一起翻卷，晚上的灯火和天上的星星交杂回旋。幽暗的山谷里千杆旌旗拥出，山里雷鸣喧嚣，皇帝的车驾到来。我跟随皇上出游应该献词赋诗，可惜我缺乏颂扬皇上德仁的天才。

——•【鉴赏】

这首诗歌颂的是帝王出巡游幸、祭祀登封之事。首联用夸张的手法夸赞了帝王帐殿的雄壮、气派和庄严。颔联描绘了白昼、夜晚的景致，将天上人间的景致融为一体，浑然天成。颈联描写了帝王仪仗出行的景象——千旗迭出，万乘涌来，可谓壮观之至，以此突出了帝王至高无上的威严。尾联是诗人的自谦之词，言自己才疏学浅，不能完全用诗赋来颂扬帝王的仁德。这首诗虽为歌功颂德之作，但意境开阔，笔力刚劲，值得一读。

题义公禅房①

孟浩然

义公习禅寂②，结宇依空林③。

户外一峰秀，阶前众壑深。

夕阳连雨足④，空翠 落庭阴。

看取莲花净⑥，方⑦ 知不染心。

【字词注解】●——

①诗题一作《题大禹寺义公禅房》。大禹寺：寺名，在今浙江绍兴会稽山上。禅房：僧房。

②义公：唐代的一位高僧，与孟浩然有交往。习禅寂：习惯于佛教清寂的环境。

③结宇：构屋居住，造房。宇，屋檐，代指房屋。空林：空旷的山林。

④雨足：雨脚，指像线一样一串串密密连接的雨点。

⑤空翠：空明苍翠。

⑥莲花净：莲花出淤泥而不染，佛教多以莲花象征洁净，其梵语音译为"优钵罗"，亦指《莲花经》。

⑦方：一作"应"。

【精彩解说】●——

义公高僧在大禹山参禅，安于禅房的寂静，将房子修在空寂的树林之中。门外是一座秀丽挺拔的山峰，台阶前有众多深深的沟壑。雨过天晴，夕阳斜照，树木的翠影映在禅院之中。看到莲池里的莲花清纯洁净，才知义公一尘不染的虔诚之心。

【鉴赏】●——

这是一首题赞诗，也是一首山水诗，主要描写一位高僧的生活。高僧义公参禅修道，禅房是他坐禅修行的屋宇。这首诗通过描写义公禅房的山水环境，衬托出义公的清德高风，情调古雅，词句清淡秀丽，是孟诗艺术的代表作之一。

"禅寂"是佛家语，意指佛教徒坐禅入定，思维寂静，领悟佛法精义，义公为了"习禅寂"，于是选择合适的地方修筑禅房，"依空林"点出禅房的背景，禅房修在空寂的山林中。中间二联赞美山水，无一字赞人。实际上诗人写景即写人，赞景以赞人，这种描写手法比直接赞美义公更为高超。诗人不是直白道破，而是巧用佛家用语"莲花"来比喻，"莲花"是佛家语，莲花清净香洁，不染纤尘，这两句是说义公选取了这样美妙的山水环境来修筑禅房，可见他具有佛眼般清净的境界，怀有莲花一样纤尘不染的胸襟。这就点破了写景的用意，道出了本诗的主题。

醉后赠张九旭①

高适

> 世上漫相识②，此翁殊不然③。
> 兴④来书自圣，醉后语尤颠⑤。
> 白发老闲事⑥，青云⑦在目前。
> 床头一壶酒，能更几回眠。

──●【字词注解】

①此诗作于唐玄宗开元二十四年（736）。开元二十三年（735），诗人应征赴长安，落第。次年结交张旭、颜真卿等人，秋，营别业居淇上。张九旭：张旭，字伯高，江苏吴县（今江苏苏州）人，唐代著名书法家，以草书著称，人称"草圣"，因排行第九，故称张九。张旭的草书与李白的诗歌、裴旻的剑舞为天下三绝。又喜饮酒，与李白等合称"饮中八仙"。

②漫相识：随意交往。

③此翁：张旭。殊不然：特别与众不同。

④兴：兴致。

⑤颠：癫狂，张旭号称"张癫"。

⑥白发老闲事：直到晚年也不求闻达，唯闲居自乐为事。老，指久经其事。

⑦青云：青云直上，这里指张旭被唐玄宗召为博士一事。

【精彩解说】●——

　　世上的人随便交朋友，而这位老人却不同。兴致一来，挥毫泼墨，书法自然天成，醉酒之后语言尤其豪放癫狂。头发白了也恬然自乐，不问他事，最近被朝廷任命为博士，以后平步青云。早晚侍奉皇上，不能像过去恣意玩乐，床头放着一壶酒，还能醉几回呢？

【鉴赏】●——

　　这首诗描写了书法家张旭的风采。全诗在章法上虚实结合，虚写处内蕴丰富，高屋建瓴，而不显得空虚；实写处形象具体生动，但笔调轻灵，而不让人有板滞胶着之态。这种巧妙的结合，使诗人的感情与诗中主人公的形象融为一体，产生动人的艺术力量。另外，本诗语言清新明朗，与诗中欢快活泼的情绪适宜，读来真切动人。

玉台观①

杜甫

浩劫因王造②，平台访③古游。
彩云萧史④驻，文字鲁恭⑤留。
宫阙通群帝⑥，乾坤到十洲⑦。
人传有笙鹤⑧，时过北山头。

【字词注解】●——

　　①唐代宗广德元年（763）杜甫寓居梓州（今四川三台），因汉州刺史房琯卒于阆中（今四川阆中），杜甫为其治丧，此间游玉台观，作此诗。玉台观：道观名，唐宗室滕王李元婴所建，在阆中北七里。

　　②浩劫：佛塔的大层级，这里指玉台观的台阶。王：滕王李元婴。

　　③访：寻访。

　　④萧史：《列仙传》载，萧史善吹箫，秦穆公便把喜欢箫的女儿弄玉

嫁给了他，并为他们建造了凤台。数年以后，弄玉跨凤，萧史驾龙，双双升天。

⑤鲁恭：鲁恭王刘余，汉景帝子，在扩建宫殿时曾拆毁孔子旧宅，在墙壁间获得古文《尚书》等儒家经典，此处用鲁恭王所保留的儒家经典比喻玉台观上的题词。

⑥群帝：五方之帝，道教认为天有群帝，而大帝最尊。

⑦十洲：古代传说中仙人居住的十个岛屿，即《海内十洲记》所载的祖洲、瀛洲、玄洲、炎洲、长洲、元洲、流洲、生洲、凤麟洲、聚窟洲，此处泛指四海之地。

⑧笙鹤：《列仙传》载，周灵王之子子乔，好吹笙，作凤鸣，游伊洛间，道士浮丘公接他上了嵩山。三十多年后，他在缑氏山顶，挥手告别世人乘鹤而去。

●【精彩解说】

玉台观是滕王建造的，登临其上访古抒怀。玉台观上空彩云缭绕，仿佛仙人萧史、弄玉站在彩云之中，石碑上记有滕王序文，有如鲁恭王在灵光殿留下的文字。玉台观雄伟高耸，直通五方天帝诸神，殿宇中的壁画画出了十洲仙界的仙灵。人们传说听到笙鸣鹤叫，大概是子乔乘鹤飞过北山头。

●【鉴赏】

这是一首怀古诗，诗歌运用多则典故和神话传说来描写玉台观的恢宏气势和壮丽景色。首联点出建造玉台观之人——滕王。颔联由玉台观引发联想，巧用典故，烘托了玉台观的历史底蕴，富有浪漫主义色彩。颈联承上启下，具体描绘了道观的高大巍峨以及壁画的生动传神，既突出了玉台观作为历史遗迹的雄伟气魄，又点出了玉台观作为道观的仙道之气。尾联运用王子乔的传说发挥想象，影射了滕王的修仙悟道。

观李固请司马弟山水图①

杜甫

方丈浑连水②，天台③总映云。

人间长见画，老去恨空闻④。

范蠡⑤舟偏小，王乔⑥鹤不群。

此生随万物⑦，何处出尘氛⑧。

【字词注解】

①诗作于唐代宗广德二年（764），蜀人李固将表弟给他画的画挂在墙上，请杜甫题咏。李固：蜀人，其弟曾任司马，能作山水画。

②方丈：传说中的仙山，《史记·秦始皇本纪》："海中有三神山，名曰蓬莱、方丈、瀛洲，仙人居之。"这里指画中的仙境。浑：全。

③天台：山名，在今浙江天台西。晋人孙绰的《游天台山赋并序》："涉海则有方丈、蓬莱，登陆则有四明、天台。"

④恨：遗憾。空闻：只是听说而已。

⑤范蠡：春秋时越国大夫，辅佐勾践灭吴之后，携西施泛舟太湖，不知所向。

⑥王乔：王子乔。汉刘向《列仙传》："王子乔者，周灵王太子晋也。好吹笙，作凤凰鸣。游伊洛之间，道士浮丘公接以上嵩高山。三十余年后，求之于山上，见桓良，曰：'告我家：七月七日待我于缑氏山巅。'至时，果乘白鹤驻山头，望之不得到，举手谢时人，数日而去。"王乔后来比喻洒脱不凡之人，或指鹤。

⑦随万物：随万物而浮沉，即随俗而生。

⑧何处：一作"何路"。尘氛：尘俗世间。

【精彩解说】

神山方丈与茫茫海水浑然一体，连成一片，天台山总是掩映在悠悠浮云中。这样的奇山异景只在画中经常见到，如今年岁已老，还是只能空闻其美名，而不能亲自登临。范蠡的舟太小，王乔的鹤又只有一只，都不能载我同游。我这一生只能随着世上万物浮沉生灭，去哪里能逃脱人世的尘氛？

──●【鉴赏】

这首诗意境开阔，文笔回荡，虚实相生，浮想联翩。首联描绘海上仙山、天台云烟，是对画中美景的再现，以下数句则是赏画生情。首先抒发了诗人无缘亲见真实奇景的遗憾，接着进一步感叹无法畅游神山仙府的惆怅，尾联表面上是写诗人看破红尘，实是无可奈何之举，使得全诗的情感达到高潮。此诗诗中有画，画中有诗，情景交融，诗意无穷。

旅夜书怀①

杜甫

细草②微风岸，危樯③独夜舟。
星垂平野阔，月涌大江④流。
名岂文章著，官应⑤老病休。
飘飘何所似？天地一沙鸥。

──●【字词注解】

①唐代宗永泰元年（765），严武去世，杜甫辞去幕僚职务，携家眷离开成都草堂，乘舟东下。这首诗便是写于从成都经嘉州（今四川乐山）、渝州（今重庆）到忠州（今重庆忠县）的路上。

②细草：小草。

③危樯：高耸的桅杆。

④大江：长江。

⑤应：应该，想必。

　　微风吹拂着江岸的细草，那立着高高桅杆的小船在夜里孤独地停泊着。星星垂在天边，平野显得宽阔；月光随波涌动，大江滚滚东流。我难道是因为文章而著名吗？年老多病也应该休官了。自己到处漂泊像什么呢？就像天地间的一只孤零零的沙鸥。

　　全诗首联描写了微风吹拂江岸细草、高桅小船在月夜里孤独停泊的近景，凄冷寂寥。颔联描写了明星低垂、平野广阔、月随波涌、大江东流的远景，雄浑阔大。诗人借辽阔反衬孤苦，更加突出了诗人内心的凄怆之情。颈联是反话，立意含蓄，从中可以看出，诗人依然怀有远大的政治抱负，但苦于长期不得志，只能凭借文章扬名。尾联诗人借景抒情，将自己比作漂泊无依的沙鸥，道出了内心的孤寂和苦楚，伤感至极，令人动容。

登岳阳楼①

杜甫

昔闻洞庭水②，今上岳阳楼③。
吴楚东南坼④，乾坤⑤日夜浮。
亲朋无一字⑥，老病有孤舟。
戎马关山北⑦，凭轩涕泗流。

　　①此诗写于唐代宗大历三年（768）岁末，时值吐蕃侵扰陇右、关中一带，杜甫一家从公安（今属湖北）逃到岳阳，杜甫登临岳阳楼，赋诗咏怀。

　　②洞庭水：洞庭湖，在今湖南东北。

　　③岳阳楼：岳阳城西门楼，高三层，为开元年间岳州刺史张说所建，前临洞庭湖。

④吴楚：春秋时两个诸侯国名。坼：分开，古楚地大致在洞庭湖西北部，吴在洞庭湖东南部，两地好似被湖水分开。

⑤乾坤：整个天地。

⑥字：书信。

⑦戎马：兵马，此指战争。关山北：泛指北方边地。

【精彩解说】

很早就听过名扬海内的洞庭湖，今日有幸登上湖边的岳阳楼。大湖浩瀚像把吴楚东南隔开，日月星辰似乎昼夜都漂浮在洞庭湖上。漂泊江湖，亲朋故旧不寄一字，年老多病，只有孤零零的一只船伴随自己。北方边关战事又起，凭窗遥望，胸怀家国以至涕泗交流。

【鉴赏】

全诗首联简单叙述了诗人登临岳阳楼之事。颔联描写了广阔浩渺的洞庭湖水，气势磅礴，仅用十字，就将洞庭湖水的浩瀚无边形象地描画了出来。颈联一改上联的雄浑，情绪一落千丈。亲戚朋友杳无音信，年老多病的诗人只有一叶扁舟相伴，一字一句，皆是孤苦寂寥，惹人伤感。尾联描写了诗人倚靠楼窗，北望长安，涕泗滂沱，声泪俱下的场景。整体来看，这首诗的意境从江阔到狭窄，可见诗人的炼字之精，写景抒情，游刃有余，抒发了诗人对山河破碎、孤苦飘零的忧国之思。

江南旅情

祖咏

楚山不可极①，归路但萧条②。
海色③晴看雨，江声夜听潮④。
剑留南斗⑤近，书寄北风遥⑥。
为报空潭橘⑦，无媒寄洛桥⑧。

① 楚山：泛指江南的山。极：尽。

② 归路：归途，返乡的路。但：只。萧条：冷落寂寞的样子。

③ 海色：海上日出的景色，又解作江边的景色。

④ 江声：江水奔流的声音。夜听潮：从江流奔腾声判断是否涨潮。

⑤ 南斗：星宿名，其分野正对吴地。

⑥ 书寄北风遥：要往北方寄封家信，却像是北风吹鸿雁，能南不能北。

⑦ 空潭橘：泛指南方的橘子。空潭，深潭，此指昭潭，在湖南境内，湘江水最深的地方，古时有"昭潭无底橘洲浮"的说法。

⑧ 媒：捎信人。洛桥：洛水上的天津桥，在洛阳，这里指代诗人故乡洛阳。

【精彩解说】

楚地的山脉绵延不断，没有尽头，返回故乡的路是如此寂寞漫长。看到东海日出，彩霞缤纷，就知道要下雨了；听到大江波涛澎湃的声音，就知道夜潮来临。我书剑飘零，羁留近于南斗之下，家乡遥远，家书难收，就像北风吹鸿雁，能南不能北。昭潭的柑橘熟了，想寄一点儿回家，可惜无人把它带到洛阳。

【鉴赏】

这是一首旅途怀乡之作。诗中处处流露出诗人与家人音信隔绝，两地茫茫的愁绪。诗歌开篇即营造了一种萧瑟凄凉的气氛：楚山绵延没有尽头，归家之路落寞漫长，诗人的乡愁尽在其中。颔联描写的是江南景色，却更有力地烘托了诗人对北方故乡的深深眷恋之情。紧接着，诗人又写故乡的遥不可见，留下无限愁情，至此，诗人的旅情达到了浓得化不开的境界，也深深感染了读者。

宿龙兴寺①

綦毋潜②

香刹③夜忘归，松清古殿扉。

灯明方丈④室，珠系比丘衣⑤。

白日⑥传心净，青莲喻法微⑦。

天花落不尽，处处鸟衔飞⑧。

●【字词注解】

①龙兴寺：其所指说法不一，一说在今湖北房县西北，一说在今湖南永州西南。

②綦（qí）毋潜（692—749？）：字孝通，一作季通，虔州南康（今属江西）人。开元十四年（726）进士及第，官宜寿尉、右拾遗。开元十八年（730），入为集贤院待制，为著作郎。其诗善写幽寂之景，诗风接近王维，充满禅理，为盛唐山水田园诗代表人物之一。《全唐诗》收录其诗一卷，共二十六首。

③香刹：佛寺。

④方丈：寺院长老或住持的住处。此处泛指禅房。

⑤珠：佛教徒所挂的念珠。比丘：和尚。

⑥白日：这里比喻长老传法时，心像白日那样明朗洁净。

⑦青莲：青色莲花，佛教以为莲花清净无染，常用来指称和佛教有关的事物，这里指佛经。微：精微。

⑧"天花"两句：典出《维摩诘经·观众生品》载，佛祖让天女散花来试探菩萨和声闻弟子的道行，花落之不尽，有鸟衔之而去。

●【精彩解说】

白天来游览龙兴寺，晚上却忘了回去，寺前的松树在清风拂动下，拍打着古殿的大门，发出瑟瑟声响。长老的禅房灯火通明，念珠系在长老的法衣上。长老传授佛的心法，像白昼的阳光那样明净；讲解佛法时的精妙比喻，像青莲那样洁白无邪。天女散花于诸佛之前，纷纷坠落而不着身，被仙鸟衔在嘴中飞去。

【鉴赏】•——

诗歌开头即交代了写作此诗的缘由，诗人郊游到龙兴寺乐而忘返，因此有幸观察到寺中僧侣们晚间的功课活动，诗歌侧重描写了他们传授佛法、讲授心经的场面。结尾运用典故，展开联想，比较灵动、清新。

破山寺后禅院①

常建②

清晨入古寺，初日③照高林。
曲径通幽处，禅房花木深。
山光悦鸟性，潭影空人心。
万籁④此俱寂，惟闻钟磬⑤音。

【字词注解】•——

①诗题一作《题破山寺后禅院》。破山寺：又名兴福寺，故址在今江苏常熟虞山北，始建于南朝齐，唐懿宗咸通九年（868）赐额破山兴福寺。

②常建：唐代诗人，长安（今陕西西安）人。开元十五年（727）与王昌龄同榜登科。曾官盱眙尉，后隐居鄂州西山。常建仕途不顺，耿介自守，常寄情于山水。诗多为五言，内容主要描写田园风光和山林逸趣。意境恬淡清迥，语言洗练自然，风格质朴清新，为盛唐山水田园诗派的重要诗人。现存诗五十七首，有《常建诗集》三卷和《常建集》三卷。

③初日：刚刚升起的太阳。

④万籁：指自然万物之声。

⑤钟磬：寺院里的两种乐器，用于诵经、斋供时，钟声代表开始，磬声代表终止。

——●【精彩解说】

　　清晨，我漫步在这座古老的寺院，初升的太阳照耀着高耸的丛林。一条曲折的小路通向幽静的远方，那里是被花木浓荫覆盖着的禅房。山光明净，鸟儿欢悦地歌唱，深潭倒影，更使人觉得心境空灵。万物一片静寂，只有钟磬的声音在空中回荡。

——●【鉴赏】

　　这首诗描绘了佛寺禅院的幽静之景，抒发了诗人远离尘俗、寄情山水的隐逸胸怀。首联两句表达了诗人礼赞佛宇之情。颔联两句描写了寺院的清幽和雅致，诗人沉醉在幽深的花园院落中。颈联抒发了诗人精神上的感受，绝美的山光，自由欢唱的鸟儿，还有清澈的潭水，这一切都使诗人的内心感到空明，心中关于尘世的杂念顿时涤除。佛门即空门，悟得禅道，即能获得内心的纯净和愉悦。此刻，诗人仿佛悟得了空门禅道，忘却了俗世的一切烦恼，耳边万籁俱静，只能听到悠扬而洪亮的钟磬之音，使人心无杂念，恪守心灵的宁静。

题松汀驿①

张祜②

　　山色远含③空，苍茫泽国东④。
　　海明先见日，江白迥⑤闻风。
　　鸟道⑥高原去，人烟⑦小径通。
　　那知旧遗逸⑧，不在五湖中。

①松汀驿：驿站名，在太湖东部，具体位置不详。

②张祜（785？—852？）：字承吉，中晚唐著名诗人。早年曾浪迹江湖，狂放不羁，累试不第。曾受节度使令狐楚赏识，上表推荐，遭到元稹反对未能任用。张祜尝客淮南，爱丹阳（今属江苏）曲阿地，筑室卜隐。作诗用心良苦，宫词辞曲艳发，五律沉静浑厚，有隐逸之气。杜牧称赞说："谁人得似张公子，千首诗轻万户侯。"有《张祜诗集》《张承吉文集》。

③含：衔接。

④苍茫：旷远迷茫的样子。泽国：多水的地方。

⑤迥：远。

⑥鸟道：只有鸟可以飞越的地方，形容山路险峻狭窄。

⑦人烟：人迹，住户。

⑧那知：哪知，谁知道。旧遗逸：指诗人隐居江湖的旧友。遗逸，隐身遁迹的人。

【精彩解说】•——

远远望去，山色与蓝天连接在一起，众多的湖沼河渠，白茫茫一片，使人如置身水乡中。东南近海，太阳升得也早，风声远来，江上白浪翻腾。鸟儿飞过险峻狭窄的山路，人烟稀疏，村落里条条小路相通。进入村子后才知道以前的老朋友早已不在吴地居住了。

【鉴赏】•——

这是一首写景叙事的诗。前六句写景，描绘了吴地的风光景物——群山远空、湖泊交错、海上日出、江上急风、高原鸟道、村落人烟，呈现出一幅栩栩如生、色彩斑驳的怡人画面，充满了诗情画意。尾联由对美景的欣赏转至叙事，访友不遇，因而心生遗憾，略带忧思，平添了几分诗意，达到了诗情美景的高度统一。

圣果寺①

释处默②

路自中峰③上，盘回出薜萝④。

到江⑤吴地尽，隔岸越山多。

古木丛青霭，遥天浸白波。

下方城郭近⑥，钟磬杂笙歌⑦。

—●【字词注解】

①圣果寺：故址在浙江杭州城南凤凰山上。

②处默：越僧人，曾与释贯休有密切往来，后入庐山，与释修睦、栖隐游，为罗隐、郑谷诗友。

③中峰：主峰。

④盘回：盘旋萦绕的山路。薜（bì）萝：薜荔、女萝，两种藤萝植物。

⑤江：钱塘江，古时江北属吴，江南属越。

⑥下方：山下。城郭：位于凤凰山北的杭州城。

⑦钟磬：佛教所用乐器。笙歌：笙管歌舞。

—●【精彩解说】

凤凰山的主峰有通往圣果寺的小路，山路曲折迂回，长满了薜荔和女萝。寺院南临钱塘江，快到吴地的尽头了，江的对面是群山连绵的越地。近看古木丛中，青翠的山气缭绕，遥望江边天际，白茫茫的水天相接。俯瞰山下，城郭山镇尽收眼底，寺院中鸣钟击磬的声音与西湖上的丝竹管弦声竟然混成一片了。

—●【鉴赏】

诗歌首联写出圣果寺的地理特色，处高而隐蔽。颔联写诗人登临其上，俯瞰所得，勾绘出吴越两地绵山相邻、两江相对的伟岸气势，令人陶醉。颈联写景，远近交错，色彩纷呈，突出了圣果寺周围景色的美不胜收。尾联由自然之景转入对世俗红尘的表达，"钟磬杂笙歌"流露出诗人的复杂心绪，各种滋味涌上心头。

野　望

王绩①

> 东皋②薄暮望，徙倚③欲何依。
> 树树皆秋色，山山惟落晖④。
> 牧人驱犊⑤返，猎马带禽归。
> 相顾⑥无相识，长歌怀采薇⑦。

【字词注解】●——

①王绩（589？—644）：字无功，自号东皋子、五斗先生。祖籍祁县，后迁绛州龙门（今山西河津）。隋大业元年（605）应孝廉举，中高第，授秘书正字。辞疾，复授六合县丞。后弃官还乡，躬耕东皋。王绩爱饮酒，有《酒经》和《酒谱》各一卷。好弹琴，又精于占卜，兼长射覆。王绩多以山水田园和隐士生活为主，平淡疏野，真率疏放，对唐诗的发展有一定影响。有《王无功文集》。

②东皋：绛州龙门的一个地方，诗人归隐后的常游之地。皋，水边地。

③徙倚：徘徊。

④落晖：落日的余晖。

⑤犊：小牛。

⑥相顾：相看。

⑦采薇：指诗人联想到《诗经》中关于"采薇"的句子。如《诗经·召南·草虫》："陟彼南山，言采其薇。未见君子，我心伤悲。"

《诗经·小雅·采薇》："采薇采薇，薇亦作止。曰归曰归，岁亦莫止。靡室靡家，猃狁之故。不遑启居，猃狁之故。"一说是引用隐士伯夷和叔齐的典故。

──●【精彩解说】

傍晚时分站在东皋纵目远望，我徘徊不定，不知该归依何方。层层树林都染上秋天的色彩，重重山岭披覆着落日的余晖。牧人驱赶着牛群返还家园，猎人带着猎到的猎物驰过我的身旁。大家相对无言，彼此互不相识，我长啸高歌，真想隐居在山冈。

──●【鉴赏】

这首诗描写的是山野秋景，虽笔调闲逸，却略带一丝苦闷和失意。首联"东皋薄暮望，徙倚欲何依"，点明了诗人游东皋的时间，薄暮时分也奠定了下句有些彷徨忧伤的情感基调。颔联描绘了诗人在薄暮中的所见之景——凋零的树木，洒满落晖的山峦，皆给人以萧瑟之感。颈联描写了日落时分，牧人赶牛、猎马载禽归家的场景，画面生动，带着田园牧歌式的气氛，使诗人落寞的情感得到了些许慰藉。尾联诗人直抒胸臆，表明了自己想要避世隐居的情怀。

送别崔著作东征①

陈子昂

金天方肃杀②，白露始专征③。
王师非乐战④，之子慎佳兵⑤。
海气侵南部⑥，边风扫北平⑦。
莫卖卢龙塞⑧，归邀麟阁⑨名。

①这首诗作于武则天万岁通天元年（696）五月，契丹侵入营州，朝廷任命梁王武三思为榆关道安抚大使东征，崔融任东征书记随军前行，陈子昂以此诗相劝诫。崔著作：崔融。

②金天：秋天，因秋季于五行属金故称。肃杀：严酷萧瑟的样子。古人以为秋季充满肃杀之气，正好用兵。

③白露：节气名，为立秋之后的第三个节气。专征：专门从事征伐。

④王师：帝王的军队。乐战：喜欢打仗。

⑤之子：这些从征的人，指崔融。佳兵：《老子》："夫佳兵者，不祥之器。"佳，据前人考证为"佳"的误写，佳，古"唯"字，虚词。佳兵即用兵。

⑥海气：边地战尘。侵南部：往南侵犯窜扰。

⑦扫：扫荡，荡平。北平：郡名，治所在今河北卢龙。

⑧卖：出卖。卢龙塞：古代军事要塞，在今河北喜峰口附近。

⑨麟阁：麒麟阁，汉代所建，在未央宫中，上画功臣图像以表彰其功勋。

金秋时节秋风萧瑟，草木枯落，白露这天任命大将出征。唐朝军队并非好战，将军要谨慎用兵。边地的战尘像海中的雾气一般向南方侵袭，边地的狂风扫荡过北平郡。不能把守地让给敌人，回来后弄虚作假、邀功请赏。

诗题又作《送著作佐郎崔融等从梁王东征》，作于万岁通天元年（696），这一年，由于唐朝将帅对边事处置失宜，契丹孙万荣、李尽忠发动叛乱，攻陷营州。唐王朝于同年七月以梁王武三思为榆关道安抚大使，赴边地以备契丹。契丹辖地在今河北、辽宁一带，在帝都长安之东，因此称东征。全诗质朴自然，写景议论不事雕琢，元方回评论说："天下皆知其能为古诗，一扫南北绮靡，殊不知律诗极佳。"

携妓纳凉晚际遇雨（其一）①

杜甫

落日放船②好，轻风生浪迟。

竹深留客处，荷净纳凉时。

公子调冰水③，佳人雪藕丝④。

片云头上黑，应是雨催诗。

─●【字词注解】

①诗题一作《陪诸贵公子丈八沟携妓纳凉晚际遇雨》，共两首，此为第一首。纳凉：乘凉。

②放船：泛舟。

③调冰水：调和冰块化成的饮料。

④雪藕丝：即美貌女子在涂脂抹彩梳妆打扮。一说雪藕丝是切藕成丝。雪，擦拭。藕丝，彩色名。

─●【精彩解说】

太阳落山，正好是泛舟乘凉的时机；河上清风吹拂，水面泛起微波。水边竹林的深处，正是留客的好地方；荷叶青青，正是歇凉的时候。贵公子们用冰水调制冷饮，歌伎们忙着梳妆打扮。此时，天上黑云泛起，要下解暑的雨了，这应该是雨在催人作诗。

携妓纳凉晚际遇雨（其二）

杜甫

雨来沾^①席上，风急打船头。

越女^②红裙湿，燕姬翠黛愁^③。

缆侵堤柳系^④，幔^⑤卷浪花浮。

归路翻萧飒^⑥，陂塘^⑦五月秋。

【字词注解】●─

①沾：溅。

②越女：南方的佳人。

③燕姬：北方的美女。越女、燕姬这里均指歌伎。翠黛：女子的眉毛，古代女子用螺黛画眉，故有此称。

④缆：拴船的缆绳。侵：迫近，靠近。

⑤幔：船上的布幔，用以遮阳。

⑥翻：反而。萧飒：萧条冷落。

⑦陂塘：池塘。

【精彩解说】●─

雨水打湿了座席，风急浪大拍击着船头。歌伎们的红裙湿透了，愁容满面。大家赶快把缆绳系在柳树上，风雨吹打得船上的帐幔翻卷，浪花拍击着船头。回来的路上有如秋风萧瑟，丈八沟的五月好像秋凉季节。

【鉴赏】●─

这两首携妓纳凉诗不能看作普通的世俗行乐，而是诗人别有用心之作。第一首诗写雨前纳凉的情景，"公子调冰水，佳人雪藕丝"渲染出一派悠闲、安适的场面，是"乐极"之景。末尾两句承前启后，天上的乌云预示着风雨即将来临，为下一首诗埋下伏笔。第二首诗用"翠黛愁""浪花浮"描绘出公子佳人遭遇风雨狼狈不堪的情景，是"生悲"之景。尾联的"归路翻萧飒"是总结性的语句，他们来时兴高采烈，去时却兴味索然，前后形成强烈对比，同时也暗含了诗人对政治风云朝夕变幻的深切感触和嘲讽之情。

宿云门寺①阁

孙逖②

香阁东山下③，烟花象外幽④。

悬灯千嶂⑤夕，卷幔五湖秋。

画壁余鸿雁，纱窗宿斗牛⑥。

更疑天路近，梦与白云游。

——•【字词注解】

①云门寺：故址在今浙江绍兴云门山上。

②孙逖（696？—761）：唐河南洛阳人。开元中官中书舍人、典制诰，官终太子少詹事。与颜真卿、李华为当时名士。

③香阁：云门寺阁楼，佛教称佛地有众香国，楼阁范围郁香。东山：云门山。

④烟花：繁花盛开的景色，这里借指美好的景色。象外：物象之外，尘俗之外。

⑤千嶂：千山。

⑥斗牛：二星宿，其分野相当于今浙江、江苏、安徽、江西一带，时作者在浙江，故有"宿斗牛"之说。

　　位于云门山脚下的云门寺景色优美，宛如仙境，山里烟雾弥漫，还盛开着漫山遍野的鲜花。夜晚云门寺的楼阁上有灯笼高高地挂着，风光映照着山里的千沟万壑，山风吹起帷幔，就好像是镜湖的秋风吹到了这里来。画壁上还有几只大雁没有飞走，透过纱窗看到斗牛星宿，星星好像离自己很近。我更加怀疑通往天上的路是不是也近在眼前，我常常梦到自己在天上踩着白云到处游玩。

【鉴赏】●——

　　全诗八句，紧扣诗题，丝丝入扣，密合无间。诗人以时间为线索，依次叙述赴寺、入阁、睡下、入梦，写足"宿"字。又以空间为序，先从远处写全景，再从阁内写外景，最后写阁内所见。由远而近，由外而内，环环相衔，首尾圆合，写尽云门寺的"高"与"古"。艺术结构高超，处处都见匠心。

秋登宣城谢朓北楼 ①

李白

江城 ② 如画里，山晚望晴空。

两水 ③ 夹明镜，双桥 ④ 落彩虹。

人烟寒橘柚，秋色老梧桐。

谁念北楼上，临风怀谢公 ⑤ 。

【字词注解】●——

　　① 李白在长安郁郁不得志，不得已浪迹天涯。唐玄宗天宝十三载（754）秋季，第二次来到宣城的时候，他在谢公楼写下了这首诗。宣

城：唐宣州治所，在今安徽水阳江西岸。谢朓北楼：即谢朓楼、谢公楼，为南齐谢朓任宣城太守时所建，在陵阳山顶，御史中丞兼宣州刺史独孤霖将北楼改建，因其地势高且险，崖叠如嶂，故题名"叠嶂楼"。

②江城：指宣城。

③两水：指环绕宣城的宛溪、句溪。

④双桥：指宛溪上的凤凰、济川二桥，隋朝开皇年间建造。

⑤谢公：对谢朓的敬称。

━●【精彩解说】

站在高处看宣城，城市的美景像一幅画一样，山色渐晚，我站在谢朓楼上望着远方的晴空。句溪和宛溪在城池两边流淌，秋天的湖水格外澄清，平静的湖面泛着像镜子一样的光；横跨两溪的凤凰桥和济川桥，在水光山色的映照下就像是天边出现的彩虹。溪水边的人家做饭的炊烟让橘柚都显得格外冷清孤寂，秋天来了，草木飘零，梧桐树也不再茂盛，显得苍老。谁能想到有人吹着秋风在谢朓楼上怀念谢朓呢！

━●【鉴赏】

一个晴朗的秋天的傍晚，诗人独自登上了谢公楼。岚光山影，是如此明净。凭高俯瞰，这"江城"简直是在画图中似的。我们不难想象，当时诗人的心情是完全沉浸在他的视野里的，他的观察是深刻的，细致的，而他的描写又是毫不黏滞的。他站得高，望得远，抓住了一刹那的感受，用极端凝练的形象语言，在随意点染中勾勒出深秋的轮廓，深深地透出季节和环境的气氛。他不仅写出秋景，而且写出了秋意。如果我们细心领会一下，就会发现他在高度概括之中，用笔是丝丝入扣的。

望洞庭湖赠张丞相①

孟浩然

八月湖水平，涵虚混太清②。

气蒸云梦泽③，波撼岳阳城。

欲济④无舟楫，端居⑤耻圣明。

坐观垂钓者，徒有羡鱼情。

【字词注解】●——

①这是一首干谒诗。所谓干谒诗，其实就是古代文人通过向达官贵人呈献诗文，展示自身才华，以求引荐。一说此诗作于唐玄宗开元四年（716）至开元五年（717），是孟浩然投赠岳州刺史张说之作。一说作于唐玄宗开元二十一年（733），是孟浩然呈献丞相张九龄之作。

②涵虚：包含太空，形容湖面广阔，与天相接。太清：指天。

③云梦泽：云泽和梦泽是古时二湖泽名，云泽位于长江北，梦泽位于长江南，今多为陆地。

④济：渡，过。

⑤端居：安居，闲居，这里指隐居。

【精彩解说】●——

多雨的八月里，湖水和湖岸边差不多一样高了，从远处看过去，就好像水面和天边是连接在一起的，很难分清楚它们的边界在哪里。湖上缥缈蒸腾的水汽弥漫在云泽和梦泽；涌动的湖水使整个岳阳古城都为之震撼。我想找一架小舟渡过湖水，却根本没有小船可坐；我整天悠闲地住在这里，不做什么正事，面对贤明圣德的君主，我觉得非常愧疚。坐在湖边看着那些临湖钓鱼的人，我也只能羡慕他们罢了。

—•【鉴赏】

这首诗是有名的干谒诗。虽为干谒诗，但措辞刚正，不落俗套，可谓别具特色。首联两句，描写了洞庭湖水盛涨的景观，极目远眺，水天一色，汪洋浩阔，与天相接，壮观至极。颔联是千古传唱的名句，"气蒸"和"波撼"两词可谓点睛之笔，将洞庭湖的喷涌澎湃淋漓尽致地描绘了出来。颈联从写景转入抒情。面对浩渺的湖水，诗人想要渡船，却苦于没有舟楫，表达了诗人想要入仕为官，却没有机会的内心渴求。尾联又进一步向当朝执政者发出诉求，希望能得到重用。其实，最后两句诗人巧妙地运用了"临河而羡鱼，不如归家织网"（《淮南子·说林训》）的古语，另番新意，表达得委婉而不露痕迹，实为难得。

过香积寺①

王维

不知香积寺，数里入云峰②。

古木无人径，深山何处钟。

泉声咽危石③，日色冷青松④。

薄暮空潭曲⑤，安禅制毒龙⑥。

—•【字词注解】

①过：访问，探望。香积寺：唐代著名寺院，有争议，一说香积寺在长安县（今陕西西安）南神禾原上。故址已废。一说在河南汝州，今风穴寺，唐时称香积寺。

②云峰：云雾缭绕的山峰。

③泉声咽危石：泉水在高耸的岩石间流淌，声音如同人在鸣咽。咽，鸣咽。危，高的，陡的。

④日色冷青松：日光照耀下的青松让人产生一种阴冷的感觉。写出了山深林茂、人迹罕至的情形。

⑤薄暮：黄昏。空潭：明净清澈的水潭。曲：水边。

⑥安禅：佛家术语，指身心安然进入清寂宁静的境界，在这里指佛家思想。毒龙：佛经中的凶猛动物，这里比喻俗人的邪念妄想。

【精彩解说】●——

找不到香积寺在哪里，在四处寻找的途中意外进入了云烟缭绕的山峰之间。古木参天却没有人行路径，大山深处来了古寺鸣钟的声音，辨不清从哪里传来的。巨大而高耸的山石间流淌着清澈的泉水，泉水敲打石壁，碰撞之间，声音仿佛是有人在低声哭泣，青松在日光的照耀下散发出了幽幽的冷光。黄昏的时候来水潭边安静地坐着，入定后可以抑制内心的邪念妄想。

【鉴赏】●——

"不知香积寺，数里入云峰"正面写人入云峰，实际上是说香积寺的深藏幽邃。还未到寺，便已云封雾罩，香积寺的幽远也就可想而知了。诗采用由远及近、由景入情的写法，从"入云峰"到"空潭曲"逐渐接近香积寺，最后则吐露"安禅制毒龙"的情思。其过渡了无痕迹，浑然天成。诗人描绘幽静的山林景色，并不一味地从阒然无声上用力，反而着意写了隐约的钟声与鸣咽的泉声，这钟声与泉声非但没有冲淡整个环境的平静，反而加深了深山丛林的僻静之感。这便是通常所讲的"鸟鸣山更幽"的境界。

送郑侍御谪闽中①

高适

谪去君无②恨，闽中我旧过③。

大都秋雁少④，只是夜猿多。

东路⑤云山合，南天瘴疠⑥和。

自当逢雨露⑦，行矣慎风波⑧。

●【字词注解】

①诗作于天宝十一载（752）秋长安，上半年高适为封丘尉，秋辞职客游长安，与杜甫、岑参、储光羲等同游。秋冬之际，被哥舒翰表为左骁卫兵曹参军，遂赴幕府，任书记。侍御：官名，即侍御史，负弹劾纠举不法之责。郑侍御为高适的朋友。谪：贬谪，官员降职并调到边远地方做官。闽中：今福州地区。

②无：通"毋"，不要。

③旧过：以前去过。过，到过，去过。

④大都：大概。秋雁少：因闽中在南岭南，大雁大都不过南岭，故称秋雁少。

⑤东路：向东行走。

⑥瘴疠：山林湿热地区流行的恶性疟疾等传染病。

⑦自当：终当，终究会。雨露：比喻皇帝的恩泽。

⑧慎风波：比喻的手法，劝诫友人处事要谨慎。风波，路途险阻，比喻事物的变动。

●【精彩解说】

你被降职发配到闽中，心中不必感到烦闷，我曾经去过闽中。那里气候非常温暖，很少能见到大雁为了避寒成群结队地迁徙，只是晚上经常会有猿猴的嚎叫声从深山里传过来。闽东多高山，群山巍峨高大，就好像和云连接在一起，闽南天气晴朗，微风和煦，所以你不用担心湿气太重。你以后一定会被皇上召回京，在闽中一定要万事小心，不要招惹到什么麻烦。

【鉴赏】●——

　　此诗从贬官一事说起，安慰朋友不要伤怀过度，并且说自己从前也曾去过闽中；之后向朋友如实地介绍那里荒僻艰苦的环境；最后写了对朋友的忠告、劝勉和祝愿。因此这首送别诗有别于其他离别情重的送别诗。整首诗虽然无一处写情，却满怀关心之意，体现了诗人对友人的深厚感情，也反映出他们的真挚情谊。

秦州杂诗（其十九）①

杜甫

凤林②戈未息，鱼海路常难③。

候火云峰峻④，悬军幕井干⑤。

风连西极⑥动，月过北庭⑦寒。

故老⑧思飞将，何时议筑坛⑨。

【字词注解】●——

　　①诗作于唐肃宗乾元二年（759）秋。杜甫为房琯辩护得罪肃宗，由左拾遗贬为华州司功参军，这一年关辅（关中）闹饥荒，杜甫弃职举家避居秦州，作《秦州杂诗二十首》，本篇是第十九首。秦州：今甘肃天水，为唐代西北边防要地。

　　②凤林：凤林关，秦州境内，在今甘肃临夏西北。

　　③鱼海：地名，秦州境内，当时常被吐蕃侵扰。路常难：常有战事，

道路难通。

④候火：烽火，边境报警的火。候，通"堠"，哨所。云峰峻：此处形容烽火高而烈，情况紧急。

⑤悬军：深入敌境的孤军。幕井：军队用的水井。

⑥西极：最西面的地方，指唐代西北边境。

⑦北庭：此指唐朝时所设的北庭都护府。

⑧故老：泛指边城的老百姓。

⑨筑坛：筑坛拜将。汉高祖刘邦曾斋戒设坛场，拜韩信为大将军。

【精彩解说】

凤林关的战火一直在蔓延，鱼海之地世道险恶，道路不畅，军队很难从这里通行。边境报警的烽火连同滚滚浓烟直吹向天上，飘得高高的浓烟如同高耸入云的山峰一般；进入敌人内部孤军奋战的军队日常需要饮用的井水都干涸了，士兵粮草已绝，处境艰难。大风吹得凶猛，整个西部边境都好像要被大风吹得四处摆动了，边塞的都护府寒冷得让月光看起来都散发着阵阵凉意。边城子民时刻惦念着飞将军李广，也不知道筑坛拜将的事什么时候才能商议好。

【鉴赏】

《秦州杂诗》为组诗，共二十首，此为第十九首，主要描写边城恶劣的自然环境及百姓生活的艰辛。首联写边城战乱频繁，烽火连天，是为"兵荒"。颔联紧跟上联，写由兵荒引起的"饥荒"，百姓饥寒交迫，处境艰难。颈联用恶劣的自然环境极言战争带来的灾祸之大。尾联"思飞将""议筑坛"，表现了诗人企盼战乱平息、国泰民安的愿望，诗人的忧国忧民之情提高了诗歌的立意，统摄全文，既对前面的环境描写做了收结，又拔高了表达主题。

禹　庙①

杜甫

禹庙空山里，秋风落日斜。
荒庭垂橘柚②，古屋画龙蛇③。
云气生虚壁，江深走白沙。
早知乘四载④，疏凿控三巴⑤。

【字词注解】●——

①诗作于唐代宗永泰元年（765）秋，杜甫出蜀东下，途经忠州（今重庆忠县），特地前去游览了大禹古庙。禹庙：在忠州岷江边的山崖上，为纪念大禹所建。

②橘柚：一作"桔柚"。

③龙蛇：《孟子·滕文公下》载，大禹治水时，"掘地而注之海，驱蛇龙而放之菹"。

④四载：《书传》载："水乘舟，陆乘车，泥乘辐，山乘樏（léi）。"舟、车、楯、樏四种交通工具被称为四载。

⑤疏凿：凿开山崖，疏通水道。三巴：巴郡、巴东、巴西，此处泛指四川一带。

【精彩解说】●——

空荡的山谷中坐落着大禹庙，秋风萧瑟冷清，落日的余晖斜照在大禹庙的庙顶上。寂寥苍凉的院子里，果树上挂满了橘子和柚子，古屋里的画壁上还能看到先人留下的大禹驱龙蛇治水的画像。山间的云雾弥漫在大禹庙外山崖下的石壁上，远处传来阵阵波涛涌动的水声，白沙道上江水一直向东流去。之前就听说大禹治水的时候借用了四种交通工具，凿开石壁，疏通水道，长江的水才能顺着河流一起汇入大海。

—•【鉴赏】

本诗语言凝练，意境深邃。诗人通过远望近观的视角转换，采用虚实结合、拟人传神等手法，收到了情景交融、韵味悠长的艺术效果，讴歌了大禹治水泽被万代的丰功伟绩，同时也将缅怀英雄、爱国忧民的思想感情抒发了出来，表达了诗人对唐代帝王的希望，希望他们能够励精图治，进而创造光辉的业绩。

望秦川①

李颀②

秦川朝望迥③，日出正东峰。
远近山河净，逶迤城阙重。
秋声万户竹，寒色五陵松。
客有归欤④叹，凄其⑤霜露浓。

—•【字词注解】

①诗作于唐玄宗开元二十九年（741），李颀弃官后隐居颍阳东川，与王维、高适、王昌龄等人相来往，此诗写于诗人罢职后出长安过秦川时。秦川：地名，泛指今秦岭以北平原地带。按此诗之意当为长安一带。

②李颀（690？—751？）：少年时曾寓居河南登封。唐开元十三年（725）进士，曾任新乡县尉，久未迁调，后归颍阳嵩山、少室山一带的东川别业，隐居以终。诗长于五言及七言歌行，以写边塞题材为主，风格豪放，慷慨悲凉。有《李颀集》。

③朝望：早晨东望。迥：遥远。

④归欤：归去。孔子困陈，有"归欤"之叹。陶渊明《归去来兮辞》云："归去来兮，田园将芜胡不归？"

⑤凄其：寒冷的样子。《诗经·邶风·绿衣》有"凄其以风"句。

　　清晨的时候，我从长安城出发，远远地回头望着秦川，太阳从东方的山峰边慢慢升起来。今天天气晴朗，阳光明媚，可以清楚地看见远处的明山净水；长安城的围墙阁楼弯弯曲曲地排列着，一层挨着一层，宏伟壮观。秋风吹得家家户户门前的竹林萧萧作响，五陵的松林里寒冷萧瑟，处处散发着阵阵凉意。客人都感叹着这里的寒冷想要早点回去，霜寒露重，到处都是寒冷的样子。

【鉴赏】●——

　　这首诗是李颀晚年辞官归隐故乡之前写的。诗中对秋景的描写既有侧重，又互相交融，笔墨简淡，线条清晰，犹如一幅萧疏散淡的山水画卷。最后，诗人发出"归欤"的感叹。诗人才华出众，却只做过新乡县尉那样的小官，长期不得升迁，而现在就要返乡，因此有"归欤"之叹。"客"为作者自指，因为当时在外做官是作客他乡，故辞官回乡叫"归"。这首诗抒情写景，情景交融，很好地抒发了诗人的苦闷之情。

渡扬子江①

丁仙芝②

> 桂楫中流望③，空波④两畔明。
> 林开扬子驿，山出润州⑤城。
> 海尽边阴静⑥，江寒朔吹⑦生。
> 更闻枫叶下，淅沥度秋声⑧。

【字词注解】●——

　　②丁仙芝：字元祯，润州曲阿（今江苏丹阳）人，生卒年不详。唐玄宗开元十三年（725）考中进士，仕途一波三折，至开元十八年（730）

仍未授官，后授主簿、余杭县尉等职。丁仙芝久负诗名，殷璠称其诗风："婉丽清新，迥出凡路。"其诗今存十四首。

③桂楫：用桂木做成的船桨，代指船只。中流：指江心。

④空波：宽广的水面。

⑤润州：唐时州名，故址在今江苏镇江。

⑥边阴静：指海边幽静阴暗。

⑦朔吹：北风。

⑧淅沥：拟声词，此指落叶的声音。度：传递。

——【精彩解说】

划动桂木做的船桨，待小舟到江心的时候抬起头向远处看去，江水两岸的美景都明晰地倒映在明净辽阔的江面上。江边树木开阔的地方有扬子驿坐落其中，对面的润州城位于群山环绕的地方。大海尽头是幽冷阴暗的海岸，由北方而来的秋风在江面上吹起阵阵凉意。枫叶缓缓掉落，向人们传递着秋天即将到来的讯号。

——【鉴赏】

此诗是作者自长江北岸的扬子驿坐船横渡长江时的感怀之作。此诗写的是秋景：船随波漂流，晚秋的天空与水都异常明净，扬子驿在树林中闪现出来，润州坐落在层峦叠嶂的山冈之中，海边和江边都寒意浓浓，枫树叶落，传来一阵淅沥之声。从江北的"林开扬子驿"到江南的"山出润州城"，读者几乎可以看见一条渡船正由北向南行来，还分明见到了诗人立于船头前后眺望的形象。最后两句写船近江南，秋声淅沥，用一"度"字，形象地道出了岸上落叶声飘过江面，传到船上诗人耳中的情形。全诗以"望"字点醒全篇，文情并茂，画面清新，构思巧妙，足见诗人功力不凡。

幽州夜饮 ①

张说

凉风吹夜雨，萧瑟动寒林。

正有高堂宴 ②，能忘迟暮心 ③。

军中宜剑舞 ④，塞上重笳音 ⑤。

不作边城将 ⑥，谁知恩遇深。

【字词注解】●——

①本诗创作于唐开元六年（718），张说以右羽林将军检校幽州都督之时。诗人自开元元年（713）罢相，贬相州（治今安阳），迁荆州长史、幽州都督，久不得还京，心中难免怨愤。幽州：古州名。辖今北京、河北一带。

②高堂宴：在高大的厅堂中举行宴会。

③迟暮心：由衰老而引起的凄凉沧桑之感。

④剑舞：席间的一种娱乐活动。

⑤笳（jiā）音：边地吹奏笳管之声。笳，指胡笳，中国古代北方民族的一种吹奏乐器。

⑥边城将：指作者自己，当时张说任幽州都督。

【精彩解说】●——

幽州位于国家的北面，夜晚阵阵冷风吹来，其中还夹杂着绵绵不断的细雨，顿时感到秋冬的寒意扑面而来，树林也因为这夹杂着细雨的冷风显得更加的萧瑟寂寥。宴会在宽敞华丽的厅堂里举办，这样的情景使我暂时平复了一些人到迟暮之年的萧瑟沧桑之感。军队中比较常见的娱乐活动是仗剑而舞，胡笳的悲声是专属于边塞的乐声。要不是成了边城的将领，我怎么能感受到皇帝的知遇重用之恩呢？

—●【鉴赏】

这是一首抒情诗，把"夜饮"二字作为中心，扣紧题目，通过对边城颇具凄婉悲壮之情的宴饮的描写，抒发了诗人的郁愤之情。据《新唐书·张说传》记载：开元初，张说为中书令，因与姚崇不和，罢为相州刺史、河北道按察使，坐累徙岳州。后以右羽林将军检校幽州都督。都督府就设在幽州范阳郡。这首诗便是他在幽州都督府时写就。本诗语言遒健质朴，不饰华丽之辞，与边塞情调极为相称，遣词用字也考究精当。

中华传统文化国粹经典文库书目

第一辑			
序号	书名	作者/编者	导读者
1	三国演义	［明］罗贯中/著	郑铁生
2	水浒传	［明］施耐庵/著	宁稼雨 石 麟
3	西游记	［明］吴承恩/著	孟昭连
4	红楼梦	［清］曹雪芹 高 鹗/著	郑铁生
5	镜花缘	［清］李汝珍/著	欧阳健
6	白话聊斋	［清］蒲松龄/著	王晓华
7	阅微草堂笔记	［清］纪 昀/著	吴 波
8	西厢记	［元］王实甫/著	周传家
9	世说新语	［南朝宋］刘义庆 等/著	侯忠义
10	山海经	［汉］刘 歆/编	马文大
11	道德经	［春秋］老 子/著	王 蒙
12	四库全书	［清］纪 昀 等/编	林 骅
13	唐诗三百首	立 人/编	徐 刚
14	元曲三百首	立 人/编	查洪德
15	宋词三百首	立 人/编	韩小蕙
16	中华成语典故	立 人/编	陈世旭
17	中华寓言故事	立 人/编	陈世旭
18	颜氏家训	［南北朝］颜之推/著	孙钦善
19	治家格言	［清］朱伯庐/著	李硕儒
20	了凡四训	［明］袁了凡/著	俞 前
21	增广贤文	立 人/编	孙立仁
22	牡丹亭	［明］汤显祖/著	周传家
23	随园诗话	［清］袁 枚/著	潘务正
24	人间词话	王国维/著	陈世旭
25	楚 辞	［战国］屈 原 等/著	石 厉
26	吴越春秋	［东汉］赵 晔/著	田秉锷
27	菜根谭	［明］洪应明/著	俞 前
28	小窗幽记	［明］陈继儒 等/著	陈喜儒
29	围炉夜话	［清］王永彬/著	陈喜儒
30	浮生六记	［清］沈 复/著	王晓华
31	传习录	［明］王阳明/著	王建新
32	说文解字	［东汉］许 慎/著	冯 蒸
第二辑			
序号	书名	作者/编者	导读者
1	史 记	［西汉］司马迁/著	关四平
2	资治通鉴	［北宋］司马光/编	张秋升
3	春秋左传	［春秋］左丘明/著	石定果
4	战国策	［西汉］刘 向/编	李瑞兰
5	汉 书	［东汉］班 固/著	关四平
6	三国志	［晋］陈 寿/著	郑铁生
7	古文观止	［清］吴楚材 吴调侯/编	牛 倩
8	论 语	［春秋］孔 子 等/著	石 厉
9	孟 子	［战国］孟 子/著	邵永海

序号	书名	作者／编者	导读者
10	庄 子	〔战国〕庄 子／著	尚学峰
11	荀 子	〔战国〕荀 子／著	尚学峰
12	管 子	〔春秋〕管 子等／著	官 铎
13	墨 子	〔战国〕墨 子等／著	陈鹏程
14	韩非子	〔战国〕韩 非／著	邵永海
15	列 子	〔战国〕列 子／著	陈鹏程
16	鬼谷子	〔战国〕鬼谷子／著	张世林
17	淮南子	〔西汉〕刘 安等／著	张秋升
18	诸子百家	立 人／编	张弦生
19	孔子家语	孔子门人／编	薄克礼
20	吕氏春秋	〔战国〕吕不韦／主编	田秉锷
21	礼记·尚书	〔西汉〕戴 圣／著	冯 蒸
22	三言二拍	〔明〕冯梦龙 凌濛初／著	宁宗一
23	隋唐演义	〔清〕褚人获／著	欧阳健
24	聊斋志异	〔清〕蒲松龄／著	林 骅
25	儒林外史	〔清〕吴敬梓／著	吴 波
26	东周列国志	〔明〕冯梦龙／著	侯忠义
27	弟子规·千家诗	〔清〕李毓秀／著〔南宋〕谢枋得〔明〕王 相／编	乔卉林
28	孙子兵法·三十六计	〔春秋〕孙 武／著	李海涛
29	容斋随笔	〔南宋〕洪 迈／著	李硕儒
30	纳兰词	〔清〕纳兰性德／著	李硕儒
31	豪放词·婉约词	立 人／编	韩小蕙
32	唐宋散文八大家	立 人／编	卓 然

第三辑

序号	书名	作者／编者	导读者
1	中华上下五千年	立 人／编	林海清
2	二十五史	立 人／编	林海清
3	四书五经	立 人／编	张弦生
4	智囊全集	〔明〕冯梦龙／编	周传家
5	贞观政要	〔唐〕吴 兢／著	张弦生
6	诗 经	〔春秋〕孔 子／编	石 厉
7	孝 经	〔春秋〕孔 子／著	田秉锷
8	挺 经	〔清〕曾国藩／著	王建新
9	易 经	立 人／编	李树果
10	冰 鉴	〔清〕曾国藩／著	陈喜儒
11	糊涂经	立 人／编	周传家
12	周易全书	立 人／编	郑铁生
13	黄帝内经	立 人／编	廉玉麟
14	本草纲目	〔明〕李时珍／著	廉玉麟
15	三字经·百家姓·千字文	〔南宋〕王应麟 〔南北朝〕周兴嗣／著	乔卉林
16	大学·中庸	〔春秋〕曾 子 〔战国〕子 思／著	牛 倩
17	曾国藩家书	〔清〕曾国藩／著	武道房
18	唐诗·宋词·元曲	立 人／编	卓 然
	未完待续……